走進大內

中國古代君王帝制

寫在卷首

　　人生確如白駒過隙，轉瞬已到了晚年。就在二十年前，一個偶然的機會，風塵中幸遇知己，將我引進故宮西華門內武英殿行走，開始接觸到文物，而且多是出國列展的頂級文物。我這人野路子出身，幾乎沒受過任何完整的系統教育，尤其是文史教育。大概從三十年前拿起筆來舞文弄墨的那天起，就是在跟跟蹌蹌全無法度，難諧盡耳唯擅孤吹，被莫言謔稱「雙目炯炯，匪氣十足」，好像什麼也不在乎。哪裡敢什麼也不在乎，只在乎想在乎的東西而已。譬如，對於見到的文物，就會情不自禁地心存敬意。何謂文物？顧名思義：文化信物。無論來自祖宗遺傳，還是地下出土，都是歷史上確實存在、現在還能見到的東西。這對於想搞歷史研究的人，該是何等重要，怎麼去講，也不為過分。歷史又是甚麼？歷史是秦皇銳思漢帝窮神，也得是驪山之塵茂陵之草。記得在跟某些朋友聊天時，說過

這樣的話：當您走進遍佈於神州各地的歷史博物館，切莫小覷那一件件火為精靈土為胎的陶瓷，那一尊尊古鏽斑斕的青銅器，那一片片燦若雲霞的絲綢，那一柄柄百煉鋒成的利刃，它們所展示的，不正是可以使您直接感觸到的我們這個文明古國的心靈歷史嗎？時代精神的火花，在這裡凝凍、積澱下來，傳留和感染著人們的思想、情感、觀念、意緒，經常使人一唱三歎，流連不已，要比看多少文獻都可靠。而在故宮幫助工作的五、六年間，每日有事沒事，徜徉在充滿歷史迴響的偌大的紫禁城內，抬頭不見低頭見，所見全是有意味的存在，就很容易心由境造。曾有感寫下一副對子——太息乾坤星移物換，歌吟歲月雨縱風橫，作為告別那裡時的贈言。說到在故宮最大的收穫，還是對早已被高度抽象化了的中國皇權帝制這個概念，究竟本該是些什麼形態，似乎有所領悟。所以，我才認為，要想瞭解點什麼，現場感挺重要。有兩句老話：書到用時方恨少，覺知此事須躬親。其實，人要是比較聰明，臨時看書也來得及，但對什麼若無親身感受，滿腦子都是耳食之言，即別人對這是怎麼說的，那永遠都會是別人是怎麼說的，形不成屬於自己的學問。我確曾很羨慕在故宮上班的人，認為他們那差事不錯，琢磨過能否調進去。當然，想也白想，戎裝在身，不可能的事。再好的工作，也要看怎麼幹，如果不利用職務便利，上班就去那兒搬來搬去，登記造冊，雖說是工作需要，也可能只是為別人做點準備，自己啥也不知道。我於是將對這裡環境器物的印象筆記下來，翻拍一氣，免得日後忘卻。這麼說來，早就該寫這本書了，何以等到現在？沒別的原因，當年禁不住誘惑，幹別的去了。如今回過頭來，再想怎麼樣，筆頭都有些發澀。然而，我相信下過的工夫不會白費，且不說常感到這些東西餘溫尚存，正所謂死灰不可復燃乎，總把前程問火爐。最近翻揀有關筆記，發現只要認真梳理一下，也許還能搞出本有用的讀物。至於它有沒有用，我說了不算，讀者說了算。最後，解釋一下書名中的「大內」二字。「大內」，在這裡語義雙關：既是紫禁城昔日的別稱，又是指它所負載的博大精深的歷史文化內涵。

　　張曉生記於二〇一三年九月八日

紫禁城航拍圖。北京無論怎樣發展變化，故宮都處在中心位置。

帝宮鳥瞰（代序）
——見皇房壯知天子尊

　　紫禁城——這座廣袤恢宏、嵯峨壯觀的古建築群，中國明清兩代二十四位帝王君臨天下的統治中心，巍然屹立在北京城中央，迄今已有五百九十個年頭。

　　夕陽幾度，國祚數移。昔日的皇家禁籞，如今的北京故宮博物院，作為中國首屈一指的人文旅遊資源，每年都會有大量中外遊客，潮水般地湧入參觀。據老朋友譚斌院長講，平均下來，年年兩三千萬人次不止，門票收入固然可觀，可也實在不堪重負。二十世紀九十年代，筆者曾在西華門內武英殿行走了五、六年，每天上下班都要穿行於東西華門，或者從神武門外乘車。記得那時候，無論春溫秋肅，夏雨冬雪，走在路上，經常與遊客擦肩而過，總會見到一雙雙似在探詢的目光，一副副若有所思的模樣。於是，就不免在想：諸位心裡琢磨些什麼？

　　不見皇房壯，安知天子尊。紫禁

城這地方，只要置身其中，本來就足以讓你目眩神迷，嘆爲觀止了。中國歷史在最近的幾百年間，經歷了如此劇烈的變幻，帝制時代的皇宮，更容易被蒙在費解和誤讀的疑霧中。

我們現在站的地方，是毛澤東紀念堂。你可曾想到，就在距今一百年前，這裡還是進入大清皇城的南門——大清門之所在。那時的王公大臣早朝，每日凌晨從皇城南面進入紫禁城，必須走這個門。

有人要問：無論清代，還是明代，紫禁城的正門都是午門，爲何從午門到大清門之間的距離，會長達一千三百公尺，中途還建有天安門和端門，這樣重重設門，用意何在？

應該不難想到，這肯定是故意做出的安排，肯定是一種有意味的形式。簡言之，正是爲了顯示紫禁城乃是帝王的皇家大內，所以刻意要在你還沒進入紫禁城之前，先就營造出一

中國人熱愛天安門，不僅因為它是皇城的正門。

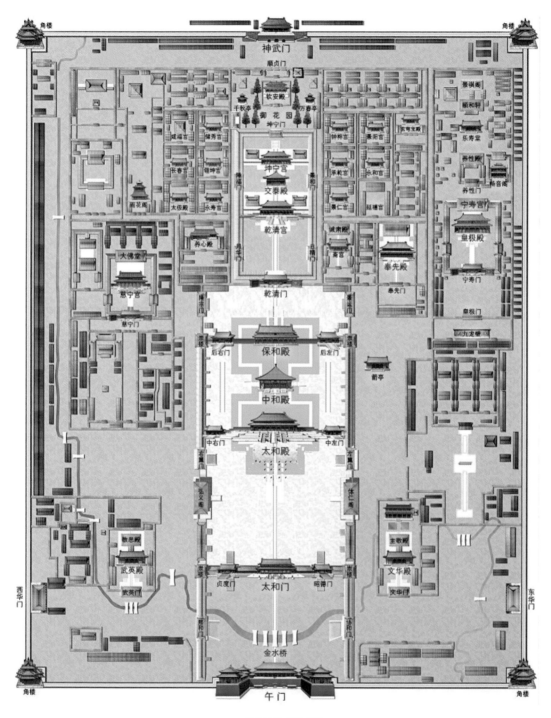

紫禁城平面示意圖

派蕭穆深邃的氣氛，以便為紫禁城的正式亮相，布置個意境化的序幕。你看，當年從大清門步入紫禁城前區，先要走過一段漫長的御街，御街兩旁是連簷通脊的千步廊，人們在被如此設定好的線路中行進，走著走著，有誰還敢輕忽怠慢，有誰還會胡思亂想，只能是屏息斂容，亦步亦趨，兩眼直往天安門遙望了。而當臨近天安門外金水橋時，頓時呈現出一個寬闊的廣場，又給人以豁然開朗之感。再看紅色城臺的背景前，五座石橋上的漢白玉欄板氣勢如虹，與金水河兩岸欄杆縱橫交織，遠遠望去，那裡彷彿繚繞著一片白雲，承托著宏偉壯麗、氣魄非凡的天安門城樓，宛若神聖莊嚴的仙境。這就是當年步入大清門後，你必然會感受到的第一個高潮。

再往裡行，進入了一個收斂氣勢的方形空間——端門的前庭。與天安門形制略似的端門，緊隨天安門之後，高大莊重，組成封閉沉靜的庭院，並通過端門和午門之間三百五十公尺長的御街，兩旁工整一致的朝房，營造出壓抑而平淡的氣氛，更烘托出即將亮相的巍然矗立的午門。說到午門，有人會聯想到「推出午門斬首」之類的傳言，看戲或聽書時形成的印象。這裡順便澄清一下，午門可不是幹這種事情的地方。但午門的建築風格，確可使人眼前一亮，無論體量輪廓，還是方位轉圜，完美地體現出古文獻中闕與觀的規制。紫禁城的營造者，出於對中國皇權文化的深刻理解，特別在這裡運用了一組五鳳樓的建築組群，錯落有致地顯現空間對比的強烈變化，造成了愈發讓你肅然悚然的第二個高潮。

進入午門後，驟然出現一個廣闊

太和門廣場

午門

豁亮的宏大庭院，院中橫貫內金水河，五座石橋鋪展在金水河之上，寬達庭院的三分之一，潔白如玉，豪放醒目。隔河仰望太和門，白色須彌座承托的七間殿宇式朝門，莊嚴壯麗。於是乎，天威盡顯，大哉如斯，從而為紫禁城宮殿的中心——太和殿的展現，做好了最後的鋪墊。

　　這一優秀設計，體現了藝術上猶如音樂般抑揚頓挫的韻律，有收斂，有開放，有漫長，有高昂，經此三大高潮，漸入至高的境界。

　　確實，說到建築之美，不僅在於其形象、輪廓、色彩和裝飾意味，更重要的是如何安排好比例關係。在紫禁城所有宮殿中，太和殿無疑是最著名的，因為太和殿是皇帝治國理政的

正衙，是皇權和法統的象徵，理所當然地成為紫禁城規畫、設計和營造的重中之重。這一核心地位，決定了太和殿庭院不同於其他宮殿庭院疏朗開闊的廣場氣氛，而是呈現出一種至高無上的大朝氣象。何謂大朝氣象？不知道什麼不是大朝氣象，怎麼會知道什麼叫大朝氣象，放眼古今中外，就是這種堪稱孤例的特殊氣象。而這種

午門是紫禁城所有宮殿建築中，最不容易拍攝的一組建築，因為它體量宏大，結構複雜。

1976年，在原大清門遺址建造毛澤東紀念堂。

只可意會難以言傳的氣象，竟然不用別的東西來支撐，只須靠太和殿庭院兩廂文樓和武樓建築樣式的陪襯，即可獲得。其設計上的奧妙，也許就在於數學因素滲透在建築之中，形成了優美的權衡比例。

而且，在設計太和殿時，不僅重視三層臺基和周圍環境的烘托，還考慮到與遠在三里之外的大清門的

距離，及與紫禁城背後景山的尺度關係。眾所周知，任何一件藝術作品，都有著奇妙的數字祕密，那就是盡量把最重要的部分放在整個作品的0.618部位上，這樣做效果可能最好，稱之為「黃金分割率」。如此去想，就不難理解，紫禁城的設計者為何把大清門（明代叫大明門）放在離紫禁城如此遙遠的地方，為此甚至不惜拆遷當年京城南面的城牆。過去，我們只知道這是為了延長紫禁城的序幕，所謂佳境必須漸入才好，但其具體尺度應該多少，這個問題要靠數學比例來解決。你看，從大清門到景山的總長度是五里，而從大清門到太和殿的庭院中心是三‧〇九里，兩者的比值為3.09：5=0.618，正與黃金分割率的比值相同。這就足以說明，我們的先人在建築設計中運用數學規律，已然是何等的嫻熟和睿智。

這裡，回答一下紫禁城的名稱，由何而來。

中國古代星象學家，把天上的星宿分為五大星區，叫作五宮，即東宮、西宮、南宮、北宮、中宮，中宮又稱紫微宮，那裡被認為是天帝的居所。皇帝既然自稱天子，老天爺的兒

子，他們在人間的居所，就想和天帝的居所相對應。於是，天上紫微宮，地上紫禁城，皇帝就這樣通過天人感應和天人合一，把自己的宮殿作為皇權的象徵物化出來，達到崇宮室而威四海的目的。

豈止如此，紫禁城被建在當時北京城的中心（即使到今天，它還在正中心），也被認為是天經地義的。在建築佈局和宮殿命名上，更採取了一整套象徵手法，就像要寫篇好文章那樣，使得紫禁城裡處處無閒筆，哪裡都是有意味的形式。如乾清宮和坤寧宮，象徵天地清寧；乾清宮東面的日精門和西面的月華門，象徵日月精

華；東西六宮，象徵十二干支；東西六宮後的數組建築，象徵眾星。正如太和殿是在象徵皇權如昊天高不可測一樣，這些象徵日月星辰的對稱的建築群，拱衛著也在象徵乾天坤地的乾清、坤寧二宮，又一次顯示受命於天的皇帝的尊嚴。

再來看中國古代的陰陽五行學說，如何被運用到紫禁城的設計營造中來。紫禁城的總體佈局，為外朝、內廷兩大部分，外朝為陽，內廷為陰，二者既互相對應，又相互依存。外朝建築佈局疏朗，氣勢雄偉，體現陽剛之美；內廷建築佈局嚴謹，內簷裝修纖巧精緻，富有生活氣息。由於

紫禁城外朝三大殿，依序為太和殿、中和殿、保和殿，其基座有如「土」字。

兩大部分的占地面積相似，爲了突出外朝陽剛氣魄，在紫禁城前的中軸線上，布置了大清門、天安門、端門及御街兩側的門廡，在太和門左右，配置兩條外朝的輔助軸線——文華殿和武英殿，作爲太和殿的左輔右弼。從數目的陰陽來說，奇數爲陽。因此外朝的建築格局，無論縱向或橫向，均用奇數三，縱向爲太和、中和、保和三殿，橫向爲武英、太和、文華三殿。內廷位於紫禁城後半部，爲陰，故其佈局多用偶數。最典型的，就是東西六宮，以及乾東、乾西五所的設置了。

陰陽學說對事物的總體分析，是基於陰陽兩面，但若再細加分析，還有陽中之陽、陽中之陰、陰中之陽和陰中之陰四種情況。就紫禁城宮殿建築而言，午門、太和殿爲陽中之陽，乾清宮和坤寧宮的前殿爲陰中之陽，它們既與陽中之陽有共通之處，二者又不盡相同。乾清宮的屋頂用重簷廡殿式，殿前、御路、丹墀上陳設日晷嘉量等，與太和殿基本相同，這是陽中之陽與陰中之陽的共同點。可是，乾清宮前半部臺基爲須彌座和白色勾欄，北面卻是青磚臺基，臺基上不用

太和門外的銅獅，似乎總在仰天長吼。它所象徵的磅礡氣勢，正與康雍乾盛世的大清氣運吻合。道光朝以後喪權辱國，它還恍守在這裡，就恍如隔世了。

勾欄，而用琉璃燈籠磚，這又是爲什麼？一座大殿的前後，用兩種不同的裝飾，正是陰中之陽在乾清、坤寧兩宮中的藝術處理。之所以這樣做，可能由於乾清、坤寧兩宮畢竟是作爲皇帝和皇后居住的寢宮，既要同樣嚴謹端莊，又不能過分森嚴，以免影響到寢宮應有的生活氣氛。

中國古人在觀察自然時，還得出一個樸素的唯物觀念，即認爲木、火、土、金、水是構成宇宙萬物的基本元素，後來又發展了這種認識，從這五種物質的不同特性出發，抽象歸納出世間所有事物的分類方法，推演出事物間的相互聯繫及其變化，形成了與陰陽說相輔的五行說。五行說中

太和殿金鑾寶座下，就是所謂「龍穴」。據説，天地陰陽二氣匯聚於此。

的五大類內容，涵蓋很廣。如方位中，東西南北中為五方；色彩中，青黃赤白黑為五色；氣候中，風寒暑濕燥為五氣；感情中，喜怒思愛恐為五志；味道中，酸甜苦辣鹹為五味；以及還有五音、五穀、五臟等。上述五行觀念，在紫禁城宮殿營建中，也有所反映。

　　按照五行的觀念，既然方位中的東方屬木，為青色，其生化過程為

這塊外朝三大殿三層台基上的千龍吐水雲雕，用大塊漢白玉石砌成，面積約二千五百平方公尺。四周望柱下面伸出千餘個石雕龍頭，每當雨天時雨水就從龍口中排出，使分流雨水的功能與建築藝術的觀賞功能，相結合在一起。

「生」，可以用來比喻青年人的成長，所以，紫禁城就把太子讀書的地方設在東華門內，即紫禁城東邊的文華殿，並將屋頂做成綠色琉璃瓦，明顯不同於其他宮殿上鋪設的黃色琉璃瓦，以符合五行中木的方位為東、生化過程為生、色彩為青的屬性，很適應東宮太子在這裡讀書成長的需要。

與紫禁城同時建成的社稷壇，體現五行中的五色最為顯著，不僅在壇頂做出表現方位的五色土，而且壇的四周護牆，也按五行中的顏色，做出各種釉色的琉璃瓦，東方為青藍色，南方為赤色，西方為白色，北方為黑色，中央為黃色，反映了古代五行中方位和色彩的對應。

五行說中，又有相生相剋的說法，認為它們之間存在著相互生化和相互制約的關係。生，含有滋生、助長的意義，即水生木，木生火，火生土，土生金，金生水。由於土象徵中央，紫禁城宮殿規畫特別考慮「火生土」的規律，除將屋頂大面積做成黃琉璃瓦之外，還大面積地把所有

太和殿是典型的陽中之陽，怎麼看它，怎麼像是陽中之陽，從側面看，也顯得那麼陽中之陽。

牆壁外面油飾成赤色，以符合火在五行中生土爲赤，火爲土之母，促使中央的土得以循環生化。而在相剋規律中，則是木剋土、土剋水、水剋火、火剋金、金剋木。由於木剋土，紫禁城外朝建築中很少用綠色油飾，也不種樹木，以防木的色彩剋及象徵皇權的土的顏色，那就好像不吉利，也不好看。

由於五行中只有相生沒有相剋也不行，不能維持整體平衡，紫禁城的營造者真是煞費苦心，把紫禁城最北端的御花園和景山，確定爲以木爲主。因爲北方爲水，水生木，所以在乾清、坤寧兩宮以北，布置象徵陰中之陰的以木爲主的御園御山，就符合水生木，與前朝的火生土相反相成。至於紫禁城絕大部分區域，特別是前朝中軸線上，之所以沒有樹木的原因，一方面是從大朝使用角度出發，認爲不需要有樹，有樹影響觀瞻，還可能藏匿刺客，另一方面按五行說中

紫禁城內廷後三宮，依序爲乾清宮、交泰殿、坤寧宮。意思是：乾天坤地，天清地寧，天地交合，康泰美滿。這就是中國人的傳統理念。

陰中之陽的乾清宮

的布置要求，設計者也怕犯了木剋土的忌諱，不敢栽樹。據說明代晚期，曾在午門外採來松枝搭起涼棚，以免等候上朝的百官，總站在風露之下。這番好意，到清初就又廢除了。今天，在午門外御路兩旁看到不少洋槐，那是民國年間紫禁城改作故宮博物院後，才栽種的。

紫禁城宮殿在做總體規畫時，對周圍環境的選擇和佈局，也頗費心思。紫禁城北面，距神武門約三百公尺處是景山，景山與紫禁城總體佈局的關係，極為密切。這首先是由於，明初永樂年間的北京城，是在元朝大都城的基礎上建造起來的。從歷史上看，不少開國皇帝，為皇家宮殿及陵墓建築選址時，都會在風水上大做文章，以圖達到讓已經滅亡的那個王朝永世不得翻身，本朝則帝業昌盛、江山永固的願望。因此，明初永樂皇帝把都城建在他據以發跡的北京，又用挖掘紫禁城護城河的泥土堆成景山，稱萬歲山，將其正好置於元朝曾建的宮殿之上，藉以「壓勝前朝」，自有

御花園就是典型的陰中之陰了，不僅因為這裡遍植奇花異木，極呈陰柔之美，很容易讓人聯想什麼叫道法
自然，什麼是詩情畫意。

其心理用意。

另外，古代帝王宮殿的傳統格局，大多把坐北向南、依山面水視為理想的環境。景山雖然不是一座自然生成的山，但經過精心堆砌營造，五峰巖連，林木蔥鬱，置於紫禁城之後，不僅起到裝點風景的作用，而且增加了宮殿建築的穩定感和安全感。它與紫禁城內也是人工開掘的內外兩條金水河，遙相呼應，就使得紫禁城宮殿更明顯地處於坐北向南、依山面水的環境之中。實際效果，也確

是如此。當你站在景山峰頂俯瞰紫禁城，只見殿宇嵯峨，琉璃瓦頂熠熠閃光，極目環視四周，可一覽北京全城。而從紫禁城內北望景山，滿目蒼翠中，山峰上五座造型各異的亭子，清晰地映現在藍天白雲之下，成為紫禁城宮殿的一座巨大的山景屏風，襯托得紫禁城愈發肅穆恢宏。

毫無疑問，紫禁城宮殿設計的指導思想，主要是體現皇帝的至尊地位，一切都圍繞這個主題做文

章。但也可能正因為如此，它對如何確保宗法禮制和帝王權威不受侵犯，未免考慮得過多，而對它的實用功能，則考慮不夠。紫禁城是沿縱深發展的線索，形成了一條以主要宮殿為基點的南北向的中軸線，在中軸線兩旁布置左右對稱的次要宮殿。這條中軸線，不僅貫穿紫禁城，而且向南北延伸，南經京城正門正陽門，至外城正門永定門，北經景山中峰、皇城北門地安門，直到鐘鼓樓，全長十六華里。這樣步步深入的格局，只會進一步突出紫禁城宮殿的顯赫地位。

在概略地介紹過紫禁城的大致格局後，想談點除此之外，你到紫禁城來，還該看什麼。古人云，買櫝還珠可勝慨。意思是，如果買家只是買了個首飾盒，卻把盒子裡的珍珠還給了賣家，那就太遺憾了。

在參觀紫禁城時，希望你能感到，用故宮朱誠如院長的話說，紫禁城是我們的先人智慧和血汗的結晶，訴說著中華民族曾經有著怎樣世所罕見的創造能力。紫禁城固然是皇帝為了統治國家給自己營造的安樂窩，但它的營造思想、營造過

景山當屬陽中之陰。這裡固然林木滿山，蔥蔥鬱鬱，但瞧它那雄偉的氣勢，作用又是在「壓勝前朝」，陰中之陰壓得住嗎？

程、營造成就，又終究是中國古代勞動人民貢獻出來的，展現了中國當時文明進化和生產力發展的最高水準。經過幾百年的風雨滄桑，皇帝們早不知到哪裡去了，紫禁城卻成爲先人留給子孫後代的寶貴遺產，是整個中華民族的自豪和驕傲。

紫禁城又是中國古代文明的偉大載體。眾所周知，中國以擁有光輝燦爛的古代文化科學成就聞名於世，除四大發明外，中國古代天文、曆算、建築、文學、藝術、美學、政治、經濟、哲學等文明發展，都曾領先於世界。紫禁城始建於明初，前代科學文化諸方面成就，在它這裡都不同程度地得到呈現。前面講到，按照陰陽五行學說，紫禁城採用了古代宮殿前朝後寢、黃瓦紅牆的傳統做法，用以體現皇宮作爲中央王朝所在地和皇帝居所的尊貴地位，而如此浩瀚的琉璃的海洋，只有在陶瓷的故鄉中國，才能看到。前面也講過，按照古代天文學對天象的劃分和對星宿的認識，紫禁城在地面複製了一個紫微宮，三大殿代表紫微宮的三垣，後三宮和東西

乾清宮內懸掛的「正大光明」匾額，清世祖順治帝御筆，意思是，心懷坦白，言行正派。雍正朝以後，這裡被作爲放置秘密建儲匣的地方。

坤寧宮是皇帝大婚的洞房，也是宮內薩滿祭神的場所。

六宮代表紫微宮的十五顆星，天上紫微宮，地上紫禁城，二者遙相感應，以表現皇帝貴為天子、奉天承運、治理萬民的崇高身分。陳列在太和殿、乾清宮等主座宮殿前的嘉量，今天也許不那麼令人矚目，但它卻是以黃鐘為基礎，以聲共振原理為依據，獨步世界的中國古代計量科學的實物，其精密程度，可與兩千多年後上個世紀才確定的世界公用計量體系媲美。至於紫禁城各宮殿數不勝數的匾額楹聯，內容幾乎涉及三墳五典、經史子集等古代各種經典。紫禁城是美的寶庫，美的典範，它那大氣磅礴、宏偉壯麗的美的旋律、美的氣魄，只有在經歷了悠久文明和漫長大一統帝國的中國的土地上，才能產生。

紫禁城是中國古代宮殿建築的典範，這個問題前面沒有多講。中華先民由穴居野處到建造房屋，經歷了漫長的歷史發展過程。中華民族生存的自然環境和長期形成的社會環境，又造就了中國建築完整的木構架系統，以及豐富的材料結構、群體組合、講求建築形象及建築裝飾、建築佈局嚴

該圖隱約可現北京中軸線。這條原本全長十六華里的中軸線,現在已被南北延伸不知多少倍了。

整而靈活、建築與園林相結合等特點。紫禁城無疑全面而且成功地體現了這些優良傳統,以清醒的世俗理性精神和強烈的政治倫理色彩,以及與此相適應的審美情致,作為中國民族性格、民族意識和燦爛歷史的象徵,完成其偉大的土木式外化。中國古代建築,尤其重視宮殿建築,被奉為古代文化經典的《周禮》,對都城和宮殿建設有著具體規畫,在後來的歷史發展中,這些內容大多被繼承和完善下來。紫禁城集中反映了《周禮》以

來的宮殿建築傳統,體現出實用與禮制的結合,復古與創新的結合。必須指出,明清紫禁城與元大內有直接沿襲關係,元大內又是沿襲了宋代汴京宮殿的規制,而宋代則是繼承了漢唐兩代的作法。因此,明清紫禁城既是在前代宮殿建築一脈風流的基礎上建立起來的,又是中國古代宮殿建築最後頗多創舉之大成。

紫禁城是中國古代文化藝術的寶庫。歷代帝王,利用自己手中至高無上的權力,製作和搜羅了大量珍貴藝

術品，在紫禁城裡為我們留下了兩百多萬件古代文物。這些傳世國寶，包括書法、繪畫、青銅、陶瓷、玉器、絲繡、琺琅、竹木牙雕、家具、樂器、天文儀器等諸多種類。它們是古代藝術品的精華部分，是世界藝術寶庫中的明珠。由於特殊的歷史條件，它們同紫禁城宮殿形成一種密不可分的聯繫，共同構成紫禁城文化完整的體系。

紫禁城是明清兩代五百年歷史的見證。紫禁城自明永樂十八年建成，至清宣統三年溥儀遜位，經歷了明清兩代四百九十一年的滄桑歲月，共有二十四位帝王在這裡御極，並實施對全國的統治權。在這座明清兩代的中心舞臺上，不知演出過多少幕歷史的悲喜劇——鄭和下西洋、土木之變、南宮復辟、于謙蒙難、明武宗荒淫、魏忠賢亂政、張居正改革、李自成進京、崇禎帝自縊、清統治者入主中原、康乾盛世、鴉片戰爭以來的種種屈辱，慈禧垂簾聽政，戊戌變法，清帝遜位……五百年間王朝的消長，中華民族的榮辱，世界潮流的衝擊，在這裡一一展示。紫禁城是一處濃縮這一切的地方。

也許瞭解了這些，到紫禁城來遊覽，才不虛此行。

紫禁城角樓美輪美奐，每當瞥見，為之心醉。

這便是天威盡顯的大朝氣象

午門身後內金水橋掠影

風雪彌漫中的太和殿廣場

紫禁城落日餘暉，亦顯風情萬種。

最新數據表明，故宮日平均遊客已達十一萬人。那一年算下來，就是四千萬人了。

宮內盛水防火用的這口銅缸，也會引來這麼多遊客佇足。他們是在看此缸原本鎏金，被八國聯軍用刺刀刮走。

武成永固大將軍炮，為前裝滑膛炮，以雙輪車載，炮名由康熙帝欽定。此炮當時共鑄六十一門，在征剿噶爾丹時發揮了巨大威力。現陳列於故宮博物院午門至端門之間的廣場上。

第一章

九五之尊

中國文化有些謎團，也許永遠難以破譯。譬如說「九五之尊」罷，怎麼九和五這兩個數湊在一起，就會成為至高無上的帝王之位的象徵了呢？難道僅憑古老的《周易》中，有「九五，飛龍在天，利見大人」這麼句撲朔迷離的話，就足以讓後來幾千年的中國歷史都受到啟發，無論誰當上皇帝，他就理所當然地該被稱作

太和門九五格局

九五之尊
——朕即國家天威叵測

中國文化有些謎團，也許永遠難以破譯。譬如說「九五之尊」罷，怎麼九和五這兩個數湊在一起，就會成為至高無上的帝王之位的象徵了呢？難道僅憑古老的《周易》中，有「九五，飛龍在天，利見大人」這麼句撲朔迷離的話，就足以讓後來幾千年的中國歷史都受到啟發，無論誰當上皇帝，他就理所當然地該被稱作「九五之尊」了？

不過你看，這概念若體現在建築藝術上，在中國古代數字中最大陽數概念的九，和作為上有七九下有一三的中間陽數的那個五，要是組合在一

起，倒確可產生某種特殊效果。什麼原因不知道，反正就是這麼回事。那就難怪紫禁城內凡是比較重要的宮殿，如太和殿、乾清宮、午門正樓，以及專為乾隆做太上皇營建的皇極殿，還有皇帝用以頒詔的天安門，全是開間為九、進深為五的九五格局。所以，就別非要去找根據了，也許真得只有這樣安排，這些宮殿建築才會顯得如此宏偉，如此壯麗，如此神聖。不信的話，換個比例試試看？不越看越彆扭，就不錯了。

作為皇帝金鑾寶殿的太和殿上，究竟有多少條龍，常聽到有人這樣問。那就告訴你罷，據不完全統計，大約有一萬三千八百四十四條。這是故宮研究室前主任徐啓憲先生告訴我的，時在一九九六年。我於是明白了，之所以這麼多龍，當然不是因為好看，比這好看的圖案有得是，乃是由於太和殿是皇帝舉行登基、

萬壽、大婚等重要朝賀的場所，渲染帝王至尊至貴，就成為這裡內外裝修必須注重的原則。這也即為什麼太和殿裡，從屋面裝飾到內外簷彩畫，乃至藻井天花，上上下下，到處都是品制最高的五爪龍紋。

龍，本是世界上沒有的生物。它實際上是以蛇圖騰為主的遠古華夏氏族，不斷戰勝融合其他圖騰氏族，逐漸演變而來的一個圖騰符號，最終成為整個中華民族的精神標識。但自從

太和殿內到底有多少條龍，若沒人確切地告知，誰也數不清。

龍，這個從遠古洪荒時代居然延續保存到今日，具有如此強大的生命力量，吸引人們去崇拜去幻想的奇異形象，始終是那樣變化莫測，神氣萬千。

這則《清太宗文皇帝實錄·南面獨尊》，表明後金政治體制已完成從八旗共議制向中央集權制的過渡。

傳統觀念，而且還是宇宙時空的象徵。在乾隆帝看來，當向東南、西南方向充溢的陰陽二氣匯聚於太和殿內金鑾寶座下的「龍穴」時，坐在寶座上的他，無疑也就成了天地陰陽二氣的化身。他坐在這寶座上，彷彿與遠古傳說中的伏羲女媧分執規矩、高擎日月一樣，駕馭著

中國進入帝制社會以後，這種變幻莫測、似乎具有神奇魅力的龍的形象，就長期被皇帝獨占，視為皇權化身，任何人不得僭用。大概從元代開始，作為皇權至高無上而又無所不在的體現，皇帝的衣服叫「龍袍」，床鋪叫「龍床」，皇帝高興時叫「龍心大悅」，生氣時叫「龍顏大怒」，身體不舒服叫「龍體違和」，皇帝即位前居住的地方叫「潛龍邸」，皇帝的兒孫叫「龍子龍孫」，等等。

皇帝不但自封為「真龍天子」，更有甚者，看到太和殿前左右兩側陳列的嘉量和日晷了嗎？據說那是兩漢之際王莽篡政時的遺物，乾隆初年為清廷所得，視為「天授神物」。這兩件古物，不僅隱含著「天圓地方」的

嘉量，中國古代標準量器，王莽篡漢時遺物，乾隆初年被弘曆得到，視為天授神物，複製了四隻，分別放置在紫禁城午門、太和殿、乾清宮等主座宮殿前，另一隻派人送到盛京（瀋陽），陳設在那裡的崇政殿前。乾隆帝之所以如此看重此物，是因為它可以表示國家統一、江山永固。

宇宙時空，支配著天地萬物，那還不該是一位當之無愧的統治者嗎？

專制時代，皇帝的意識就是天意，皇帝的言語就是法律，皇帝的身分神聖不可侵犯。他可以自稱「朕」（對太上皇、皇太后例外），下屬臣民則呼他爲皇上、陛下、聖上、萬歲。人們在書寫文字時，遇到與皇上名字相同的字，必須用別的字去避諱替代，即使因此弄得這句話不知道是在說什麼了，也沒辦法。明黃是皇帝專用的顏色，任何人不得使用，如有侵犯，那就是僭越，就是大逆不道。

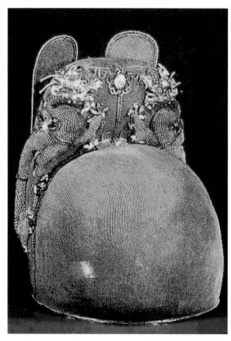

明神宗萬曆帝皇冠。他後來竟然二十四年不上朝，被評為中國歷史上最不負皇帝責任的皇帝。

此外，皇帝具有頒發詔旨、封賞賜予、大赦天下、校閱軍隊、接受朝賀、頒定律例、追奪籍沒，以及蠲免錢糧稅銀等特權。總之，全國生殺予奪的一切權力，均屬於皇帝，皇帝是最高權力的體現者。

愛新覺羅・溥傑先生，回憶兒時進宮陪伴早已被趕下臺的遜帝哥哥溥儀遊玩，兄弟倆正玩得高興，溥儀發現溥傑內衣的顏色似乎是黃的，就沉下臉來，喝斥他爲什麼敢穿黃，又怎麼配穿黃，溥傑嚇得渾身發抖，馬上意識到眼前這個人，並不是哥哥，而是皇上，儘管是個已遜位的皇上。黃色和王權的對應關係，並非古已有之，而是直到元代才確定下來。明代將黃色的禁忌進一步擴大，官民一律禁用黃色。在明清兩朝，黃色完全成了皇權的象徵。

關於皇帝穿什麼衣服，據有關典籍記載，從堯舜禹時的舜帝開始，皇帝冕服就用十二章紋樣爲飾。以後，歷代皇帝承傳古禮，幾千年來始終未變。若問哪十二章?就是：日、月、星、山、龍、華蟲、宗彝、水藻、火、粉米、黼、黻。十二章紋樣的象徵意義是：日月星光照大地，山

能與雲雨，龍能靈變，華蟲寓意華麗多彩，宗彝表示不忘祖先，水藻象徵文采，火象徵興旺，粉米能夠養人，黼象徵權力，黻象徵群臣離合及善惡相背。這十二章成了皇族的標誌，只有皇帝才能穿十二章的冕服。不過，十二章中龍紋所占的地位，越到後來越大，其他十一種紋樣，只放在適當位置作爲點綴。而且，人們往往以爲皇帝天天穿「龍袍」，其實皇帝平常穿的禮服叫「袞服」。到清朝，皇帝在慶典活動中穿的衣服，才叫龍袍，重大慶典穿朝袍。

皇帝用膳，也有獨到講究。清朝宮儀規定，如果沒有特別旨意，任何人不能與皇帝同桌進膳，皇子后妃也不例外。每逢元旦、萬壽節、除夕，宮中舉行宴會，無論是餐桌位置，還是酒菜品類，都有嚴格等級區分。倘若有人膳食與皇帝相同，超出了標準，就是不合禮制。清宮某次筵宴，后妃宴席上的食品似乎與雍正帝相同，雍正帝就下諭說：「中宮所用，如何與朕相同？不但體統不合，亦非撙節愛惜之道。」認爲有分別才合禮制，別人吃了跟他一樣的東西，那是浪費。

愛新覺羅·福臨沖齡踐祚，六歲登極，由偏居關外的一隅之主，一躍而爲君臨華夏的最高統治者。

皇后在后妃中的地位，算是最尊貴的了，被視爲母儀天下。然而在皇帝面前，她也不過是個附庸而已，決不能與皇帝同起同坐，向皇帝要自稱「臣妾」。又比如龍鳳紋樣，是皇家獨有的裝飾，龍代表皇帝，鳳代表皇后，但龍鳳圖案在一起時，只能是龍在上，鳳在下，不能顛倒。唯有慈禧太后是個例外，她當政後，改爲鳳在上，龍在下，這是擾亂了尊卑與名分，因而被稱爲野心家。

看過清代畫家王翬繪製的《康熙南巡圖》嗎？這幅極為珍貴的紀實性繪畫長卷，全面記錄了康熙帝第二次南巡中龐大的鹵簿儀仗場面。鹵簿儀仗，是古代王朝用以體現其尊貴地位而建立起來的禮儀制度。據《欽定大清會典》規定，凡皇帝登極、親政、大婚、萬壽和冬至、元旦等重大節日，都要在宮中太和殿舉行朝賀，宗室王公和文武百官都要入宮，向皇帝行三跪九叩朝拜禮。朝會之日，鑾儀衛要在太和殿到天安門外的御道兩旁，陳設無數鹵簿儀仗和宮中樂器，氣氛肅穆，用來彰顯一國之君有著至高無上的威嚴。

至於皇宮的警衛情況，到故宮瀏覽，如果你路經東西華門，留意觀察周圍設施，就會發現在門外左右兩側，各設有高約四公尺、寬約一公尺的石碑，上書「至此下馬」四個篆字。清代文武官員上朝時，到達下馬碑前，文官下轎，武官下馬，不得有所逾越，然後必恭必敬地步行入宮。只有承蒙皇帝特許，可乘轎或騎馬進

慈禧陵的這塊赫然醒目的石雕，就把龍鳳關係弄顛倒了。

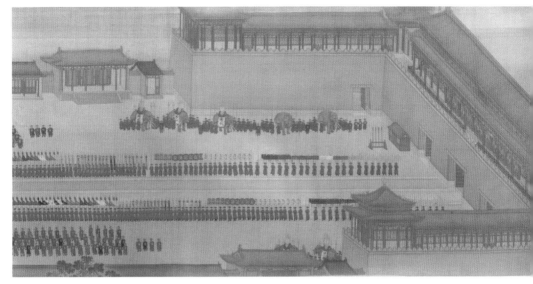

《康熙南巡圖卷‧鹵簿圖》，所描繪的清廷鹵簿儀仗場面。

入紫禁城者，除外。

紫禁城是明初永樂年間建造的，明朝在紫禁城內發生的事，人們好像不怎麼熟悉。明代其實是皇權空前高漲的朝代，群臣上朝時，必須連連三呼萬歲，再三呼萬萬歲，已成定例。連跟從皇帝行進在丹墀上，也必須將臉永遠朝向北面，因為面南是皇帝的特權。所以，明代的大臣退朝時，只好總是倒著身子走路了。皇帝是如此威嚴，故而在君臣隔閡愈發嚴重的明代中葉以後，許多大臣聽說皇帝要召見自己了，便有手足無措之感，來到皇帝跟前，不是只會磕頭喊萬歲，就是什麼話也說不出來。最典型的例子，是明神宗召見閣臣時，有位叫吳崇仁的臣子，在殿上嚇得僵臥在地，

順治帝登基詔書

大小便失禁，把他抬回家中，仍然像個木偶，幾天後才恢復常態。

明代政治的一大特點，就是盛行特務政治和文字獄，這是由開國皇帝朱元璋定下的規矩。朱元璋出身卑賤，早年當過和尚，參加過紅巾軍起義，一旦登上皇帝寶座，曾經卑賤的出身，成為他最不允許別人觸及的隱痛，也成為他大搞唯我獨尊的原動力。他曾經很想為自己找一個有頭有臉的好祖宗，以顯示自己有好來歷，而且找來找去，終於想到那位也姓朱的南宋理學大師朱熹，便叫人考證朱熹是他的祖先。但由於朱熹是江西婺源人，朱元璋是安徽鳳陽人，實在沾不上邊，只好拉倒。他於是又通過大搞文字獄，用暴力抬高自己的來歷。

以至於在明代，凡是書面文字中有光、禿、僧一類與和尚有關的文字，一律視為忌諱。朱元璋是紅巾軍出身，在統治階層的意識形態中，紅巾軍是逆賊與強盜，所以明代不但「賊」字不許用，與「賊」音相近的「則」字，也在忌諱之列，為此製造出某些冤獄。

朱元璋和他的兒孫們殺起人來，相當殘忍，範圍也非常廣，殺人往往以家族為單位，一旦誰被列為打擊對象，就難逃誅滅九族的厄運。在這種情形下，京城內外被恐怖氣氛籠罩，大小官吏整天提心吊膽，人人自危。據說當年上朝的時候，只要看到朱元璋把玉帶撅在肚皮之下，就是他下決心大批殺人的徵兆，當天準有大批官員被殺，滿朝文武嚇得面無人色，個個發抖，如果看到朱元璋的玉帶是掛在胸前，便知道皇帝今天情緒不錯，大概不會殺人。按照明朝的制度，京官每天都得早朝，天不亮就要起床

接著倒楣的是涼國公兼太子太傅藍玉，剝皮示眾，究其黨羽，牽連致死者達一萬五千餘人。

梳洗穿戴。因此，在一舉殺死五萬餘人的「胡藍黨案」期間，許多京官早朝之前就和家人訣別，囑咐後事，以防不測，要是能活著回來，則闔家歡聚，以示慶賀，算是又多活了一天。

明朝皇帝在唯我獨尊心態的驅使下，決不容許自己的權威受到絲毫損害，已到讓人不可思議的程度。明江西巡按御史陳祚，僅僅因為上疏勸明宣宗在休閒時，是否讓儒臣講解一下《大學衍義》，認為這部書對理政有好處，就被明宣宗下詔逮捕入獄，在錦衣衛關了五年。明明是出自臣下一片赤誠之心的讀書建議，竟引起皇帝如此盛怒，禍根就在於陳祚的建議，無意中觸犯了皇帝極其自負的心理。在明宣宗看來，帝王乃天下共主，應當無所不懂，豈容臣下懷疑自己的學問。

說來好笑，就連遊戲玩耍，明代帝王也要擺出至尊的架子，非贏不可，否則便發脾氣。明武宗曾與巡撫都御史伍符玩藏鬮的遊戲，伍符偶然獲勝，武宗就不高興，找個碴兒羞辱了伍符一番，才算作罷。

比較而言，別看清朝皇帝是少數民族出身，若論通情達理，總體教養程度，似乎比明朝皇帝要好，也就是說沒那麼霸道。但是，清朝皇帝自有清朝皇帝的特點，為維護皇權不受侵犯，他們很愛從政治角度著眼，宮廷禮儀也顯得更為繁縟。

清朝皇帝若想懲治誰了，給他安上個「僭擬至尊」或「僭侈逾制」的帽子，要比他犯了什麼罪都嚴重。「僭擬至尊」，就是也擺出皇帝的樣子；「僭侈逾制」，就是奢侈得超過了皇帝本人。

曾為滿清入主中國作出重大貢

明洪武年間，首先倒楣的是中國最後的一位丞相胡惟庸，不僅他本人被處死，牽連致死者三萬餘人。

清太祖努爾哈赤第十四子多爾袞，於順治元年（1644年）統兵入關，開國定基。當時，因順治帝年幼，由其代決軍國大事。據說，他批奏本章可不奉上命，概稱詔旨，連皇帝的印璽也貯其王府，以便隨時鈐用。

獻的多爾袞，由於特殊的歷史原因，生前權勢如日中天。順治帝封他為「叔父攝政王」、「皇父攝政王」，死後又追授他為「誠敬義皇帝」，恩寵得無以復加。其實，順治帝完全是出於無奈，才違心地這樣做的。故而，後來一旦時機成熟，順治帝為了確立自己的皇威，立刻翻臉不認人，多爾袞屍骨未寒，就宣布他有彌天大罪。其中一條，正是多爾袞曾在儀仗、音樂、

侍從、府第諸方面，都「僭擬至尊」。

乾隆後期的寵臣和珅，倚仗乾隆帝對他的信任，把控朝政達二十年之久。乾隆帝剛死，嘉慶帝為鞏固自己帝位，一點都不顧及父皇臉面，下旨逮捕和珅入獄，宣布他有二十條罪狀，其中許多條屬於「僭侈逾制」罪。如第十三條，私造楠木房屋，有間房子的隔段仿照寧壽宮樣式；第十四條，和珅給自己修的墳墓設有享殿隧道，附近居民管這兒叫「和陵」；第十五條，所藏珍珠手串，比宮中多了數倍，有顆珠子比皇帝御冠上的還大。以上罪狀，是否全部屬實，無從查證，所可注意的是，「僭侈逾制」罪極其嚴重的後果。

清朝與明朝讓宦官興風作浪不同，視太監為蟲蟻般最低賤的人。但即使是這樣的人，皇帝也很注意他們對自己的態度，時時加以糾正。請看，雍正元年六月二十二日上諭：「近來新進太監，俱不知規矩。朕曾見伊等掃地時，挾持笤帚，竟從寶座前昂然直走，全無敬畏之意。爾等傳與乾清宮等處首領太監等，嗣後凡有寶座之處，行走經過，必存一番恭敬

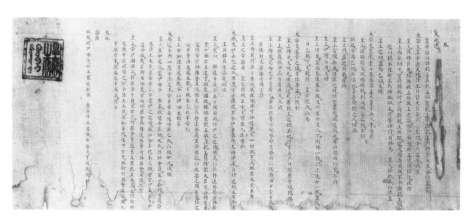

由於攝政王多爾袞猝死，順治帝再也無法默視多爾袞生前對自己的壓制，於順治八年（1651年）二月二十二日發布上諭，開始追罪多爾袞，廢其尊號，黜其宗室，毀其墳墓，財產入官。從此，清廷解除了王權對皇權的威脅。

之心，急趨數步，方合禮節。若仍不改，爾等即嚴切教訓。」雍正九年八月十九日上諭：「近來，爾太監等私下相聚，未嘗不圖歡笑，及見主上時，便似拘束太苦，全無和顏悅色。若以此為恭敬，甚屬錯謬。爾等嚴傳，以後若是不改，定將有心如此者處分幾人，令眾人齊知改悔。」乾隆九年十二月二十九日上諭：「適見養心殿太監劉玉竟在欄杆上坐，甚無規矩……著將劉玉交與總管重責四十板。並傳諭太監等，嗣後不得覆蹈前轍，或於臺階石砌間暫坐，則可。」從上述皇帝們的諭旨，可見清代太監的日子很不好過，經常處於尷尬境地，慢了不是，快了不是，坐著不是，立著不是，歡笑了不是，拘束了也不是。

中國乃禮儀之邦，早在夏商周三代，就已制定了相當完備的王室禮儀

嘉慶四年（1799年）正月初三，太上皇乾隆帝病逝，嘉慶帝開始真正行使皇帝權力，首先誅除父皇在世時的寵臣和珅。

《欽定宮中現行則例》刻本，是清代宮廷規章制度的彙編，頒行於乾隆七年（1742年），嘉慶時期有所增補。

制度。清代是專制集權的最後一個中央王朝，爲獨尊皇權制定的禮儀，也越來越細密。這裡，隨便舉幾件小事，便可略知一二。

慈禧這位中國王朝最後的一個獨裁者，尤爲注重宮中繁縟禮儀，以保持她的尊嚴。凡是她坐過的椅子，就成了「御座」，以後任何人不許再坐。除了光緒帝，可以管她叫「親爸爸」之外，無論何人與她說話，都必須稱她「老祖宗」、「老佛爺」，自稱「奴才」。給她梳頭，不能掉一根頭髮，否則會引起她的雷霆之怒，輕則訓斥，重則杖責。聽說就連李鴻章這樣的元老重臣，爲了去

給慈禧拜壽，也得先在自己家裡用棉花裹住膝蓋，每日跪拜多次，練習朝儀。

據《清稗類鈔》的書中記載，清代內廷演戲，遇到戲中有要跪拜的情節時，比如秦香蓮來喊冤，該向包青天跪拜了，也不能去拜包相爺，而要拜正看戲的皇上。按說演戲就是演戲，看戲就是看戲，戲中動作由劇情規定，人家扮演秦香蓮的是在按劇情向扮演包公的跪拜，看戲的好好看戲就是了。但不行，因爲看戲者是皇帝，因此戲中角色跪拜，也得跪向現實中的至尊。這事說來荒唐，就在雍正年間，還真有戲子沒記住規矩，被拖出去杖殺的事。

儘管清朝皇帝對宮廷禮儀注意極嚴，無奈因其本身太過繁縟，實施起來就難免出岔。光緒年間，有位大臣在筆記中寫道，光緒帝受群臣朝賀，數百顆腦袋在他面前上上下下，總不能整齊劃一，那情形相當滑稽，光緒帝看著忍俊不禁。此外，朝賀時丹陛

兩旁樂聲大作，如同點燃無數爆竹，司禮官呼叫的「跪」、「叩首」、「起」之類的指令，淹沒在一片噪雜聲中，幾乎什麼都聽不清。類似這些禮儀，究竟有什麼實際意義，大概誰也不知道。

自古以來，皇帝都驕傲得不著邊際，自以為中國是天下的中心，自己是萬國的主宰。歷史上，中國確曾有過威震宇內的時期，如初盛唐國勢強盛，唐太宗被國際上稱為「天可汗」，清代康熙乾隆時期，國勢也還算可以。但問題是，這樣強大的時代和顯赫的帝王，歷史上畢竟不多，睢混的時候倒不少，可又沒有一個當皇帝的在位時，不想抖一抖「萬國之主」的威風。這反映在他們接見外賓時，更要讓異邦使者體驗一下泱泱大國的禮儀，感受一下中國皇帝的天威。最可笑的，是嘉慶帝以後國勢開始日漸衰落，清廷還想顯示大清國的威儀，接見外國使臣時，非要人家這樣那樣，鬧出許多糾紛。

嘉慶二十一年七月，英王派使節訪華，嘉慶帝以「天朝大國」自居，視英國為化外蠻夷，要求英使按大清禮節，向自己行三跪九叩禮。英使不

清末名伶王鳳卿楊小樓，進宮為慈禧演唱京劇《蓮花湖》，想必也曾如履薄冰。

幹，嘉慶帝氣憤無比，立即驅逐英使回國，並告誡他們：「嗣後毋庸遣使遠來，徒煩跋涉。但能傾心效順，不必歲時來朝，始稱向化也。」咸豐九年，美國公使來京交換中美《天津條約》文本，儘管美使一再聲明此行目的，並非求見皇帝，只須見直隸總督就行，清廷卻堅持讓美使求見皇帝，並破例開恩，說「一跪三叩足矣」。美使當然不肯依從，說你們在外國君主面前也叩頭嗎？那位負責洽談此事的清朝官員，大概從未想過有朝一日會前往「夷國」、「蠻邦」訪

乾隆帝接見英國使節馬戛爾尼一行

道光二十二年（1842年）七月二十四日，清廷談判代表耆英、伊里布和英國駐華公使璞鼎查，在英艦「皋華麗」號上簽訂了《中英南京條約》。這個條約改變了中國歷史進程，導致社會轉型的發生，在帶給中國屈辱的同時，也開始驚醒千年沉睡的中華民族。

問，於是很乾脆地回答「不獨預備叩頭」，且在必要時「焚香禮拜，事之若神，亦所甘心」，弄得美使啼笑皆非，將國書交給清廷接待大臣，同直隸總督草草換約了事。到了同治年間，日、俄、美、英、法及荷蘭六國公使，曾集體覲見過同治帝，均以向他鞠躬五次的形式，來表示禮貌。光緒二十六年，八國聯軍占領北京後，砲轟皇城，劫掠大內，清廷再也無力顧及什麼臉面，只得唯列強之命是從。光緒帝接見外國人的禮儀方式，也與西方漸趨一致，並以條約的形式確定下來。

為了宣揚清朝威德，乾隆帝命宮廷畫師創作了多幅反映周邊藩屬國及西方諸國使臣，在清朝舉國歡慶的日子裡，爭先恐後地向清廷朝覲的繪畫。畫中場面，既有事實依據，也有出自畫師的想像。

順治十八年（1661年）正月初九日，玄燁親御太和殿，登上皇帝寶座，宣布改明年為康熙元年。日後古代社會一位相當少有的英明君主，出現在中國政治舞台。

多爾袞死後滿身罪名，百餘年無人論及此事。直至乾隆四十三年（1778年）正月，弘曆才頒詔立碑，為多爾袞平反昭雪，肯定他在清朝開國時「成一統之業，厥功最著」的重大功績。

清廷為預備立憲製作的大清國寶璽

明十三陵神道

第二章

乾綱獨斷

中國的皇帝，憑藉體制賦予的權利，在
歷史上具有極大的個人支配力。也就
是說，無論什麼事情，都由他一人說了算。
正因為如此，我們才把中國封建社會的政治
特徵，概括為專制與獨裁。

明太祖朱元璋下葬何處，歷來眾說紛紜。南京有關方面運用磁測技術，認定其下葬處應在明孝陵背後獨龍阜玩珠峰下數十米處。朱元璋迷信風水，開創了新的帝陵制度，在北京的明十三陵以至清朝帝王陵寢中，一直得到沿用。

乾綱獨斷
——天下事重躬自斷制

中國的皇帝，憑藉體制賦予的權利，在歷史上具有極大的個人支配力。也就是說，無論什麼事情，都由他一人說了算。正因為如此，我們才把中國社會的政治特徵，概括為專制與獨裁。

明洪武三十一年閏五月，那位廝殺拚鬥了一生的朱元璋，終於走完他七十一年的人生歲月，離開了喧囂的塵世。無論你喜歡不喜歡朱元璋，你都該承認，他可是中國歷史上僅有的兩位從平民擢升皇帝的一位，另一位是漢高祖劉邦。這個人儘管文化水準不高，對社會和人生卻有著極強的洞

察力，無疑是位相當能幹的帝王。且不說他怎樣會打仗，就看他在位期間為強化皇權，防止各種可能發生的顛覆事件，鞏固這靠他白手起家打下的江山，也讓子孫後代坐穩江山，是多麼淋漓盡致地施展出他的全部才智謀略，不惜一切、不擇手段地維護皇帝的地位和權力，把皇權隆尊到無以復加的程度。在他的臨終遺囑中，有這樣幾句話：「朕膺天命三十有一年，憂危積心，日勤不怠。」什麼意思？正是他一生勞神費力、除了自己誰都不敢相信的自白。

臥榻之側，豈容他人酣睡，特別是對皇帝而言。大家知道，丞相是僅次於皇帝的實權人物，從秦始皇設立丞相一職算起，丞相便在封建社會中發揮著重要作用。儘管相權與皇權時有衝突，但直到朱元璋之前，歷代帝王都對丞相還算客氣，僅僅是對他們的限制也越來越注意罷了。可當朱元璋成為皇帝後，不知為何，會對丞相產生那麼大的反感，毫不猶豫地揮起手中的利劍，製造出慘絕人寰的「胡藍大獄」，從而給中國的丞相制度，永久性地劃上句號。

再看洪武時期朱元璋採取的其他措施，哪一件不是以強化皇權、加重獨裁為目的？元代行中書省的地方行政管理體制，曾賦予地方政府很大權力，而這對皇權所造成的危害，是朱

康熙帝每次南巡，都要在南京祭奠明代開國皇帝朱元璋及馬皇后的陵墓明孝陵。第二次南巡至此，親書「治隆唐宋」四字，勒碑立於明堂內，藉以籠絡江南民心，緩和滿漢之間的民族對立情緒。其實，以康熙帝特有的施政理念和性格作風，未必真能認同朱元璋的所作所為。

元璋親眼目睹的。於是，他就考慮在進行中央官制改革之前，如何先著手對地方行政機構做手術。也就是說，將行中書省的所有權力收歸朝廷，省一級地方行政的職權，也明顯縮減。與此同時，朱元璋對地方的監控則大為加強，讓御史和巡按長年累月地在全國巡察，以確保各項旨意都能得到及時有效的執行。軍隊是朱元璋起家的本錢，為了牢牢掌握軍隊，他創造性地發明了衛所制度和軍戶制度，使

張居正推行萬曆新政，使原已瀕危的大明王朝得以延續，是個成功的改革家，但他也免不了身敗名裂。因為當時神宗年幼，一切軍政大事皆由張居正主持裁決，這就必然跟朱翊鈞結仇。

國家既能維持一支龐大的軍隊，又不必為之付出高額的軍費開支，更重要的是防止高級將領有什麼打算，真可謂一舉三得。

承接朱元璋政治本色的朱棣，大權獨攬，小權不放，把他父親的事業推到新的起點。朱棣以襲殺姪兒建文帝弒君得國，這一點和唐宋時代的兩太宗頗相類似，而他本人也常以唐太宗自詡。縱觀中國歷史，這樣的現象耐人尋味：凡是得國不正的君主，往往在其統治期間，要以雄才大略力求表現，結果反成一代天驕。人們不難發現，他們之所以如此不敢懈怠，比較勤政，基本動因之一，就是要借不朽的事功爭取自己的歷史定位，以洗刷早年的篡名。所以，若說朱棣通西洋，征漠北，平安南，建北京，修大典……那氣魄之大，並不在唐宋兩太宗之下。但若論及永樂政治，則根本無法與貞觀之治媲美，貞觀之治那種內治之美，永樂無論如何難望其項背。而且，後世在如何看待朱棣的文治武功時，還往往不能不注意到以專制和獨裁為特色的永樂政治黑幕，對有明一代的惡劣影響。

當年，朱元璋以重刑繩臣下，動輒剝人皮抽人筋，致使臣下不敢「拂龍鱗而逆天恩」，畢竟還有錢唐、韓宜可、茹太素、李仕魯、葉伯臣、鄭士利、王樸等一批直言敢諫之士，前仆後繼，以身殉職。到了永樂時期，經過朱棣更為野蠻的殺戮，鯁直不屈的大臣如鳳毛麟角，已極其罕見。相反，朝中阿諛奉迎的風氣滋長起來。這種情況，正是永樂年間封建皇權極度高漲、君臣主奴關係牢固確立的反映。

別看朱元璋和朱棣父子如此殘酷，洪武永樂之後，明代的帝王不知是遺傳上有問題，抑或其他緣故，無論政治魄力，還是人格操守，都遠不如他們的太祖和成祖。但在有一點上，朱家祖孫卻一脈相承，那就是大都與文官集團搞不到一起，或者以屠刀相向，或者閉門相拒，有的皇帝乾脆獨往獨來，彷彿高居九重天上的孤獨客。

明神宗萬曆十年六月丙午，一代大學士張居正死去，明神宗為此停止視朝，在京師九壇設祭，命四品以上的京官都去為張居正守靈，贈其諡號為「文忠」。大臣提到張居正時，也

明神宗年輕時朝服像。他後來竟然二十四年不上朝，被評為中國歷史上最不負皇帝責任的皇帝。

總是開口閉口「先太師」如何，備極尊崇，可見此人生前的巨大影響。然而，這些表面上的熱鬧，很快被長期憋悶在神宗胸中的不平之氣衝破。原來張居正在世時，上有太后支持，旁有太監馮保做內應，趁神宗年幼，在皇帝面前擺老資格，早就使當朝天子很不自在，覺得丞相制度雖已廢除，張居正這個大學士，比丞相還可惡。有一次，神宗在宮廷講筵中讀《論語》，不慎將「色勃如也」的「勃」讀成「背」，張居正在旁厲聲喝道「當讀作『勃』」，把神宗嚇了一

明熹宗朱由校朝服像。這位天啓帝生性古怪，根本不理朝政，喜歡當木匠，整天光著膀子在乾清宮裡學魯班，大臣們都說他手藝不錯。

是為了防止君權受相權威脅，那為何在談到張居正身後榮辱時，還要提及君權與類似於相權的大學士之間的矛盾呢？這是因為，朱元璋廢掉丞相後，才發現皇帝再能幹，也無法將天下事一一擺平，來自親信大臣的輔佐，畢竟不能沒有，只要控馭得當，倒也不用擔心他們謀逆。因此，明成祖朱棣登基後，為解決沒設丞相給朝廷施政帶來的混亂，在午門內東南角建文淵閣，各種軍政大事，皆交由該閣擬辦，由幾位大學士具

跳，侍講的大臣也面面相覷。所以，張居正一死，神宗的滿腔憤懣就要迸發出來，只是開始礙於他餘威尚在，不便貿然發作，等到半年後時機差不多了，神宗立即下詔將張居正的封諡追奪，他所重用的文官武將悉遭罷免，家產也被籍沒，子孫皆遭厄運，充分顯示出神宗對張居正的痛恨之深。

　　朱元璋當年廢除丞相制度，正

體負責，這便是明朝內閣制度的由來。內閣大學士們，雖然朝夕跟隨在皇帝身邊，實際上不過是皇帝的祕書班子。可話又說回來，如今的人都知道，當祕書的一旦幹長了，會有怎樣的政治能量。故明中葉後，朱元璋下狠心廢掉的丞相制度，被朱棣以大學士的名目陰魂再現，同樣反映在君主與閣臣的複雜關係中，也就勢所必然。

明正德十六年，那個中國歷史上最為荒唐亂來的明武宗朱厚照病死，死後無子，也沒留下關於繼承人的遺言，給大家出了個難題。不過，他臨終卻說了句靠譜的話——「天下事重，與閣臣審處之」。正是這句話，讓大學士們有事情做了。他們經過商議，奏請皇太后迎立明武宗堂弟朱厚熜為新皇帝。大學士們哪曾想到，他們迎來的這位新君，很快就會與他們唱對臺戲。朱厚熜當登基後，別的事情還沒有做，首先要為他的生父興獻

明嘉靖朝首輔大學士嚴嵩，為中國歷史上著名權臣，但他除了字寫得好，沒別的本事，只會曲意媚上，貪污受賄，排除異己，激化了當時的社會矛盾。

北京碧雲寺，相傳曾被魏忠賢看中，認為這裡是風水寶地，想在此為自己修墳，遭到眾人彈劾。但因天啓帝這位木匠皇帝，從小被魏忠賢帶大，跟魏忠賢最親，結果非但魏忠賢幹什麼都行，誰反對魏忠賢，誰在找死。

明末崇禎帝手跡「九思」，語出《論語・季氏》：「君子有九思，視思明，聽思聰，色思溫，貌思恭，言思忠，事思敬，疑思問，忿思難，見得思義。」朱由檢好像什麼都明白，可惜未免主觀和客觀相分裂，認識和實踐相脫離。

王上太上皇尊號。閣臣們認為，這可不合禮儀，一致予以反對。嘉靖帝惱羞成怒，一下子抓了包括大學士在內的一百多名朝官，杖斃其中十七人，以示儆誡。嘉靖帝從此感到大學士實在討厭，愈發滋生出一種「捨我其誰」的獨尊心態，認為閣臣只須秉承聖意執行就是了，自己要保持「威柄在御」。

嘉靖朝大學士遭到打擊的原因，顯然就在於，皇帝認為自己應該不受任何約束，一旦受到點約束，心理上就接受不了，乃至有屈辱之感。這也即為何到了嘉靖朝後期的嚴嵩內閣，深諳為臣之道的老奸巨猾的嚴嵩，已經把他那屆內閣變成「無責任內

閣」，完全是皇帝的附屬物，既無決策權，更不敢制約皇權，大學士們只是在享受俸祿，卻不去承擔任何責任。他們知道，與其可能同皇權發生衝突，不如一切服從皇權，這樣對個人有好處。

明神宗把張居正打翻在地，卻沒能成為第二個嘉靖帝。他在位的萬曆年間，大學士們雖然軟弱，但在一件事上，說什麼也不讓他為所欲為。那就是，當神宗要廢長立幼，讓鄭貴妃生的兒子朱常洵當太子時，連一貫謹言慎行的大學士們，也實在按捺不住心中的反感了，紛紛表示祖宗家法不可違，否則就集體辭職。神宗為此很傷腦筋，不知處罰了多少位大臣，執

意按自己的想法辦，但仍有人不斷進諫，搞得他十分狼狽。據說，他曾將也持反對意見的王錫爵召來，說過一番挺辛酸的話：「朕身爲皇帝，恥爲臣下挾制，如今你又有此奏章，若自認錯，置朕於何地？」也許就爲了這件事，神宗從此不再上朝，對所上奏章也置之不理，時間長達二十四年之久，算是對群臣的報復。

確實，有些皇帝若發現自己雖身居九五，並不能事事自專，就會產生孤家寡人之感，心灰意冷，索性當甩手掌櫃的，啥也不幹，只顧玩樂去了。明末天啓帝朱由校，不但極愛養貓，還喜歡上木匠活兒。聽說，他的木活兒手藝不錯，做過不少漆器、硯床、梳匣之類精巧別致的器具，不但自鳴得意，誰看了都說好。有時候，他正光著膀子在乾清宮內醉心於木工活計，太監拿來急件呈奏，他竟頭也不抬，說句「知道了，你們辦去」。這可給大太監魏忠賢提供了機會，在外面人稱「九千九百歲」。

在明王朝覆亡的過程中，崇禎帝朱由檢死得很慘。其實，此人多少有點朱元璋和朱棣的遺風，是個極爲自信的人。這種自信，一方面導致了事必躬親的施政作風，聽說他總是雞未叫就起床，夜已深還不睡，在批閱奏章，另一方面則是對臣下的不信任。這突出表現在，明代二百餘年間，總共有內閣大學士一百六十四人，僅崇禎朝不過十七年，就先後任命過五十位大學士。這樣走馬燈似地換人，當然是有些閣臣不堪信任，也是崇禎帝生性多疑、信任不專所致。

崇禎帝之多疑，最典型的例子，就是冤殺袁崇

袁崇煥被殺緣由，直至乾隆年間修訂清太宗文皇帝實錄，補述了皇太極計殺袁崇煥內幕，才使這一奇冤大白天下。此為道光年間，湖南巡撫吳榮光為袁公祠堂題寫的墓碑。

MORT DU DERNIER EMPEREUR CHINOIS DE LA RACE DE MING EN 1644. urée de Nieuhof

崇禎皇帝自縊圖，十七世紀法國繪畫。當時，連萬里之外的
法國人也知道這件事了，而且給畫成這模樣。

信任的人。崇禎十年，朱由檢任命宣大總兵楊嗣昌為兵部尚書，對他頗有相見恨晚之憾。其實，這個楊嗣昌，除了會說大話，什麼也不會辦。崇禎帝非但不責怪他，反而為他開脫，或處罰別的官員作替罪羊。這種莫名其妙的信任和愛護，與他的多疑猜忌一樣，都是典型的獨裁君主莫名其妙的性格特徵。

崇禎帝後來在李自成的猛烈攻擊下，哀歎「無人為朕分憂」，死到臨頭，還在指責別人。他不知道，自己之所以孤立無助，是由於明代朝臣沒人想為國事操心，到崇禎朝碰上他這麼個操刻之主，更不敢操心。李自成打進紫禁城後，也發現大明朝原來是個空蕩蕩的朝廷，百官們誰也找不見了，唯有崇禎帝與其唯一的親信太監王承恩，對縊在景山歪脖子樹上。據說，李自成見後心生惻隱，不禁慨歎「君非甚闇，臣盡行私」，覺得崇禎帝本人還算不錯。

清朝認真總結明朝的教訓，從一開始，就嚴密防範可能動搖、侵犯和

煥。明天啓六年，袁崇煥在寧遠之戰中重創後金，努爾哈赤此役後因傷斃命，袁崇煥一時被視為國家干城。崇禎二年，後金再度攻明，皇太極事先散布謠言，說袁崇煥是他的內應，崇禎帝便以通敵罪逮捕袁崇煥，不由分說，處以磔刑。當時就有人指出，這樣簡單的反間計，應該很容易識破。但遇到崇禎帝這樣的多疑之主，那就一切都是他願意怎麼想，就怎麼是了。

崇禎帝身邊，也並非沒有所能

篡奪皇帝權力的種種弊端。而且，清朝前期和中期的幾個皇帝，都比較精明幹練，勤於政務。康熙帝說：「今天下大小事務，皆朕一人親理，無可旁貸。若將要務分任於人，則斷不可行。所以無論鉅細，朕必躬自斷制。」雍正帝更是事必躬親，精力過人，堪稱中國歷史上最為勤政的帝王。有人議論他管得太瑣碎具體，他破口大罵：「無知小人，輒議朕為煩苛瑣細……此皆朋黨之錮習未去，畏人君之英察，而欲蒙蔽耳目，以自便其好惡之私。」為了防止被大臣蒙蔽，他還設立特務機構，親自掌握，「凡閭閻細故，無不上達」。乾隆帝說：「本朝家法，自皇祖皇考以來，一切用人聽言大權，從無旁落，即左右親信大臣，亦未能有榮辱人、能生死人者。」「朕親閱本章，折中酌定，特降諭旨，皆非大臣所能參予。」這三個皇帝，統治中國近一個半世紀，他們的個人能力和性格，又足以獨攬大權，不致旁落，把專制主義中央集權的政體推向極致。

御門聽政，作為常朝制度，是明清兩代皇帝公開處理國家政務的主要形式。清廷定鼎北京後，順治帝每日

崇禎帝未及修陵而亡，死後草草埋葬。清順治十六年（1659年）三月，福臨為朱由檢立思陵御制祭文碑，肯定崇禎帝乃孜孜求治之主，只因用人不當而殉身，不能視為失德亡國之君。同年十一月，順治帝出獵至昌平，過崇禎帝陵時，淒然淚下，加其諡號為莊烈湣皇帝，下旨工部修葺陵園。這就不僅僅是為籠絡人心，應視作真情流露。

在太和殿聽政。從康熙帝開始，改為在乾清門聽政。一般說來，清代歷朝皇帝，均把御門聽政視作勤政、理政和加強君主集權的有力措施，許多重大國事決定，都在這種場合做出。康熙帝自親政之日起，即堅持每日前往，處理政務，以至若因病一日未去，就坐立不安，責備自己。清代皇

清太宗皇太極不囿於滿洲固有模式，而是「參漢酌金」，成功地把女真與漢族制度嫁接到一起，為後繼者入關後儘快順應對漢族占絕大多數的全國的統治，奠定了行政基礎。

帝中，嘉慶帝也重視御門聽政，反對單獨召見大臣，認為單獨召見大臣，將導致皇帝被蒙蔽。咸豐帝中後期，由於貪戀女色，不再每天早晨去御門聽政了。同治、光緒年間，慈禧皇太后專權，兩皇帝名為至尊，必須服從太后懿旨，事實上已取消了御門聽政，代之以慈禧太后在養心殿垂簾聽政。而之所以叫「垂簾聽政」，是因為在「男女之大防」的傳統禮教制度下，即便一般男女，也是不能隨便見面接觸的。慈禧臨朝聽政，自然就不能像皇帝那樣，直接面對大臣，要在座前垂掛一層黃紗簾。

在清代，皇帝比較愛出巡，到各地去走走看看。出巡最多的，是康熙帝和乾隆帝。皇帝出巡原因很多，如謁陵祭祖、進香朝佛、狩獵習武、觀賞遊覽等，但考察民情興利除弊，才是其主要目的。康熙帝曾說：「朕時巡之舉，原欲周覽民情，察訪吏治。」確實，皇帝走出深宮四處巡視，要比閱讀奏章或聽臣子議論，增加了把握實情的真切度。正如康熙帝所說：「臣下之賢否，朕處深宮何由得之？緣朕不時巡行，凡經歷之地，必咨詢百姓，以是知之。」有一次，他由北京去熱河避暑山莊，途中見田地因缺雨影響莊稼生長，感慨地說：「近聞奏摺皆云麥苗甚好，但路上未曾遇雨。據此，則知大旱在京北地方。」實地巡視，不但可以察覺督撫們的奏報有無掩飾，也加快或加強了對地方事務的決策力度。康熙二十年，皇帝巡行直隸霸州、天津等地，「見漕艘挽運甚苦」，又見霸州等地田土被水沖淹，立即下詔豁免這裡的錢糧。在康熙帝執政的幾十年間，曾

六次南巡，幾十次巡視京城周邊府縣，一個很重要的目的，與修治黃河和永定河有關。通過考察，不但增進了皇帝對河患為災的認識，也確保了對河工決策的合理。康熙時期的治河工程，之所以能取得較大成果，與他經常實地調研有密切關係。

議政王大臣會議，是清初滿洲親貴大臣商討並決定軍國大事的重要形式。後來，由於與皇帝的集權要求相牴觸，在乾隆五十六年將其撤銷。議政王大臣會議，處理過許多軍國大事，如平定三藩、出兵征討準噶爾、與沙俄宣戰、簽訂中俄《尼布楚條約》，以及籌措西藏、青海、蒙古各部事務，都經過議政王大臣共同商討。這也因為，清朝在但凡涉及軍務或民族、國際關係等問題時，不願讓漢人官僚過多參與。

清代內閣承襲明代，權力進一步萎縮，不過是皇帝授意下的辦事機構。康熙帝時重用南書房官員，使內閣的作用愈發降低。到雍正帝建立軍機處，「密務重務，咸在軍機」，內閣則「秉成例而行，如郵傳耳」。

南書房位於乾清宮西南，設於康熙帝拘禁權臣、政柄在握以後。南書房並不屬於中樞機構，最初不過是皇帝召集一批翰林學士，用以傳授知識、討論學問的場所。由於難免會涉及政務，皇帝覺得用這些詞臣辦事，既周密安全，又便於控制，便優選人才入值南書房，使南書房的地位驟然提高，非「上所親信者不得入」。入值者不但得以參預機密，連皇帝的詔旨也命其起草。這就部分地剝奪了內閣的權力，也是對議政王大臣會議的一種制約。雍正帝建立軍機處後，南書房的地位有所降低，但因入值者仍能常見到皇帝，依然被視為親信。

軍機處位於紫禁城隆宗門內，乾清門以西，於雍正七年設立。說到軍機處值房，若同巍峨壯麗的各座宮殿

南書房在乾清宮院落西南角，康熙帝當年聽政之暇，在這裡與親近之臣講經讀史，談古論今。這裡，同時也是康熙帝考察官員的場所，能來這裡的臣子，莫不深以為榮。

61

雍正帝選擇軍機處官員的標準是，「唯用親信，不問出身」。他還給軍機處書寫了一塊題為「一團和氣」的匾額，希望他所信任的臣子們和衷共濟，團結一致。此為軍機處值房內景，所書「喜報紅旌」四字，是希望總能聽到捷報的意思。

相比，顯得格外樸素簡陋，但卻是起草和頒布皇帝諭旨的機密之地，是清廷對全國發號施令的重要機構。

軍機處的建立，與清廷向西北用兵有直接關係。雍正初年，為征討準噶爾蒙古，特命怡親王允祥和大將軍岳鍾琪統籌軍需事宜。由於辦事縝密，籌辦數年，內外臣民竟不知國家「將有用兵之事」，大為雍正帝讚賞。雍正帝由此得到啟發，設立軍機處，負責處理前線的奏報和詔旨，並很快由單純辦理軍務，擴展到其他政務。

與內閣相比，軍機處的最大特點，可以歸結為三個字，即：簡、速、密。首先是簡，就是機構人員都十分精簡，不像內閣殿閣軒屋，屬官眾多，軍機處除了幾間入值房舍外，始終無正式衙署，全部辦事人員，不過三四十人，均由皇帝特派，皆屬親信幹練之輩。其次是速，即辦事效率高，皇帝有旨隨時承辦，必須當日事當日畢。再者是密，軍機處地處內廷，外界干擾少，又嚴令外官不得擅入值班房舍，皇帝召見軍機大臣時，連太監也不得在側，發送諭旨直接廷寄，不存在中間環節。為了避免嫌疑，軍機大臣很少與督撫外吏或部院官僚來往。皇帝每天要派都察院御史，到軍機處旁邊的內務府值班，監視軍機大臣的活動。儘管如此，仍難免有洩漏機密的事情發生。如乾隆帝的寵臣和珅，身兼軍機大臣和御前大臣要職，較早得知乾隆帝年老歸政的消息，確定顒琰繼位，便趕緊送一柄玉如意給顒琰，提前以示擁戴。沒想到自己後來問罪，此事成為罪狀之一。

咸豐十年，清廷迫於英法等西方

列強的壓力，在體制內設立處理外國事務的總理各國事務衙門，標誌著延續兩千多年的封建專制政體走向沒落。總理衙門內，有個稅務司，是負責全國海關事務的行政機構。自該司成立之日起，總稅務司一職，就把持在英國人手中。特別是同治二年英人赫德當上總稅務司後，中國的有關財政、通商以及外交內政等很多方面，都必須先徵求他的意見，赫德儼然成為清廷的太上皇。

咸豐帝死後，慈禧太后作為后妃勢力的主謀者，極力掣肘顧命大臣肅順等人的作為，不久就挑起垂簾聽政之議。正想尋機與顧命大臣一搏高下的恭親王奕訢，就是在這間被稱作「西屋」的屋子裡，與慈禧達成勾結，一場影響中國近代歷史進程的宮廷政變，隨之發生，史稱「辛酉政變」。

英國人赫德（1835～1911年），同治二年（1863年）被總理衙門任命為總稅務司，制定並推行了一套由外國人管理中國海關的制度。

光緒三十三年，氣息奄奄的大清王朝，已經完全沒有了繼續專制獨裁的可能。為了欺世騙人，抵制風起雲湧的民主革命，清廷曾胡亂拼湊了一個所謂的「資政院」，選用一堆以皇族人物和滿洲親貴為主體的所謂「議員」，揚言要實行君主立憲。這已經是清廷的最後掙扎，既未能起到挽救清王朝統治的作用，也沒有達到遏制人民革命的目的。三年後，辛亥革命爆發，清朝壽終正寢。

明成祖第五次親征蒙古期間，病逝於內蒙古多倫榆木川。

康熙帝曾有「聖諭十六條」，作為教導民眾的規範。雍正帝即位後，就此作《聖諭廣訓》加以闡述，以通俗的語言，向臣民灌輸乾綱獨斷的皇家倫理。

順治帝針對朝中滿臣跋扈專權、漢臣傾軋黨爭、滿漢官員之間爭鬥激烈等問題，認為根源就在於人臣心術不正，故頒布《御制人臣儆心錄》，予以訓誡。

清代官方文書有多種，「廷寄」是其中一種。軍機處根據公文的緊急程度，將遞送速度也寫在封面上，如日行三百里、四百里、六百里，直至八百里。

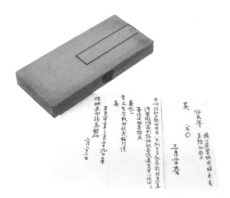

嚴格的奏折制度，是由雍正帝確立健全的。臣子呈送皇帝的奏折，往往事關機密，必須具折人親筆。皇帝的批示用朱筆寫在奏折上，根據內容分交該官或內閣和軍機處辦理。這種制度簡化了文牘手續，使皇帝得以直接與官員互動。

勤政親賢殿，即養心殿西暖閣，是清帝私密召見大臣的地方，室外無法看見室內的情景。

按照雍正帝組建軍機處的初衷，親王宗室不入軍機。慈禧太后臨朝聽政後，為感謝恭親王奕訢，命他進入軍機處。可是，這位人稱「鬼子六」的親王太過聰明，領軍機歷同治光緒兩朝，權勢炙手可熱，深遭慈禧猜忌。

乾清門御門聽政，為康熙帝首創，終其一朝，從未間斷。他在這裡公開處理國家政務，決斷眾多歷史事件，取得輝煌政績。

《南巡盛典》，此書共一百二十卷，分為恩綸、天章、河防、海塘、祀典、褒賞、閱武、程途、名勝等諸門類，詳細記載了乾隆十六年至三十年間乾隆帝四次南巡的有關情況，是一部圖文並茂的重要文獻，有助於了解乾隆帝南巡的路線、巡視的內容及其南巡目的。

第三章

大位傳承

歷史上無論中外，皇權傳承都是封建王朝的頭等大事。中國秦、漢、隋、唐、宋、元、明、清等大一統中央王朝的皇權傳承，是曾經統治古代世界人口四分之一、經濟文化高度發達、疆域極為遼闊的封建大國的最高權力傳承，其傳承結果如何，更直接關係到王朝的治亂興衰。

大位傳承
——有嫡立嫡無嫡立長

　　歷史上無論中外，皇權傳承都是王朝的頭等大事。中國秦、漢、隋、唐、宋、元、明、清等封建大一統中央王朝的皇權傳承，是曾經統治古代世界人口四分之一、經濟文化高度發達、疆域極為遼闊的大國的最高權力傳承，其傳承結果如何，更直接關係到王朝的治亂興衰。

　　清代以前，歷代王朝解決皇位承繼的辦法，基本上採取公開建儲，即預先冊立太子，以備承嗣皇位。但其挑選繼承人的標準和原則，並非根據繼承人的品質和能力，而首先要看他是否是皇帝的嫡子或長子，這就是所

謂立嫡立長制。何謂長子，不用解釋。何謂「嫡子」，則涉及到中國古代宗法制度中關於嫡庶的觀念。就是說，在中國傳統社會，凡是正室夫人妻生的兒子，便是嫡子，小老婆妾生的兒子，叫庶子。在皇室，皇后生的皇子，稱皇嫡子，皇嫡子是皇位的第一法定繼承者，無論他在兄弟行中排行第幾，皇位都首先考慮由他繼承。但如果皇后根本沒生皇子，就得在由妃嬪所生的皇庶子中，選擇其中的年長者來繼承，故又有「有嫡立嫡，無嫡立長」之說。

立嫡立長制度，本意是在預立太子，早定名分，以示未來的皇位已經有主，其他皇子別再存非份之想。這對歷代王朝解決皇權傳承問題，確曾起到一定的規範作用。但它在具體實施過程中，則由於種種主客觀因素交相為用，難以貫徹到位。有時候，這立嫡立長制度弄不好，會成為統治集團內訌和王朝動亂的誘因。

道理也簡單——在眾多皇子中，嫡出的皇子一出娘肚，就注定未來要做皇帝，完全不管他實際上是什麼東西，這規定的出發點便很荒謬。本來，皇帝從永綿國祚的根本大計考

明成祖朱棣畫像

慮，應當本著選賢任能的原則，冊立最賢能的皇子為太子，但正是囿於立嫡立長制，先已排除了其他皇子被冊立的可能。如果瞎貓碰上死耗子，幸好這位被冊立的皇嫡子或皇長子既賢且能，老皇帝把天下交付給他，尚可放心。反之，假若這位皇嫡子或皇長子庸碌無能，只要他沒太大的過失，又不能把他廢掉，即使老皇帝後來不滿意他了，有廢他的念頭，也會因種種顧忌而不好辦。所以，若問中國歷史上為什麼雄才大略的皇帝屈指可數，昏庸無道者比比皆是，原因就在於立嫡立長這一制度，不能把皇族內最能幹的人推上至尊地位。

　　明代的皇權傳承，就因為立嫡立長，引發一系列戰亂和紛爭，演出了一幕幕人間慘劇。明太祖朱元璋在痛失皇太子朱標後，晚年悉心培養朱標的兒子——皇太孫朱允炆，希望由他來傳承大明基業。然而，朱元璋絕沒有想到，就在他剛撒手人寰不久，皇室內部便烽煙四起，一場為搶奪皇位的血腥廝殺，在他的至親骨肉間展開。身為建文帝皇叔的燕王朱棣，以「清君側」、「靖難」為名，起兵奪取姪兒的帝位，弄得朱允炆下落不明。故而，當朱棣奪國成為明成祖後，鑑於自身經歷，深知皇權傳承之爭的殘酷性，也清楚其父朱元璋囿於嫡長制的陳腐禮法，是頭腦糊塗，假若嗣皇帝不是由優柔敦厚的皇太孫朱允炆承繼，也許就不會發生這場「叔姪交兵」的骨肉相殘。朱棣擔心身後重演這類悲劇，不願將皇位傳給體肥腦笨的皇長子朱高熾，而想傳給在「靖難之役」中協助他篡得皇位、敢作敢為的皇次子朱高煦。但即使已然是一言九鼎的明成祖，也很難觸動早已深入人心的嫡長制。而且，不幸正如他所慮，朱高熾僅當了兩個月皇帝就死掉，兒子朱瞻基即位，是為明宣宗。結果時隔不久，歷史驚人的相似，又是皇叔在發難，漢王朱高煦仿效其父朱棣謀反，朱瞻基率軍親征，不僅把皇叔抓起來禁錮，乾脆用烙鐵把他烙死。明正德時，不服立嫡立長的安化王朱寘鐇、寧王朱宸濠謀反，同樣落了個悲慘的下場。嘉靖帝朱厚熜以藩王身分承繼皇位，為了顯示正統，在朝堂上屢出醜態，對政局產生很壞影響。明萬曆、泰昌年間，皇三子朱常洛與皇長子朱常洵，發生「爭

明建文帝下落不明，成為明史最大的謎團。二〇一二年五月，在福建羅源萬石洋村羅氏祠堂，發現六百年前漆金古畫五幅。其中的這幅，據說疑似建文帝。

朱棣次子朱高煦，也是正宮皇后所出，只因為不是長子，便不能繼承皇位。

國本」的激烈衝突，更導致宮內大案迭出，加劇了明朝的政治腐敗。

清代皇權，是中國最後一個封建大一統皇權，對於此前歷代皇權承繼中的經驗得失，扮演了通盤斟酌的角色。清代皇權，先後有過四種繼承形態，經歷了從不立儲君到公開建儲、又到暗立儲君、再到懿旨確立儲君的曲折變化。特別是它所創立的祕密建儲制度，較好地解決了皇儲矛盾和儲位之爭，是對中國皇位繼承制度的重大革新。

清朝入關以前，當它還是一個名叫「後金」的地方政權時，實行的是汗位推選制度，就是以八旗諸貝勒共同推舉的辦法，來解決汗位或皇位繼承，如皇太極繼承努爾哈赤為後金汗，福臨繼承皇太極為清世祖。其實，他們也未必真的是在「共同推舉」，裡面想必充滿了明爭暗鬥，充滿了無奈和知趣，充滿了憑拳頭說話。這只能表明，滿族統治者那時還沒有太受漢族宗法制度的影響，以及相關傳統倫理觀念的束縛，一定程度上仍保留著古代氏族社會選舉酋長的習俗。

很多人不知道，以年僅八歲的玄燁繼承皇位，並非順治帝本意。順治帝去世時，還不足二十四歲，但對於繼承人問題，已早有打算。他想將皇位傳給愛妃董鄂妃的新生兒，後又打算傳給堂兄安親王岳樂，只是

朱棣的孫子明宣宗朱瞻基，頗有乃祖遺風，也是個狠角色。

清太祖努爾哈赤稱後金汗時，採取由諸王貝勒共同推舉的方式產生，至少在形式上是這樣。

由於母親孝莊皇太后強烈反對，才不得不讓玄燁嗣位。孝莊皇太后深謀遠慮，根本不考慮安親王岳樂的可能性，堅持繼承人必須從皇子中產生。鑑於皇長子已夭折，她排除有生理缺陷的皇次子福全，也不許董鄂妃的新生兒染指皇位，對皇后所生的皇三子玄燁，則精心培養，明顯含有擇優而立的因素。據說當年做出這個決定，孝莊不僅沒和皇室任何成員商議，也未同順治帝打招呼，表現出十分專斷的作風。但其後的歷史證明，孝莊的選擇是正確的，對順康之際皇權平穩交接，乃至清朝皇位繼承制度的有序發展，起到奠基作用。

古往今來，長期處於權力巔峰的年老的專

順治帝未能將皇位傳給董鄂妃的新生兒，不勝遺憾，下詔在他死後，遺體要與先他而死的董鄂妃一起葬入孝陵。

制統治者，往往擔心皇權旁落，害怕出現一個自己所不能控制的權力中心。因此，他們在選擇接班人時，多疑善變，處處設防，以至讓人很難忖度他們在想什麼。康熙帝晚年，就屬於這種情形。

康熙帝很早就確立皇二子胤礽為太子。太子被立，意味著有了特殊權力，這權力時間一長，自然會與皇帝的權力發生衝突。胤礽就是當太子當得太久了，總想早日登基，於是發牢騷說「古今天下，豈有四十年太子乎」，彷彿恨父皇咋還不死。如此迫不及待，當然為康熙帝難以接受。加上胤礽的確有些暴戾不仁，不大符合康熙帝對於繼承人的要求，父子感情終於破裂，康熙帝兩次將其太子資格廢掉。以至於後來，被立儲鬧得心力交瘁的康熙帝，直到去世沒再立太子。而且，這個問題成為他晚年心中的隱痛，不許人們觸及。

胤礽既然被廢，儲君之位空出，

孝莊和慈禧對比：孝莊皇太后在丈夫皇太極死後，精心教誨兒子順治帝和孫兒康熙帝兩位少兒皇帝，對清初皇權穩定和統一全國貢獻至大；慈禧在丈夫咸豐帝死後，將兒子同治帝和外甥光緒帝當作擺設，垂簾聽政四十八年，臨死又立了個年僅三歲的姪孫溥儀當宣統帝，最終將大清送上絕路。

年方八歲的康熙帝玄燁登極時，所穿明黃金龍妝花緞皮朝袍。

其他皇子就有機會了。皇長子胤禔結交黨羽，培植親信，蠢蠢欲動，被父皇察覺，下詔將其禁錮。另一個遭到嚴重失敗的，是皇八子胤禩，他才能出眾，黨羽甚多，似乎很有中選的可能，但正因勢力太大，活動太多，反而引起康熙帝的疑慮和憎厭，斥責他「自幼陰險」、「大背臣道」。這時，最有希望成為皇位繼承人的，輪到皇十四子胤禵。康熙帝曾稱他「確係良將」、「有帶兵才能，故令掌生殺重任」，封他為可使用正黃旗纛的大將軍王，主持西陲軍務。這一任命，當時給人造成玄燁已意有所屬的印象，故當胤禵出征時，皇九子胤禟羨慕地說「十四爺現今出兵，皇上看的也很重，將來這皇太子，一定是他」。然而人算不如天算，還沒等到胤禵班師，京城就發生變故，康熙帝病逝，一度看來似乎有繼承可能的胤禵，遠在陝甘鞭長莫及，取得皇位的美夢落空。

康熙帝之死和雍正帝嗣位，距今已整整三百年了。有關這樁歷史公案該如何評說，一直沒有發現充分而可信的文件，使得其真相和細節難以窺知。據官方記載，事情的經過是這樣的——康熙六十一年八月十三日凌晨，玄燁病情突然惡化，傳諸皇子入覲，由步軍統領、理藩院尚書隆科多在御榻前宣讀遺詔，內容是：「皇四子胤禛人品貴重，深肖朕躬，必能克承大統，著繼朕登基，即皇帝位。」官方記載還說，胤禛當時並不在場，他本人也沒有當皇帝的思想準備，奉詔時「聞之驚慟，昏僕於地」。

對於這一官方記載，史家歷來有不同看法：一種認為官方記載基本可信，雍正帝的繼承是合法的；另一種則不相信官方記載，認為胤禛是趁康熙帝病危，與隆科多內外勾結，假傳遺詔奪得皇位，甚至連康熙帝之死，

康熙帝為太子胤礽建造的毓慶宮，在紫禁城內廷東路奉先殿與齋宮之間。

這方皇太子寶及其璽文，為康熙十四年（一六七五年）頒賜皇太子胤礽的印信。胤礽早年頗得玄燁喜愛。後結黨成派，沾染惡習，對父皇兄弟缺少仁心，甚有威脅父皇安全的舉動。康熙帝一再挽救而不見效，忍痛兩度廢黜胤礽皇太子之位，將其禁錮咸安宮。

也跟他有關。

綜觀各種資料，胤禛繼承帝統，確實不無蹊蹺。這主要反映在：授受之際不清楚，辯解之辭有漏洞。另外，雍正帝剛即位，就殺死康熙帝晚年近侍太監趙昌，使朝野為之震驚。人們難免這樣去想：趙昌是否知道的事情太多，又不肯附和雍正，所以把他除掉。雍正帝即位第八天，讓大臣

交回康熙帝生前所有朱批諭旨。這樣匆忙收回老皇帝御批，是否擔心其中有不利於自己的證據？接著，雍正帝把矛頭指向諸兄弟，加以分隔處理，逐個打擊，胤禩被送往東陵看守陵墓，胤禵被發往張家口永遠禁錮，胤禟先被發往西寧，後召至保定害死，胤䄉在幽囚中不明不白地死去，胤祉被革爵圈禁，胤祹也因事革爵。這一方面可以理解為，諸皇子在康熙帝晚年彼此積怨甚深，另一方面是不是他們有可能揭露胤禛篡立情況，使雍正帝的政治名譽受到損失？等到諸皇子逐個被解決，雍正帝又掉轉刀口，砍向幫助自己登上皇帝寶座的隆科多和年羹堯。因為雍正帝的繼統，如果真有不可告人的祕密，除了已被翦除的諸皇子外，最可擔心的人，就是隆科多和年羹堯，他們多少掌握著雍正帝一些隱私，這可能是他們突然失寵、遭到殺身之禍的根由。而且，雍正帝口口聲聲說自己是最受康熙帝愛重的皇子，但當他即位以後，卻似乎有些害怕和迴避康熙帝的亡靈。康熙帝駕崩的暢春園，是皇家最美麗的園林，雍正帝一直棄而不用，而是擴建圓明園作行宮。康熙帝生前，常去熱河避

暑山莊行圍打獵，接見蒙古王公，雍正帝做皇子時，也常陪同前往，但在他即位後十三年裡，一次也沒去過避暑山莊。順治帝和康熙帝兩朝的陵墓，都坐落在北京以東遵化的馬蘭峪，此處地勢雄峻，地面寬闊，既然父祖均在此安息，雍正帝卻偏要另換地方，到北京西南方的易縣去建陵墓，是否故意躲著康熙。凡此等等，未必全是無意義的猜想。

指出雍正帝繼位存在疑點，不是要抹煞雍正帝的歷史地位。統治階級

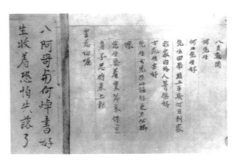

皇八子胤禩曾給南書房大臣何焯寫信，暗示自己可能成為未來的皇帝。康熙五十四年（一七一五年）何焯被抄家時，此信落入康熙帝手中。康熙帝御批「八阿哥與何焯書好生收著，恐怕失落了」，表達了對他們之間齷齪關係的憤慨。

內部，相互殘殺經常發生，即使是一個很英明的君主，也往往要用陰謀手

皇十四子胤禵，在青海領兵任撫遠大將軍王期間，曾率部挺進西藏拉薩，人氣如虹。

康熙帝臨幸胤禛在避暑山莊居住的文園萬壑松風，皇孫弘曆隨侍左右，康熙帝特意傳見弘曆的生母鈕鈷祿氏，連稱她是有福之人。後世甚至有人認為，胤禛之所以得到皇位，也是因為康熙帝愛屋及烏，出於對皇孫弘曆的喜愛，為弘曆的將來鋪平道路。

段和殘酷鬥爭，來為自己開闢道路。世人看到，作為大清最高統治者後，雍正帝確實具有傑出的治國才能，他勤於政務，洞悉世情，辦事認真，御下嚴肅，以雷厲風行的姿態，糾正了康熙朝晚年吏治疲沓、貪污盛行的積習，結束了皇族內部的長期爭奪。他在西北用兵，並在西南實行「改土歸流」，確保了喀爾喀蒙古、西藏、青海、雲貴、四川的安寧，鞏固了國家的統一。他整頓財政，清查錢糧虧空，實行「地丁合一」、「耗羨歸公」等政策，有利於經濟發展和社會進步。雍正帝在位十三年，時間並不算長，卻是整個清朝歷史的重要時期。

尤為值得注意的是，雍正帝即位後，吸取了歷代王朝建儲的經驗教訓，尤其是其父「因二阿哥之事，身心憂悴，不可殫述」的悲辛，以及他們兄弟之間圍繞誰當太子而展開的血雨腥風，發明了祕密建儲制度。祕密建儲制度，就是皇帝生前不公開宣布誰為太子——未來的嗣皇帝，而是

由皇帝祕密親書預立皇太子名字的詔書，密封匣內，藏於乾清宮「正大光明」匾後，等皇帝臨死前或死後，由御前大臣、軍機大臣等共同啟封，按遺詔所定，恭迎嗣皇帝繼位。

祕密建儲制度的創立，對於雍乾之際的皇權交接，起到穩定作用，並為此後乾隆、嘉慶、道光三朝所遵行。其中，乾隆帝的祕密建儲，搞得最成功，因而在乾隆後期，諸皇子雖因年齡漸長，對未來的皇位「覬覦者眾」，卻始終沒發生如康雍之際皇室內部骨肉相殘的情況，乾隆帝的最高統治地位，也一直處於極為鞏固的狀態中。

但是，如同任何事物都有其兩面性一樣，祕密建儲同樣存在弊端。由於祕密建儲是專制主義日趨加強的產

雍正四年（1726年），雍正帝以狂妄等罪削胤禩爵位，將其押回京城，拘禁在景山壽皇殿，命他面對先帝畫像，自我懺悔。乾隆帝登極後，才釋放了他。

物，掌握挑選儲君大權的，只有皇帝一人，在挑選儲君時，當朝皇帝就很容易從個人好惡出發，將皇子對自己的忠誠視為「德」，將聽話看作「仁孝」，而視有才幹者為「不安本分」，被選中者，就難免是平庸之輩。這種建儲方式，對於皇子的教育也不利，皇子們為取得儲君資格，必須首先取得在位皇帝的認可和好感，以至於乾隆年間，皇子為國事向皇帝進諫之事，幾乎沒有，入

雍正帝繼位的合法性，不僅是困擾後世的謎團，在他當政期間，流言就始終未斷。這方「為君難」印璽，反映他在強化皇權與維持親情之間的矛盾心理。

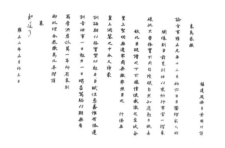

雍正帝朱批奏摺，要求各級官員上繳康熙帝朱批諭旨奏摺，不得私自留存或焚毀，否則嚴懲。

雍正朝初年，胤禩寫給雍正帝的奏摺，他這時還官任總理事務和碩廉親王。雍正四年（1726年）正月，雍正帝嚴旨歷數胤禩「詭譎陰邪，狂妄悖亂，包藏禍心」等罪狀，削其爵位，除其宗籍，將其圈禁，改名為「阿其那」（滿語音譯「狗」），可見痛恨之深。

關前後皇族子弟奮發有為、建勳立業的情形，也不復再現，幾乎所有皇族子弟，都變成愚忠愚孝之徒，在政治上無所作為。乾隆以後，歷朝皇帝一代不如一代，原因固然很多，與祕密建儲制度，不能說沒有關係。

在古代眾多帝王中，生前就傳位的寥寥無幾，都在搞終身制。即使有所例外，也不過像唐高祖李淵那樣，

完全是被逼無奈。大概唯有乾隆帝算是另類，他在位六十年，八十五歲高齡時，主動舉行內禪大典，將皇位傳給皇子顒琰，自己去過太上皇生活。但是，長期為君的政治生涯，使得乾隆帝積累了豐富的政治經驗，同時他也嘗盡了君臨天下的甜頭，所以即使因年事過高不得不傳位給顒琰，在他的傳位詔書中，還是做了若干規定，如規定太上皇帝的禮儀規格和實際權力，要遠遠超出嗣皇帝，太上皇帝仍自稱「朕」，太上皇帝諭旨仍稱為「敕旨」，題奏行文遇到太上皇帝字樣，高三格抬寫，遇到嗣皇帝字樣，高二格抬寫，太上皇帝生辰稱萬萬壽，嗣皇帝生辰稱萬壽，文武大員進京陛見，以及新授道府以上官員離京赴任，都要具摺恭請太上皇帝恩訓，而嗣皇帝擁有的權力，不過是按期舉行祭祀、經筵、大閱、傳臚等禮儀活動而已，還要向太上皇帝奏聞以後，才得舉行。用乾隆自己的話說：「朕雖歸政，大事還是我辦。」那位新君嘉慶帝，算是嘗到了什麼叫萬人之上、一人之下的味道。

咸豐帝是清朝最後一個以祕密建儲方式獲得皇位的人。對於這位繼承

四子奕詝立爲皇太子」，以漢字朱筆寫下「皇六子奕訢封爲親王」，兩道密旨一同放入建儲匣中，正面封條上寫有「道光二十六年立秋」字樣。一匣二諭，是道光帝的首創，反映了他在立儲時的矛盾心情。不料，這也爲以後的宮廷鬥爭，埋下伏筆。

第二次鴉片戰爭爆發後，病入膏肓的咸豐帝奕詝逃往熱河，死在避暑山莊煙波致爽殿，死前遺命六歲的兒子載淳繼位，並任命怡親王載垣、協辦大學士肅順等八大臣，爲贊襄政務王大臣，輔佐載淳掌理朝政。這時，以載淳生母慈禧太后和慈安太后爲首的后黨勢力，不甘心就此大權旁落，勾結正在北京與洋人辦交涉的恭親王

康熙帝第九子胤禟，也是雍正帝死敵之一。雍正元年（1723年），雍正帝將胤禟發往西寧，置於寵臣年羹堯的監視之下。雍正三年，胤禟以隱語密傳書信被告發，押送回京，削宗籍，改名「塞思黑」（滿語音譯「豬」），當年八月卒於禁所。

人的選擇，他的父皇道光帝，一直舉棋不定。因爲在諸皇子中，道光帝最喜歡皇六子奕訢，只是礙於皇四子奕詝既是兄長，又是正宮所出，經過再三權衡，才選中所謂「仁孝守拙」的奕詝接班，並以朱筆滿漢文合書「皇

弘曆在乾隆三十七年（1772年），就以日後歸政頤養天年爲名，大規模擴建寧壽宮，使之成爲宮內一處包含有前殿、後宮及花園的「宮中之宮」。其中，皇極殿仿照乾清宮而建，可見他早已設計好了將來「歸政仍訓政」的太上皇生活模式。

奕訢，借大行皇帝梓宮回鑾之際，在紫禁城養心殿發動政變，實現兩宮皇太后垂簾聽政。

皇太后垂簾聽政的唯一理由，是皇帝年幼，不能親理朝政。但當同治帝載淳長到十四歲時，按前朝慣例應該親政了，慈禧太后卻視權如命，根本不提歸政之事。直到載淳十七歲，慈禧才不得不宣布明年歸政。不過，到這時候，慈禧的黨羽早已形成，勢力頗大，載淳名爲親政，實際上慈禧仍大權在握，時時干預朝政，母子間矛盾於是發生。

清同治十三年十二月初五，載淳病死，慈禧太后爲繼續控制實權，決定不給載淳立嗣，而是將她妹妹三歲多的兒子載湉接進宮，立爲光緒帝。慈禧之所以選立載湉，用意有三：一、載湉與載淳同輩，慈禧仍可保持皇太后身分；二、載湉年幼，仍須皇太后臨朝問政；三、載湉是她的外甥，關係密切，便於控制。在皇權更替之際，慈禧就這樣靠自己的淫威和陰謀手段，再度登上老后幼帝垂簾聽政的寶座。

光緒帝能夠繼承帝位，既然完全由姨母慈禧一言而定，兩者一開始便是主從關係。自幼缺乏親情的宮中環境，使光緒帝本就相當內向、溫順的個性進一步發展，形成非常懦弱的品格，本能地對慈禧懷有畏懼心理。後人分析光緒帝的性格特點，認爲他似乎更適合做一個學者，而非統領廣土眾民之人。他與慈禧關係的先天弱點，也極大地妨礙他從後者手中，奪回本應屬於他的權

六歲的同治帝載淳登極後，在此黃色幔帳前落坐。他當然只是個擺設，清廷的皇位與皇權，從此永告分離。大臣奏事過程中，只能聽到簾後傳出兩宮皇太后的聲音，看不見她們的尊容，這就是所謂「垂簾聽政」。

力。顯然，他並不具備一位乾綱獨斷之君所必須具有的氣魄和膽識，否則戊戌變法就不會遭到那樣可悲的失敗。

清光緒三十四年十月二十一日傍晚，年僅三十八歲的光緒帝載湉，躺在冰冷寂靜的中南海瀛臺涵元殿內，滿含悲恨地離開了人

戊戌政變後，慈禧囚禁光緒帝的瀛台舊照。

此璽璽文為「御賞」，係咸豐帝臨終前賞給皇后鈕祜祿氏的護身符，規定顧命大臣肅順等頒佈的諭旨，開頭須加蓋此璽，方能生效。顯見咸豐帝這人，即使對他所任命的顧命大臣們，也不放心。

同道堂是咸福宮的後殿，咸豐帝死前宣佈，以新君載淳名義發佈的每道諭旨，結尾必須加蓋此璽，方可生效。由於載淳年幼，印章由其生母慈禧掌管，遂成為她弄權的工具。

世。世事竟是如此湊巧，就在他死去的第二天下午，他的母后兼政敵慈禧，也病死於中南海儀鸞殿。皇太后與皇帝母子二人，在不到二十四小時之內相繼辭世，而他們生前的關係又如此對立和微妙，所以消息傳出，頓時成為中外要聞，各種評論和猜測隨之而至。也許由於光緒帝生前的坎坷遭遇，人們的同情都在他那方面，許多人懷疑是被謀害而死。至於光緒帝究竟是被誰所害，以及如何被謀害而死，則又傳說各異，莫衷一是。

慈禧太后是在中國正發生前所未有的社會巨變，皇權在逐步消亡這一總體形勢下，維持了長達四十七年的垂簾聽政。她的垂簾聽政，最終將清朝送上滅亡之路，也為中國皇權的終結，敲響了喪鐘。

《湯若望與順治帝》油畫，西方傳教士繪，現藏德國慕尼黑博物館。當年，德國傳教士湯若望來華後，其知識和才華，深為清廷激賞，官封正一品光祿大夫。孝莊皇太后拜他為「義父」，順治帝稱他為「瑪法」（滿語「師尊」或「長老」之意）。他在與順治帝相處七年的時間裡，先後奏事三百餘通，在順治帝臨終議定嗣皇帝人選等許多重大問題上，起了舉足輕重的作用。

乾隆帝弘曆登極時，宮廷畫師依照慣例，為他繪製的朝服像。

慈禧皇太后晚年照，攝於她七旬大壽之後。

雍正元年（1723年）八月，胤禛宣布實施秘密建儲制度。所以當胤禛去世時，因有密詔，弘曆毫無爭議地登上皇位，實現了清代以來第一次皇權的平穩過渡。這種拋開嫡庶長幼的人事安排，實際上是君主個人意志的徹底體現。

雍正帝為澄清政敵散布的流言，於雍正七年(1729年)九月下詔，將有關審訊江南曾靜造謠反清案件的諭旨、口供、悔過書、筆錄編輯成書，書名《大義覺迷錄》，刊印發行。十月，雍正帝作出對曾靜一案的處理，結果出人意料，曾靜免罪釋放，並宣布「朕之子孫將來亦不得以其詆毀朕躬而追究誅戮之」。

咸豐帝在爭奪皇位繼承權的鬥爭中，以所謂「仁孝守拙」擊敗了同父異母弟奕訢，這為以後的宮廷爭鬥埋下伏筆。十年之後，奕訢協助慈禧發動辛酉政變，似乎是奕訢與奕訢爭奪皇位的繼續，但結果卻以「太后垂簾」代之，使慈禧登上數十年間政的統治寶座。

第四章

祭天祀祖

在中國皇帝的思想觀念中，為強調君權的神聖性和永久性，歷來就抱持這樣兩個堪稱金科玉律的信條──「禮莫重於事天」，「孝莫大於尊親」，用來彰顯他們不但受命於天、而且頗有來歷的天命血緣背景。

祭天祀祖
——奉天承運祖宗家法

在中國皇帝的思想觀念中，為強調君權的神聖性和永久性，歷來就抱持這樣兩個堪稱金科玉律的信條——「禮莫重於事天」，「孝莫大於尊親」，用來彰顯他們不但受命於天，而且頗有來歷的天命血緣背景。

所以，若走進紫禁城參觀，建議到這樣兩個地方看看。其中一處，在紫禁城內廷乾清宮與坤寧宮之間，有座四角攢尖式建築，名為「交泰殿」。「交泰」，取天地交合、萬事吉利之義，清朝把象徵封建國家最高權力的二十五顆國璽，收藏在這裡。首先要看的，是這顆名列二十五璽之

大清受命之寶，為清廷御璽二十五寶之首。該寶璽
文昭告天下，大清江山乃上天所授。

首的「大清受命之寶」，白玉質地，盤龍紐，璽文為滿漢雙語。據清高宗御題《交泰殿寶譜序後》所記，該璽為清太宗皇太極時製成，用來「以章皇序」。「以章皇序」，就是藉此宣示清王朝的建立及其入主中原，也是天命所歸，合理合法得很。另一處是紫禁城景運門外的奉先殿，這裡是清代皇帝祭祀祖先的場所，供有清朝歷代皇帝和皇后的神主牌位。順治元年九月，攝政王多爾袞抱著六歲的姪兒福臨剛進紫禁城，就把努爾哈赤和皇太極的神主牌位奉安於太廟，後又遷至奉先殿，以此昭告清廷完成了祖先入主中原的夙願。看過這兩處地方，

奉先殿位於皇宮景運門東側，清帝祭祖場所。每年萬壽、元旦、冬至三大節，及冊封、御經筵、謁陵、巡狩、回鑾、戰爭凱旋、耕耤等重大典禮的前後日，清帝都要親自或遣官至此，行大祭禮或告祭禮。

對於什麼叫「禮莫重於事天」，「孝莫大於尊親」，以及事天與尊親之間的複雜關係，就應當有所領略了。

還回到交泰殿，知道這裡為何陳列著二十五顆清朝國璽嗎？以前，我們總認為乾隆帝選二十五這個數目，是根據《周易》中的一句話——「天數二十有五」。古人以單數為陽數，一、三、五、七、九這幾個陽數的相加之合，即為天數二十五，用天數二十五定國璽數目，可表示國祚綿延無限。其實，乾隆帝真正的寓意，在他晚年所作的《匣衍記》一文中披露過，是在默禱上蒼，能讓清朝像中國歷史上歷時最長、代數最多的東周那樣，享有二十五代統治。清朝從順治到宣統不過十代，乾隆帝二十五代的期望，當然只是幻想，但從另一方面看，在清王朝正達到空前鼎盛之際，乾隆帝就祈盼大清能有二十五代統治便滿足了，又該需要多麼務實的心理預期。在《匣衍記》那篇文章中，他還明確指出：「自古以來，未有一家恆享昊命而不變者。」就是說，自古以來沒有不滅亡的王朝。鑑於歷史上年代最長的東周僅歷二十五代，乾隆帝深知清朝很難超過二十五代，制定

國璽時只做了二十五顆。後來，他在回顧這件事時，也承認二十五代可能是奢望，既然一切王朝都難免滅亡，只能祈求自己的王朝盡量維持得長久些。

中國的帝王們，哪個不標榜受命於天，不宣稱家天下億萬斯年，能夠像乾隆帝這樣想問題的人，實在是太少了。但即使頭腦清醒如乾隆帝者，在實施其統治期間，也要努力去做他認為他該做的事，譬如祭天祀祖之類的禮儀活動。因為在中國，又有所謂「國之大事，在祀與戎」之說，把祭祀活動的重要性，擺在與捍衛國家而戰同等重要的位置。這也不難理解，皇帝是多麼需要臣民意識到這樣的道理——皇帝之所以得有天下，除了個人功德之外，還須靠神明眷顧，天子的寶座是由天命決定，決非任何人妄求可得。正如東晉史學家干寶所總結的：「帝王之興，必俟天命，苟有代謝，非人事也。」意思是說，帝王的興起是天命，改朝換代也是天命，既然王者興亡皆由天命，誰還敢覬覦神明所決定的皇權呢？中國古人編造的這套理論，實在厲害，不僅唬住了許多人的圖謀不軌，也成為調節王室內

部矛盾的法寶。宋太祖趙匡胤在一次
酒宴上，指著他的寶座，對眾人說：
「此位有天命者得之，朕偶爲人推戴
至此。汝輩欲爲者，朕當避席。」嚇
得他的兄弟和大臣聽了，個個冷汗淋
漓，伏地不敢抬頭。唐高祖李淵，也
以天命觀教訓李世民：「天子自有天
命，非智力可求。汝求之，一何速
耶？」當時，李世民正與太子李建成
爲爭奪皇位而勾心鬥角，李淵試圖用
君權神授之說，控制宮廷內即將展開
的廝殺。

祭天作爲統治者維護皇權的手段
之一，被皇帝運用得越來越嫻熟。元
末朱元璋初定天下，許多事情還沒顧
得上做，首先命儒臣編製《大明集
禮》，規定每年正月大祀天地於京城
南北郊，以及如何爲死去的祖先上謚
號廟號。洪武以後，歷代明帝遵循不
遵循祖制，大概也只是在這個問題
上，還比較聽話，其他事情另當別
論。這不難理解，明朝皇帝大都貪玩
成性，不知其他。每年春陽朗照的郊
外，天壇圜丘高聳雲天，百官各就各

在清朝祭祀活動中，冬至祭天是最爲隆重的祭祀。前五日開始準備祭祀用的牛羊等牲品，前三日皇帝進入
齋戒期。日出前，皇帝出齋宮至祭壇，祭祀開始，演奏樂舞，皇帝拜祭，念禱辭，飲福酒，率群臣行三跪
九拜禮。

一九〇五年，光緒帝去天壇祭天。這可能是清帝最後一次祭天了。

清乾隆十五年，由於原來的天壇圜丘已無法滿足祭天的需要，開始大規模擴建，整個工程歷時三年有餘。改建後的圜丘，比明代更加壯觀，圜丘正中的

位，皇家鹵簿儀仗威風凜凜，皇帝登壇對天祈禱，只見熊熊大火燃起來了，肅穆莊嚴的中和韶樂，迎接神的降臨。這一切是多麼好看，又多麼有趣，且不說帝王的尊嚴與皇權的神聖，也在這盛大而神祕的禮儀中，被淋漓盡致地體現出來。

圓石，被做成「天心石」，從皇穹宇開始的第三塊石板，被做成「三音石」。關於聲學現象，人們在日常生活中並不陌生，但天壇圜丘的回聲效果極為奇特，站在天心石上說話，即使聲音很小，也能清楚地聽到回聲。所以，皇帝祭天時，當然很願意站在

清帝祭天朝服，佩掛青金石朝珠。與其他祭祀場合穿戴相比，這種講究別有意味。

清帝祭地朝服，皇帝祭地時穿明黃色朝服，佩掛東珠朝珠。

這塊石面上講話了，並將此石命名為「億兆景從石」。意思是，皇帝在此祈求天帝佑護，億兆萬民都能聽到，皇帝發出的旨意，就是天意，所有的人必須服從。皇穹宇三音石的回聲現象，同樣很奇妙，站在皇穹宇正殿丹陛橋下的甬道中擊掌，可以清楚地聽到回聲，尤其是從第三塊石板上擊掌，可以聽到三聲回聲。三音石的聲學現象，從此被視為「人間私語，天若聞雷」的象徵，彷彿人間一切動靜，冥冥中都有天神明察秋毫。這就從心理上提醒人們，那還不該遵紀守法，小心翼翼點嗎？

多至去天壇祭天，是清帝自入關後親行諸禮中的首要大禮。祭天前，皇帝和隨祭人員須齋戒三日，不理刑名，不聽音樂，不設宴會，以示對天的虔誠。祭天時，要宰殺牲牛、進俎獻爵、焚燒祭品，同時有樂工、歌工和舞者演奏歌舞，儀式十分隆重。每回祭天，都要將列祖列宗也請來配享。如咸豐年間祭天，圜丘第一層南向正中，為昊天上帝之位，左右配八座清帝祖宗神主牌位，依次為太祖努爾哈赤、太宗皇太極、世祖福臨、聖祖玄燁、世宗胤禛、高宗弘曆、仁宗顒琰、宣宗旻寧之位。

古人夏季求雨舉行的祭祀，叫作「常雩禮」，也在天壇圜丘舉行。如果逢上連年大旱無雨，則舉行大雩之禮。傳統社會以農為本，風調雨順，才能保證農作物生長，當時落後的生產力，使人們把風調雨順視為上蒼的

清帝祭日朝服，皇帝祭日時穿紅色朝服，佩掛珊瑚朝珠。

清帝祭月朝服，皇帝祭月時穿月白色朝服，佩掛綠松石朝珠。

天壇祈年殿，建在三層漢白玉疊砌的圓形祈穀壇上。每年正月上旬辛日，皇帝率王公大臣來此行祈穀禮，以盼豐年，遇到天旱，則來此祈雨。

至，始知是日雨遍天下。朕自謂精誠所感，可以上邀天鑑。」所以，對於祈雨時玩忽職守、敷衍了事的官員，康熙帝嚴懲不貸。康熙五十三年的那次祈雨，大學士、尚書、侍郎、御史中，竟有三十三人因未到場，或不認真，受到革職貶官處分。

天壇主要建築祈年殿，建在巨大的祈穀壇上，祈穀典禮在這裡舉行。祈穀是祈禱農業豐收，希望能有個好年景，所以殿宇名稱叫作祈年殿。祈穀的禮儀一如祈雨，同樣是燔柴迎神、奠玉帛、進俎、初獻、亞獻、終獻、撤饌、送神、望燎等既定程序。皇帝在殿中行禮，念誦祈穀祝文，內容大致是：某年某月某日，嗣皇帝某某謹稟告皇天上帝，我承天帝之命統有萬方，百姓

賜予，這就是雩祀禮盛行不衰的原因。清帝祈雨，極為虔誠。如康熙帝時，常訓誡臣下，並以親身經歷告訴大家：「昔年曾因大旱，朕於宮中設壇祈禱，長跪三晝夜，日唯淡食，不御鹽醬。至第四日，步涉天壇虔禱，油雲忽作，大雨如注，步行回宮，水滿雨靴，衣盡沾濕。後各省人

的願望是生活安定。現在已到春天，春耕就要開始了，我誠懇地準備迎接天帝降賜的幸福，謹率領百官，用玉帛、粟棗、米穀、俎肉、蔬菜等物恭祭，請祈風調雨順，五穀豐收。我的祖先，也來這裡奉陪您，請接受我們的敬意。與祈穀活動相配套，皇帝還要到附近的先農壇，祭祀先農和舉行親耕禮，以示對農業的重視。

總在講這些陳年往事，不知大家是否有些感到枯燥。沒辦法，這些事情不能不講，清宮祭祀活動本來就頻繁，一年到頭大大小小的祭祀無時或輟，也都具有一定的認識意義。其

中，坤寧宮祭神祭天，更是必不可少的宮廷禮儀。由於它具有濃重的薩滿教特色，屬於清代宮廷特有的祭祀方式，因此令世人備感神祕。

坤寧宮面闊九楹，爲紫禁城內僅存的保留著滿洲舊俗的「窗戶紙糊在窗欞外」的宮殿。清代在這裡供奉的神祇，主要有釋迦牟尼如來佛、觀世音、關帝聖君、長白山神、畫像神、蒙古神及無字神牌等。此外，尚祀有「完立媽媽」。關於「完立媽媽」的來歷，一說是明萬曆皇帝的母親孝莊皇后，因清帝的祖先被殺害時，孝莊皇后曾爲之惋惜，制止明將李成梁濫

地壇又名方澤或方丘。位於北京安定門外，用雙層漢白玉砌成方壇，壇下四周為水池。每年夏至，皇帝到此祭祀地祇，從祀的有五嶽、四海、五鎮和四瀆等神，祭禮在日出前舉行。

日壇又稱朝日壇，位於北京朝陽門外，建於明嘉靖九年（1580年）。壇為圓形，直徑十丈，壇面鋪紅琉璃磚，以象徵太陽，祭之報答日神對人間的恩賜，並祈禱福佑。逢甲、丙、戊、庚、壬年春分日出之前卯時（約為現今五至七時），皇帝到此親祭萬物中太陽之精，其餘年份遣官致祭。

殺無辜，故清廷感其恩德，世代當神供奉，所言「完立」為「萬曆」之音轉，「完立媽媽」即萬曆皇帝母后。另一說，認為「完立」係滿洲舊語，即滿語「木偶」之意，與漢人所供的泥菩薩相似，供奉的是長白山女神。坤寧宮裡的祭天祭神，向來被清宮視為大典，每祭薩滿必來舞蹈，曰「跳神」。這一切，與滿洲氏族的起源與發展有關，顯示出關外生活時的某些習慣。

既然講到坤寧宮，順便說說清代皇帝將這裡作為洞房的原因。坤寧宮在明清兩代，都是象徵皇后身分的宮殿，但實際上兩朝的功能並不相同，明朝只是皇后的寢宮，清朝卻是個多功能的場所，不僅作為皇后寢宮，還兼備殺豬祭神與帝后大婚之用。明朝皇帝大婚的洞房設在乾清宮，帝后成婚前先要到奉先殿祭拜祖宗，這是嚴格按照儒家「不謁祖者不成婦」的理念安排的，至於對神靈如何交代，僅表現在婚前遣官祭告天地。清朝皇帝就不同了，認為坤寧宮才是舉行大婚

的合理場所，在這裡舉行的大婚禮儀中，處處瀰漫著薩滿教的神祕氣氛，如帝后由薩滿引導，首先拜祭本部族世代崇仰的守護神祇，以及讓皇后入洞房前跳火盆。這只能反映，在漢族傳統文化中，對祖先的崇拜超過了對天地神靈的崇拜，而滿族則將薩滿神的地位，擺在祖先之上。

不過，真若要論及對祖先的感情，中國歷史上又沒有任何一個朝代的皇帝，能夠比清代更注重宗廟制度的建設，更講究「祖宗成法」之不可違。清代以少數民族入主中原，在關外草創時期，宗廟制度因陋就簡，盛京太廟，僅供奉清太祖努爾哈赤及其前四代父祖澤王、慶王、昌王、福王「四王」靈位。清世祖福臨入關後，在北京設立太廟，奉祀太祖、太宗帝后神主於太廟中殿，追尊「四王」為帝，廟號肇祖、興祖、景祖、顯祖，奉四祖帝后神主於太廟後殿，原盛京太廟仍存。

清代太廟，設在紫禁城午門左側，與《周禮》規定的「右社稷，左

社稷壇，位於皇宮西側。社即土地神，稷即五穀神，清入關後承襲明朝社稷壇祭祀之制，是清朝自原有的游牧漁獵文化向農耕文化轉變的重要標誌。每年春秋仲月（春秋季的第二個月）上旬戊日清晨，皇帝都要親自來此致祭。遇出征、凱旋、獻俘等重大國事，也在社稷壇舉行儀式。

《皇帝親耕耤田儀式圖》，反映清帝在先農壇如何親耕，左手執鞭，右手扶耒，完成「三推三返之禮」的情景。

元年，胤禛下旨，在景山東北的壽皇殿，供奉聖祖康熙帝御容畫像。至弘曆登極，又奉世宗雍正帝御容於其中。乾隆十四年，遷建壽皇殿於景山正中，將體仁閣所藏太祖努爾哈赤、太宗皇太極、世祖福臨三代帝后御容請來，從此形成定制。壽皇殿共九間，中有隔斷，聖祖以下各代皇帝御容，長期懸掛，每帝一間。太祖、太宗、世祖及各后御容，

宗廟」相一致。順治十三年，福臨又在內廷景運門外建奉先殿，供奉太祖以下各代帝后的神主。所以，如果說太廟是國廟，奉先殿實為家廟。雍正

先農壇觀耕台，皇帝親耕過後，觀看群臣「九推九返」的地方。

只限於除夕懸掛，正月初二即收藏起
來。此外，圓明園安佑宮，熱河避暑
山莊綏成殿，都是變相的壽皇殿，奉
祀聖祖以下諸帝后御容，以備皇帝臨
幸時祭祀。

清代宗廟的祭祀活動，主要有大
享太廟和奉先殿、太廟祫祭，以及奉
先殿和壽皇殿常祭、奉先殿薦新、太
廟和奉先殿告祭幾種。這些祭祀活動
互相配合，互相交替，使宗廟祭祀持
續不斷，疏密相間，完整而有序地進
行。說來話長，自古帝王立廟祀祖，
一是為了追展孝思，二是為了求神助
佑。先秦各代，每逢出征作戰時祭告
祖廟，目的就是求得祖宗庇蔭，取得
戰爭勝利，有時甚至載奉神主親臨戰
場，明顯表現出宗廟乃是從原始社會

清代薩滿在乾清宮跳神祭祀時，
要穿著特製的神衣，以通達神
靈。

坤寧宮內祭祀場所，保留了滿洲祭祀諸神和奉祖宗神位於室內的
舊俗。

的祖先崇拜過渡而來的
痕跡。隨著社會文明發
展，後來的皇帝對於希
冀祖先垂佑，實際上已
不那麼重視，祭祀禮儀
也愈趨典雅，主要用以
表達追念祖先的感情。

薩滿腰鈴，相傳是天神阿布卡赫赫圍在戰裙上的東西，它的震動聲可以使惡魔害怕，薩滿在祭祀時皆佩帶腰鈴以助祭。

清代正是在這方面，比前代有所加重，基本上以對待生人的態度對待祖先，未必真的以爲祖先是神靈。

與宗廟一樣，在中國歷史上，祭

祀社稷也被視爲重要的禮制活動。社稷的祭祀對象，據《孝經緯》記載：「社，土地之主也，土地闊，不可盡敬，故封土爲社，以報功也。穀，眾不可遍祭，故立稷神，以祭之。」由於社稷是國土和江山的象徵，因此皇帝不僅每年都要親自去社稷壇拜祭，每逢有較大規模的戰爭取得勝利後，在紫禁城午門外舉行獻俘儀式的前一天，還要讓兵部押解敵方俘虜跪在社稷壇前，以示對社稷的敬重，顯示國家政權的穩固和疆土的完整。

總之，祭天是中國王朝的基本禮

薩滿樂器手鼓與抬鼓。信奉薩滿教的人們認爲，鼓代表雲濤，靈魂乘坐神鼓雲濤能飛天入地，所以薩滿在祭祀時要親自敲擊手鼓，另由助祭人重重敲擊抬鼓，以助聲威。

制，而祖宗成法，更被他們視為萬古不變之正理。特別是清代，以騎射武功開國定天下，入關後將「國語騎射」奉為祖制，要求嚴格遵守。譬如木蘭秋獮，是康熙帝為保持滿人勇猛剽悍的尚武精神定下的制度，他本人一生身體力行，多次率眾親往，未敢稍有懈怠。但到了雍正帝這裡，卻一次也沒舉行。乾隆帝崇敬他的祖父，在位期間恢復了木蘭秋獮，舉辦次數不遜於祖父，目的除了要遵循祖制，更要起到「整飭戎兵」、「懷柔藩部」的作用。嘉慶帝親政後，巡行熱河有八次，甚至在他生命行將走到盡

薩滿祭祀時，供奉各種神偶。這對布人，是清代坤寧宮內供奉的神偶。

長白山天池雲霧繚繞，佛庫倫仙女沐浴吞吞仙果感而受孕的神話傳說，把清初的歷史上溯到滿洲的母系氏族時代。

頭的時候，仍然不忘祖制，舉行木蘭秋獮，並死在避暑山莊。

乾隆帝還仿效康熙帝南下巡視的做法，分別於乾隆六年、二十二年、二十七年、三十年、四十五年、四十九年，共六次下江南。每次行進的路線大致相仿，一般都要到江寧、蘇州、揚州、杭州、海寧和嘉興，每次需用三個月左右的時間。跟康熙帝一樣，乾隆帝下江南的主要活動內容，是視察河工海塘。中國是個農業大國，勘察水情，興修水利，關係到國泰民安之大局。另一項重要內容是，對江南士大夫多方籠絡，

光緒二十六年（1900年）十二月二十六日，逃亡中的光緒帝奉慈禧太后之命，發佈「接納與國歡心」諭旨，甘願奉獻中華的全部所有，博取列強歡心，真是既對不起歷史賦予清朝的國祚，也對不起他們的列祖列宗。

表現出對他們的關懷和厚愛。江南不僅是全國重要的糧、棉、油產區，也是反清思潮的土壤，江南地區政局穩定，對清廷的統治意義重大。當然，南巡還有一項不可否認的好處，就是遊山逛水，愉悅身心。江南秀美的水鄉，奇巧的園林，對出身在北方的康熙帝和乾隆帝，有著巨大的吸引力。乾隆帝把下江南視為與平定西北邊疆同等重要，自言：「予臨御六十

年，凡舉兩大事，一曰西師，一曰南巡。」

歷史就是這樣無情，祭天祀祖的事情都做過了，歷史還是該怎麼發展，就怎麼發展。乾隆朝底定了中國基本版圖，迎來中國封建社會末期的盛世輝煌，但盛世過後，就是平凡到了極點的平庸。嘉慶帝在乃父乾隆帝巨人般的身影下，初期並不涉及政務，聽憑太上皇越俎代庖，及至父皇故去，有重新振奮之心，卻無崛起之力。鎮壓白蓮教起事，算是嘉慶一朝的大事，但動用十六省軍隊，糜費兩億兩銀餉，耗盡了乾隆帝六十年勤懇

持政積累的家底。以至於再繼位的道光帝，在清朝十二帝中，是名載史冊的吝嗇鬼，穿的是打補丁的龍袍，每餐御膳不超過四樣菜餚，妃嬪非年節不得食肉，公主出嫁僅陪送白銀兩千兩，如此簡約自律，也不能保障大清王朝延續下去。一八四○年，英國殖民主義者依靠堅船利砲入侵中國，道光帝惜錢如命，小敗即止，寧可簽訂屈辱的《南京條約》，洞開南中國門戶。天朝的崩潰，使道光帝感到愧對列祖列宗，遂自我處罰，囑死後不配享太廟。道光帝撒手人寰，留給其子咸豐帝的，已是外敵入侵、江山殘破、財政困窘、捉襟見肘的廢爛局面。資質魯鈍而又不務正業的咸豐帝，施政乏策，調遣無力，南方太平天國勢焰正熾，長江中下游已不再為大清控制。而當英法列強二次入侵，溯海北上，火燒圓明園，咸豐帝亡故避暑山莊，慈禧太后藉機發動宮廷政變，進而實現垂簾聽政，晚清政治由此進入了太后主政時期。同治帝天花奪命，幼沖之齡的光緒帝入繼大統。光緒一朝，列強加快了叩打中國大門的腳步，幾乎每隔十年，就發動一次侵華戰爭，中法戰爭、中日戰爭、在中國土地上爆發的日俄戰爭接踵而至，直到一九○○年八國聯軍合夥攻掠北京，自行劃分勢力範圍。這時，自西安回鑾的慈禧太后，竟然放言，可以「量中華之物力，結與國之歡心」，徹底泯滅了抗拒之心，淪落為帝國主義列強的走狗。中國在歷經兩千多年的發展歷程之後，終於走到即將亡國滅種的邊緣。一些有識之士，在「中學為體，西學為用」的理念支配下，嘗試改良傳統政治結構，推出變法維新運動。無奈極端專權的慈禧太后，呆板僵化的現行秩序，完全使中國失去了自我調節的可能。當「戊戌六君子」喋血菜市口，光緒帝被幽囚中南海瀛臺時，清朝捨棄了最後一次迴旋自存的機會，資產階級革命派開始以推翻清王朝為目標，點起了南國的烽煙。這種暴力挑戰一經發動，全國通電響應，清廷即刻土崩瓦解。中國步入了紛亂失序，卻又充滿希冀的新時代。

天壇圜丘位於天壇南半部，現存形制為乾隆十六年（1751年）改建。中國歷代王朝都制定嚴格繁瑣的祭天禮儀，藉以宣揚君權神授和獲命於天。

道光帝御筆《清寧宮敬紀詩》匾，是道光帝即位後唯一的一次出關巡幸盛京、恭祭祖陵時所作，以示不忘祖先。

嘉慶十八年「癸酉之變」，天理教徒攻入紫禁城，在隆宗門前與禁軍激戰。現在，門匾上還留有當時教徒射出的箭鏃。

道光朝是清代歷史的轉折點，也是整個中國歷史的分水嶺。清朝已經千瘡百孔的盛世假象，昔日皇權不可冒犯的赫赫天威，無可奈何地被現實擊碎。整個中國歷史由於受鴉片戰爭影響，由古代進入近代。

天壇圜丘正中的那塊天心石

乾隆帝極崇信藏傳佛教，在宮內梵宗樓大威德金剛像前蹲踞的油漆木虎兩側，置放自己的全套衣冠及所使用的盔甲兵器，其用意是將大威德作為戰神奉祀。北京故宮博物院藏。

清太祖努爾哈赤盔甲，這件紅閃鍛鐵葉甲冑，乃乾隆朝依努爾哈赤的甲冑遺物重制，現藏北京故宮博物院。

太廟位於皇宮東側，是皇帝祭祀祖先的場所。清入關後，全面承襲明代太廟祭祀制度，同時保有自身固有傳統。

第五章

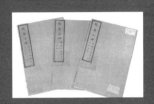

君王起居

貴為至尊富有四海的中國皇帝，每天怎麼過日子，大家也許會感興趣。野史傳聞，不足為據，皇帝的日常生活情形，自有當年宮內撰寫的《起居注》、《內起居注》、《穿戴檔》、《膳底檔》等原始文件，忠實記錄在冊，從中可以窺見其本來面目。

君王起居
——窮奢極侈恣性縱欲

　　貴爲至尊富有四海的中國皇帝，每天怎麼過日子，大家也許會感興趣。野史傳聞，不足爲據，皇帝的日常生活情形，自有當年宮內撰寫的《起居注》、《內起居注》、《穿戴檔》、《膳底檔》等原始文件，忠實記錄在冊，從中可以窺見其本來面目。

　　明代皇室的生活規制如何，且不去談它。發源於東北滿族的清代皇室，其生活方式在保留滿族傳統的同時，繼承和吸收了歷代漢族帝王的某些習慣，從而形成了一套特有的起居制度。這就是，一般情況下，皇帝每

康熙帝《起居注冊》

天早晨寅正至卯初，大約五點左右起床漱洗，卯正至辰初，六點到七點進早膳，辰時至巳時，七點到十一點上朝理政，午時至未時，十一點到十四點午休進晚膳，申初至酉時，十四點到十七點批閱奏章，或看書繪畫作詩，或娛樂玩耍，由妃嬪陪同看戲下棋等，酉時至戌時，十七點至十九點吃酒膳，然後沐浴入寢。

清朝入關之初，爲保持滿洲本色，嚴防本民族漢化，曾採取了一系列相應措施，這在衣食方面也反映出來。入關前的滿族，生活在寒冷的東北地區，是以狩獵採集和半游牧爲主要生產生活方式，故而他們穿著的衣服比較寬大，衣袖窄小，呈馬蹄樣式。入關後，這種衣飾形式不僅得到保留，還對不同階層的人作了明確規定。皇帝貴爲天子，衣飾享受最高等級，在不同場合穿不同的衣服，重大典禮活動穿袞服，上朝理政穿朝服，喜慶節日穿吉服，平時起居穿常服，外出巡幸穿行服。穿不同服裝時，戴不同的帽子，如朝冠、吉冠、便帽等。不同季節，更換不同質地的衣服，如多季穿皮棉，夏季穿紗綢，春秋兩季穿袷服。服飾色彩上，也有嚴格的等級制度，皇帝的朝服、吉服「色用明黃」，並繡以歷代皇帝專用的金龍紋飾、十二章紋飾和海水、流雲等象徵江山萬代的圖案，皇帝的行服常服，多選用藍紫、醬紅、駝、薑黃等隨意顏色，或織團龍，或織福

《咸豐三年內起居注》書影

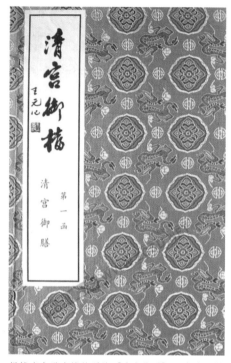

根據宮內膳底檔整理的《清宮御膳》，內容比較可靠。

皇帝吃的飲食叫「御膳」，吃飯稱「傳膳」或「進膳」。清代皇帝，每日兩次正餐，外加一次或兩次點心酒膳。皇帝吃飯，無固定地點，大多在寢宮或辦事地點傳膳。傳膳時，御膳房太監各負其責，背桌子太監將三張方膳桌拼在一起，鋪上繡有金線的桌單，其他太監手捧紅色漆盒魚貫而入，將各種菜餚、饅頭、花卷、餑餑、米飯、糕點，及各種羹湯迅速端上桌，待皇帝落坐後，侍膳太監先查看每道菜羹中的試毒銀牌，變不變顏色，再嘗一嘗，發現沒問題，皇帝才

壽。清代皇帝的服裝，由江南三織造──蘇州、杭州、江寧織造局負責定製，每年按季節運至清宮。宮內設衣服庫和尚衣監，收貯皇帝的四季服裝。有關皇帝每日穿戴情況，在中國第一歷史檔案館收藏的清宮《穿戴檔》中，有翔實記載。如從乾隆二十年正月初一子時一刻開始，乾隆帝在宮內舉行元旦辭舊迎新典禮，一個上午就更衣三次。可見，服飾對於皇帝來說，不僅在於防暑禦寒，更是為了體現皇權的神聖與尊嚴。

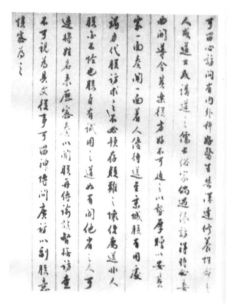

雍正帝對道家思想不以為然，對道家丹藥卻很信服。這是他密令督撫推薦通曉醫術的道士進宮治病的手諭。

拿起筷子進膳。皇帝御膳，大多一個人單獨進行，沒有特別旨意，任何人不能與皇帝同桌進膳。乾隆帝倒是經常陪侍皇太后用膳，體現了對母后的孝道與尊重。

皇帝所食飯菜十分講究，不僅要色香味型俱全，還要葷素搭配，鹹甜皆有，湯飯並用，營養豐富。以乾隆五十四年正月初二日早膳為例，據中國第一歷史檔案館收藏的清宮《御茶膳房·膳》第218號文件記載：「養性殿進早膳，用填漆花膳桌擺，燕窩掛爐鴨子掛爐肉野意熱鍋一品，燕窩口蘑鍋燒雞熱鍋一品，炒雞燉凍豆腐熱鍋一品，肉絲水筍絲熱鍋一品，額思克森一品，清蒸鴨子燒狍肉攢盤一品，鹿尾羊烏叉攢盤一品，竹節卷小饅首一品，匙子餑餑紅糕一品，年年糕一品，琺琅葵花盒小菜一品，琺琅碟小菜四品，鹹肉一碟，鴨子三鮮麵一品，雞湯膳一品；額食七桌──餑餑十五品一桌；餑餑六品、奶子十二品、青海水獸碗菜三品共一桌，盤肉十盤一桌，羊肉五方三桌，豬肉一

自雍正帝將養心殿作為寢宮後，清朝歷代皇帝皆居住於此。

皇帝進膳所用餐具

方、鹿肉一方共一桌。」這麼多的飯菜，皇帝怎麼吃得完，吃剩下的，賞賜妃嬪和大臣。

　　皇帝進膳所用餐具，都是選用金、銀、銅、錫、玉、漆、瓷等名貴材料製成，式樣別致，紋飾華美，不僅有御用的盤、碗、碟、杯，還有特製的各種火鍋、暖鍋、一品鍋等。一品鍋為一特大鍋體內，再置數個暖碗，鍋下端備有銀製酒精碗，使用時將酒精點燃，使鍋內受熱，碗內的各種食品，可在相當時間內保持溫度，鍋體外沿設有五個支架，架上擺放調

味碟，使皇帝能吃到不同味道的食品。清宮藏一品鍋，多為錫製，呈瓜形、方勝形、橢圓形，或四方委角、六方委角形，上面雕刻福壽、八寶及卍字紋，寓福壽吉祥之意，顯示出皇家飲食器具的氣派。

　　有本叫《宮女談往錄》的書，通過一些宮女的回憶，記錄了清末宮廷生活起居方面的情形，其中也談到慈禧太后的日常膳食。據說，慈禧特別喜歡喝粥，每餐光是粥就要準備五十餘種，外帶一百二十幾樣菜餚。慈禧身邊的秀女德齡，則在《御香

縹緲錄》一書中，談到慈禧爲保持皮膚細嫩，每天得喝大半盅人乳。爲此，要經常僱用三個體格相貌姣好的剛生育過的少婦，每天早晨輪流擠出乳汁，供慈禧服用。德齡還寫道：「記得我進宮後第二日早上，瞧著她把那麼一盅人乳喝下了肚去，心上總覺得有些異樣的不安，竟以爲太后是一個善於害人的『老妖怪』，她的喝人乳，就等於魔鬼們的喝人血，那個擠乳汁給她喝的乳母，不久也許就

風雅存戲臺，是宮中室內的小戲臺，位於漱芳齋後殿內，在小型宴飲時使用。

漱芳齋戲臺，是紫禁城內的中型戲臺，在御花園西側院。每年元旦、萬壽等重要節日，均要在此唱戲。有時在宮內暢音閣大戲臺唱罷後，餘興未消，便來此接著唱，直至曲終人散。

會枯竭而死。」這位叫德齡的，是清廷駐法公使的女兒，自小在倫敦長大，對這種事情當然看不大慣。

每天常朝以後和晚膳之後，是皇帝娛樂消遣的時間。清宮娛樂活動項目很多，有琴棋書畫、花鳥魚蟲、文玩風箏等等。由於每位皇帝的個人喜好不同，娛樂內容也不盡相同，各朝最常見和最普遍的娛樂活動是看戲。宮內一般每月初一、十五演戲，過年過節演戲，皇帝皇后生日也要演戲，而且往往一演就是十幾天的連臺大戲。皇帝平日想看戲時，還可以隨時傳喚戲班子。爲了讓皇帝看好戲，清宮內專門成立管理戲班的機構——昇平署，特建一座三層高的大戲臺暢音

《雍正帝十二月令行樂圖》中的《八月賞月圖》。雍正帝極為勤政節儉，他不事遊獵，除了到東陵祭祀外，不曾離開過京城，生活環境基本上限於紫禁城與圓明園之間。他命畫工繪製的十二幅圓明園內行樂圖，並不是完全寫實的作品，但也展現了宮廷生活十二個月的各種場景。

閣，以及兩座叫漱芳齋、倦勤齋的小戲臺。乾隆帝非常喜愛戲曲，宮中添製了大批演戲行頭和道具，將演戲內容繪成畫冊，以便隨時翻閱。清末慈禧太后，更是個戲迷，不僅幾乎天天看戲，有時自己也因技癢而演戲，如扮演個觀音什麼的。

除看戲外，大大小小的園林，也是皇帝娛樂的場所。宮內主要的御園，有慈寧宮花園、建福宮花園、寧壽宮花園和御花園。宮外，更有許多離宮別苑，如毗鄰紫禁城的西苑，西

郊的圓明園、清漪園等。皇帝在園林裡居住休息，經常舉行各種遊樂活動，如夏季在西苑南海的瀛臺釣魚，立秋後的中元節在西苑建盂蘭道場，太液池中設荷花燈，皇帝登舟遊蕩其

間，數九隆多日，又在太液池觀冰嬉等。清代宮廷畫家金昆、程志道、福隆安合繪的《冰嬉圖》卷，就是表現皇帝觀看冰嬉的寫實繪畫。另一幅《道光行樂圖》，則表現皇帝一家的天倫之樂：在幽雅精巧的皇家庭苑內，道光帝坐在敞亭中，興致勃勃地觀看幼童嬉戲玩耍，女孩則站在梅枝前觀賞，年齡稍大些的皇子們，端坐在亭內讀書習字。全圖頗富家庭情趣，表現了身居九五的皇帝與平民百姓一樣，有著喜怒哀樂和追求家庭幸福的願望。

晚上酉時以後，也就是十九點左右，皇帝進一次晚點或酒膳，默念一陣佛經，或稍事休息，便開始沐浴入寢。順治、康熙二帝，以乾清宮西暖閣作為寢宮，自雍正帝開始，歷代皇帝都住在養心殿後殿。養心殿後殿面闊五間，正間設寶座床，是皇帝在寢

冰嬉是滿族在關外就有的一種大眾性體育活動，入關後帶入宮中，稱為「國俗」，並為「國制所重」。它原本純屬軍事演習性質的溜冰，後逐漸演變為專供王公貴族娛樂的競技活動，乾隆朝最為興盛。

乾隆帝弘曆，作為清朝盛世期的最高統治者，閒暇之餘廣學博覽，大概也是整個中國歷史上最為儒雅的帝王。

宮召見大臣的地方，東西次間是臥室，各設一鋪寢床，寢床很寬大，錦繡被褥，雙重絲綢床帳，幃幔低垂，顯得無比豪華。

　　按照清代家法，幼年即位的皇帝到了成婚年齡，舉行過大婚禮儀後，新婚夫婦在坤寧宮東暖閣洞房，只能共寢三日，然後各回各的寢宮。平時，皇帝不能到妃嬪宮裡過夜，若需要哪位后妃侍寢，把她們召到皇帝寢宮。被召幸的后妃，當晚不再回自己的寢宮，但也不能整夜陪侍皇帝，與皇帝雲雨過後，到另一間暖閣的寢床上入眠。

　　我們在一些反映清代宮廷生活的影片中，常看到這樣的鏡頭——夜幕降臨，皇宮一片寂靜，兩個太監把一個赤身裸體的女子裹在紅錦被裡，扛在肩上，送進皇帝的寢宮。這符合當時的實際情況。按照清廷規

矩，無論皇后妃嬪，還是其他等而下之的女子，凡承幸為皇帝侍寢之夕，先要脫得赤條條的，以蘭湯洗淨全身，專等太監前來，將其一絲不掛地裹入被中，送到皇帝寢宮。而皇帝想行幸

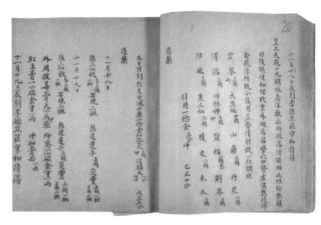

《同治帝患天花進藥檔》

某位妃嬪之前，先要在太監端上的銀盤裡，將寫有這個妃嬪名字的竹籤翻過來，以便通報預備。也有的文獻說，皇帝欲行幸某妃嬪，事前得由皇后傳諭，讓此女作好相應準備，此諭須鈐有皇后印璽才行，若有諭而未鈐璽，皇帝聖駕雖至，此女亦可拒絕。據說，有一天光緒帝情緒欠佳，想與一位叫鳳秀的宮女交歡，告知皇后，皇后未允，光緒帝再次懇求，皇后無奈，只好傳諭鈐璽，光緒帝才欣然臨幸。此外，後宮還設有敬事房這種機構，專門記錄皇帝的性生活。皇帝臨幸某女，由敬事房太監記下年月日期，以備承幸者有身孕時，可以查驗。這本《承幸簿》屬特殊文獻，皇帝在世時，除皇帝本人之外，只有太后有權調閱。皇帝駕崩後，它便隨之銷毀，決不在人間留下痕跡。

皇帝占有女性，是極為貪婪的。從理論上講，他可以隨意占有後宮除太后以外的所有女人。近代史家，都稱咸豐帝為好色之徒，因為他不但后妃眾多，還膽敢違背祖制，蓄養漢女，命心腹到江南購得妖冶女子四

清宮敬事房，設於康熙十六年（1677年），負責帝后生活料理的機構，包括安排皇帝后妃的性生活。

乾隆帝時時以孝子自居，每逢皇太后壽辰，他都要親自祝壽，舉辦隆重的慶壽儀式。圖為乾隆帝在太后居住的慈寧宮中，為其母舉觴祝壽的場景。

人，分別命名為杏花春、武林春、牡丹春、海棠春，朝夕供他玩弄，終於弄得一病不起。時人在《十葉野聞》中指出：「文宗眷漢女，其目的所在，則裙下雙鉤是也。窅娘新月，潘妃蓮步，古今風流天子如一轍哉！」就是說，中國古代最為世界所詬病的女子纏足惡習，不知迷倒過多少以此為美的男人，連咸豐帝也成了這嗜痂成癖的一員，由於滿洲婦女天生不許纏足，他就去蘇杭物色漢族小腳佳麗。

中國皇帝和妓女來往，幾乎歷代都有，但像咸豐帝那樣，和大臣同時與某妓發生關係，就比較罕見了。這位藝妓是個雛妓，名叫朱蓮芬，美豔動人，善唱崑曲，楷書也寫得好。咸豐帝發現她後，愛憐不已，時常召幸。與此同時，都御史陸某和吏部官員龔引孫等人，也喜歡上朱蓮芬。其中最癡情的，是那位陸都御史，他見朱蓮芬時常被召入後宮，由皇帝獨享，就上書給咸豐帝，勸告皇帝要遵循祖制，勤於政務，並引經據典，洋洋數千言，寫得義正辭嚴，氣勢磅礡。咸豐帝看過奏章，捧腹大笑，說

「陸都老爺吃醋」，隨即在奏章上批了幾句話「如狗啃骨頭，被人奪去，豈不恨哉，欽此」，但並未因此懲治陸某。

真可謂有其父必有其子，同治帝載淳十八歲親政後，未嘗不想有所作為，但政權握於母后之手，加以慈禧強行干預他的婚姻，使得載淳乾脆採取逃避態度，朝政一概不管，「終年獨宿乾清宮」。若果真是「終年獨宿乾清宮」，便不會發生意外之事。問題是，載淳正當血性僨張之年，鬱悶難耐，左右又有人時時勾引，淨幫他找些異常樂趣，不久他就遛出宮禁，到內城私窯子裡去取樂。那種地方，

極易傳染性病，載淳很快染上梅毒。清代史書，以及官方人物所作的筆記日記之類，都說同治帝死於天花。有人則很難苟同，認為這只能表明，是在將梅毒當作天花來治，因此斷送掉同治帝的性命。

有的皇帝為尋求性刺激，達到性滿足，還津津樂道於房中術，找人來教授密法，進奉丹藥，以便可以玩弄更多女人。明代皇帝除了崇禎帝外，個個都是精通房中術的肉慾之徒，不論白天黑夜，總處於亢奮狀態。明代宮中規定，凡是皇帝臨幸過的女人，必須登記造冊，第二天要報名謝恩，然後由皇帝封賞名號。由於嘉靖帝臨

此圖畫嘉慶帝身著漢裝，在宮中鑒賞書畫古玩。

日常生活中的道光帝不嗜酒色，興趣唯在詩文。這幅《情殷鑒古圖》軸，寫實性很強，清道光帝靜坐於奇石之上，手握古書，目視前方，若有所思，是他於萬幾餘暇時所追求的士大夫生活情趣的剪影。

幸的女人實在太多，有時一天竟達數十人，致使該項宮規大亂，謝恩封賞就顧不上了。清代皇帝在漁色方面，較之明代皇帝，要收斂得多，或者說要謹慎些，不像明代那麼明目張膽。但房中術在清代後宮，肯定不會絕跡，只是不知是不願意張揚，還是有意隱瞞，有關清帝的淫行緋聞，絕少出現在史籍祕檔中。至於說，咸豐時大臣彭毓松因進獻春藥，才受到寵信，被破格提拔，翰林丁文誠在圓明園誤用某種鮮美之物後，陽具暴長，情不自禁地到處亂跑，引得滿園人誰見到他，都哈哈大笑，同治年間大臣王慶琪常與同治帝一起探討淫書《祕戲圖》等，可能是野史傳聞中的瞎掰，姑妄聽之。

但凡對中國歷史有所瞭解的人，又會發現，歷代開國皇帝活得年壽都比較長，中葉以後在位的皇帝享壽漸短，而到了這個王朝的末世，就只是些大大小小的孩子在做皇帝了。以清代為例，開國的太祖武皇帝努爾哈赤，享年六十多歲，繼位的太宗文皇帝皇太極，死於征戰辛勞，入關的世祖福臨因出天花，僅活了二十三歲，而繼位的康熙帝，卻活了六十九歲，

之後雍正帝活了五十八歲，乾隆帝活到八十九歲，乾隆帝的兒子嘉慶帝，嘉慶帝的兒子道光帝，也能壽逾六十以上，道光帝的兒子咸豐帝，只活到三十一歲，咸豐帝的兒子同治帝，十九歲死去，光緒帝繼位時只有四歲，在位雖三十四年，總共不過三十八歲，宣統帝嗣位僅有三歲，三年後大清王朝就終結。這一方面說明，皇帝年齡的減退，與國運隆衰息息相關，一方面也與他們所負擔的壓力不同有關。大致而言，開國皇帝深知創業艱難，比較不敢放縱，早期和中期繼位之君，也還能知道守成之不易，不敢過分失德，後期子孫就什麼都不顧了，一味縱欲自戕，直到把江山社稷折騰完。

分析中國帝王的壽命情況，還會發現這樣一個事實——帝王的壽命，與體質、學識、個性等因素相關。通常的情形是：開國皇帝壽命長，守成皇帝壽命短；學識淵博者壽命長，心性狹隘、見識短淺者壽命短；富有仁愛之心者壽命長，陰毒狠辣、縱情聲色者壽命短；性情開朗、能屈能伸、將個性揮灑得淋漓盡致者壽命長，天性懦弱、受盡壓抑和屈辱者壽命短。

乾隆帝享年八十九歲，是中國歷代帝王中壽命最長的。在「人過七十古來稀」的時代，談到乾隆帝的長壽祕訣，不能不注意到對於養生，乾隆帝自有一番獨特見解：「『事煩心不亂，食少病無侵』，此二語為予養心養身良方，原別無求長生之術也。」

這幅《道光帝行樂圖》卷，反映道光帝端坐在書案前凝眸遠望，兩位嬪妃侍立亭下，另一座亭子內皇子奕訢、奕訢兄弟二人分別坐於案前讀書習文，兩亭之間三幼子放飛風箏的情景。道光一朝可謂多事之秋，令道光帝聊以自慰的是，家庭生活尚屬寧靜。

咸豐帝大公主大阿哥荷亭晚釣圖

木蘭秋獼，還是在京郊南苑行圍打獵，他都能做到以身作則，表現出色。由於他終生勤習武事，故身體康健，體力過人，「七旬四壽尙彎弓」，七十四歲了還能射箭。冰上運動，也是乾隆帝的愛好之一，年少時常坐在冰床上嬉戲，年老體弱後，則代之以觀賞冰嬉，或下圍棋放鬆身心。乾隆帝對補益藥物很有研究，據檔案記載，他常用的補益之劑，有健脾滋腎壯元丸、龜齡酒、松齡太平春酒、椿齡益壽藥酒及祕授固本仙方等。他對這些藥物，從藥性優劣到劑量多寡，都知道得清清楚楚，並根據服用效果酌加增減，儼然是一位營養保健品專家。

他認爲若遇事不冷靜，心隨事遷，則不能保持平和心態，容易勞神致傷。他的飲食也比較節制，從不暴飲暴食，從不舉行夜宴，很少飲烈性酒。本著「事煩心不亂」的原則，儘管他政務繁忙，卻能數十年如一日，沿用一套固定的生活起居程序，少有更改。重視鍛鍊，是他得以歲至耄耋的有效途徑。清朝以騎射定天下，乾隆帝從小就能挽弓馳馬，深得皇祖康熙帝嘉獎。繼位後，無論是年年去熱河

歷代皇子皇女多夭折，清朝尤其嚴重。清末同治帝沒有遺胤，他的姨弟光緒帝也後繼無人，宣統帝同樣如此，真是有點怪。然而，這一切又都可以解釋。清代自順治帝建立統一的全國政權，到宣統帝滅亡，共經歷十代君主，三代沒有子女，另外七個皇帝，共生育子女一百四十六人，其中竟有七十四人，在十五歲以前夭折。應該說，皇子皇女在保育方面不會有問題，何以出現這麼高的死亡率？而

且，我們又看到這樣一個事實：皇帝的頭幾胎子女，多是短命鬼，順治帝的長子、長女是這樣，康熙帝的頭六個子女，都在四歲以前亡故，雍正帝的長女和頭三個兒子，也是幼年殤逝的，乾隆帝的長子、次子及次女，分別活了二歲、九歲、一歲，嘉慶帝的長子和長、次女，均於四歲以前離開人世，道光帝的頭六個子女，和康熙帝的一樣，沒有一個能活到成年，咸豐帝的長子，也是幼殤。

於是，答案找到了，死去的這些嬰幼兒出生時，他們的父親年齡還小——順治帝十五歲得其長女；康熙帝十四歲做了父親，所夭亡的頭六個孩子，全是他在十八歲以前生養的；雍正帝所歿的長子長女，是他十七歲那年生下的。這裡說的皇帝年齡都是虛歲，按實足年齡計算要減去一歲，生育得十月懷胎，又要減去一歲。如此算來，康熙帝的第一個兒子，是用他十二歲時的精子懷胎，十二歲還是少年時代，自身發育尚不完全，而夭亡者的生母，也是和皇帝一般大小的少女，發育也不成熟，他們結合生育的子女，當然先天嚴重不足，缺陷甚多。總之，先天不健全，是清代皇子皇女殤逝的主要原因。

皇帝成年以後，自己的身體是發育成熟了，但妃嬪眾多，性生活沒有節制，所生育的子女，也仍然多不健全。當然，皇帝子女的多寡，同他們享年有一定關係，如順治帝死時才二十四歲，如果他能長壽，可能還會添不少子女。但也不一定，咸豐帝二十六歲有了載淳之後，還活了五、六年，且正處在生育旺盛的年歲，卻沒再添子女，這只能表明他整天胡來，失去了生育能力。同治帝死年十九歲，年紀雖輕，已大婚兩年，后妃五人，若有生育能力，早該有幾個子女了，卻一個也沒有。光緒帝享年三十八歲，始終是個絕戶，顯然與他年齡無關，原因在於生殖器不正常。清代自咸豐帝起，皇帝均享年不永，子女奇缺，確實是極不景氣的現象，而這種式微，與國勢衰弱又相一致。兩者之間，絕對有互為因果的關係：皇帝虛弱，無力勵精圖治，國力不充，也使皇帝憂慮，心勞日絀，健康惡劣。在這樣的情況下，像咸豐帝同治帝那樣，再不節制性欲，本身只有早早死去，遺下弱嗣，甚至沒有血胤。

雍正帝給人的印象，一向是性格多疑，為人狠辣。但在故宮所藏的眾多有關他的行樂圖中，卻可看到一個自信坦然、頗具情趣、有時還帶點幽默感的君主形象。

慈禧太后在頤和園裡扮觀音，太監李蓮英（右）扮護法神韋馱，左為扮龍女的四格格。

東華門外人跡罕至，遊客不能從此門進入故宮。過去，東華門又有「鬼門」之稱，宮內出殯走這個門。

恭儉惟德

御筆

道光辛巳

道光帝御筆，旻寧繼位伊始書寫。力行節儉是道光帝的主要執政思想，也是他的行為準則，終身恪守，視為美德。但一個大國君主，不去考慮如何開源興利，只是斤斤計較於如何「減膳」、「打掌」（朝服上打補丁）這些細節，未免有捨本逐末之譏。

這幅《元宵行樂圖》，記錄清廷每年都要以熱烈的方式歡度正月十五上元日，認為這是個闔家團圓的節日。

清末名伶譚鑫培、楊小樓，進宮為慈禧演唱京劇《陽平關》。

青花山水人物紋棒槌瓶，北京故宮博物院藏。康熙時期的青花瓷，為清代青花之首，紋樣呈色光艷明亮，渲染層次豐富，有「康青五色」之譽。

第六章

皇子教育

在中國歷史上，凡是頭腦正常的皇帝，出於萬世一系的考慮，無不特別重視皇子教育。這是因為，皇子教育的效果如何，尤其是那位未來可能繼承皇位的太子的德性與才能，常常關乎本朝江山的穩定。

皇子教育
——因其材力各俾造就

在中國歷史上，凡是頭腦正常的皇帝，出於萬世一系的考慮，無不特別重視皇子教育。這是因為，皇子教育的效果如何，尤其是那位未來可能繼承皇位的太子的德性與才能，常常關乎本朝江山的穩定。

秦始皇是中國第一位以皇帝自許的人，以前的中國有三皇，有五帝，就是還沒人自稱皇帝。秦始皇之所以在自己的帝位概念前加了個「始」字，一是為彰顯自己掃六合成一統的肇始之功，二是反映先秦時期就已經成熟的「一生二，二生三，三生萬物」的哲學理念，認為既然有始皇，

就該有二世三世，以至萬世。然而，封建帝王無不祈盼他們的天下萬世長存，事實上自古以來又沒有不滅亡的朝代。也許正是意識到這後一點，才更激起某些帝王的警惕，千方百計防止皇統中斷，注意到怎樣教育自己的子孫。

元末天下大亂，朱元璋在群雄逐鹿中披荆斬棘，好不容易建立起大明王朝。因此，如何讓自己手創的帝業傳之久遠，就成為他日夜思考的頭等大事。這位因為自幼家貧、本人沒念過書的開國皇帝，對於太子及諸皇子的教育，卻表現出異乎尋常的熱情，一再強調「朕諸子將有天下國家之責」，要「因其材力，各俾造就」。他不但廣搜天下圖書充斥宮廷，保證讓兒孫有讀不完的書，還徵召天下名儒進宮，輪流為太子和諸皇子講授學問。當時的著名學者宋濂，就在宮中教導太子十餘年，對太子的一舉一動，耳提面命。朱元璋還不斷向儒臣指示教育皇子的方法，要求他們自身必先成為皇子言行的楷模，同時應多教給皇子實際學問，少搬弄那些沒用的辭章。為了重點培養太子朱標，朱元璋煞費苦心，選來不少所謂端人正

明太祖朱元璋的教子原則，就是教子以酷。對這個要求，皇四子燕王朱棣可以做到，皇太子朱標做不到。

士作太子賓客，朝夕向太子灌輸「帝王之道，禮樂之教，往古成敗之跡，民間稼穡之事」，並有意讓朱標實習皇帝政務，學著批閱奏報，處理案情。但也可能越是這麼折騰，越會事與願違。朱標還沒等到接班，就累病而死。朱元璋為此很傷心，但沒有灰心，又把這番心血傾注到皇太孫朱允炆身上，如法炮製他那套教育程序，告誡皇太孫只有像爺爺自己似的，勤於政務，辦事果斷，才能保有天下。

朱元璋沒有想到，不僅他親自選定的繼承人，沒能保住皇位，連同他

翰林承旨宋濂

外和而神融內充而面腴承冠雖晉人之風氣象寶宋儒近歲夫其知言以窮天下之理養氣以任天下之事隱則如虎豹之在山出則類鳳鳳之瑞世役乎千載而有存立乎兩間而無愧此蓋古君子之所難照吾謂斯人之必至

朱元璋選用人品正直、學問淵博的儒學大師宋濂，來做太子朱標的老師。他儘管很欣賞宋濂，卻只因宋濂之孫牽扯進胡惟庸案，宋濂就也在處斬之列。朱標為恩師求情，長跪不起，朱元璋惡狠狠地說：「那得等你做了皇帝才行！」朱標竟然要投河自盡，以死抗爭，朱元璋不願與太子鬧翻，改為將宋濂流放茂州。這大概是他唯一一次對誰讓步，不由得痛斥朱標：「癡兒，我殺人與你有什麼關係？」

的教育思想，也未被後代繼承。明代歷時二百七十六年，除了宣德年間和正統前期，算是少有的清明時期，以後的皇帝一個不如一個，個個無賴兒郎，都荒唐得出格。

明弘治十八年夏天，淫雨不斷地敲打著紫禁城的琉璃瓦，嘀嘀嗒嗒的雨水聲和鉛灰色的天幕，弄得人心煩意亂。時人也許以為這是上天垂淚，在哀悼那位還算勤政的明孝宗駕崩，但也有人認為，這預兆著新君朱厚照不是好東西。果然，大約在朱厚照登極三個月後，朝臣們就發現新天子頑劣異常，整天與宦官劉瑾泡在一起，根本不理朝政。其實，這位正德皇帝從小腦瓜很靈，就是不愛讀書，也不做任何正經事。關於這一點，他的父親明孝宗看得很清楚，在遺詔中特意指出，朱厚照「好逸樂」，讓大臣「教之讀書，輔導成德」。但這可太強人所難了，孝宗在位時都無從管教，把朱厚照培養成一個符合傳統要

明武宗朱厚照當太子時，就荒淫無度，花樣百出，當上皇帝後，更是隨心所欲，晝夜離不開女人。他在西華門外修建的豹房，堪稱中國歷史上醉生夢死的著名淫窟。

明正德皇帝罪己詔，現藏故宮博物院，是明武宗朱厚照因乾清宮失火發出的一份自我檢討。然而，在《明武宗實錄》中，還有這樣的記載：「火勢熾盛時，上猶往豹房省視，回顧光焰燭天，戲謂左右曰：是好一棚大煙火也。」此人之全無心肝，可見一斑。

孝莊皇太后（1613～1688年），順治帝的母親，康熙帝的祖母。她非常疼愛自己的孫兒，玄燁從小就受到她認真嚴格的教育和培養，為日後統治國家打下良好的基礎。玄燁登極後，她更是盡心竭力地輔助孫兒，讓他在實踐中增長治國安邦的才幹。

求的儲君，臨終卻要求大臣完成這任務，豈不是有病亂投醫嗎。

明代最可憐的皇帝，當數崇禎帝朱由檢。不過，他到臨死也沒想通，「朕非亡國之君」，怎麼就把祖宗基業給斷送了呢？他顯然搞不明白，做不做亡國之君，並不完全由自己決定，不到亡國之時，做不了亡國之君，到了亡國之時，即使朱元璋再世，也挽不回來。不過，倘若朱元璋地下有知，聽到二百多年後朱由檢在太廟揮刀砍死公主，然後獨自跑到景山，在歪脖子樹上自縊前，那死不瞑目的哭聲，想想自己曾費盡心機設置的萬世之法，最該肝腸寸斷的人，應該是他。

古典戲文中，表現崇禎帝自縊前砍殺公主的絕望場面。

康熙朝皇太子胤礽畫像

悉心培養的結果。孝莊天性聰慧，也很愛學習，對滿、蒙、漢文化都有相當程度的瞭解，同時又有在皇太極、福臨兩朝三十餘年的輔政經驗，所以無論安排孫兒的學習，還是指導孫兒處理政務，都得心應手，游刃有餘。此外，由於她性格一向深沉、堅韌、果斷、敏銳，心胸開闊，待人比較寬厚，這對玄燁性格氣質的養成，也產生潛移默化的影響。孝莊的晚年是幸

清代的皇子教育，為歷朝歷代所不及，相對來說做得比較好。若就形成制度而言，是從康熙時期，才正式開始。在這之前，無論是努爾哈赤，還是皇太極，主要精力都放在開國爭天下上，兒孫們年歲稍長，便賦予兵權，讓他們把協助父祖謀取帝業，作為鍛鍊本領的最佳途徑。順治帝福臨，以沖齡登臨大位，去世時才二十三歲，加上當時全國正處於戰爭環境，也抽不出精力，去關注皇子的教育。

玄燁能當上康熙皇帝，成為一代名君，完全是順治帝母親孝莊皇太后

康熙朝皇八子胤禩畫像

福的，愛孫在她的精心培養下已成長
起來，表現出非凡的治國才能，清朝
在各方面都呈現出欣欣向榮的景象。
同樣令孝莊欣慰的，是愛孫玄燁對自
己無微不至的孝敬。長年生活在清宮
的法國傳教士白晉，在給法王路易
十四的信中寫道：「像（康熙）皇帝
那樣最出色、最典型的孝道，甚至在
中國歷史上是空前的。正因為唯有太
皇太后曾對他有養育之恩，所以皇帝

康熙朝皇十四子胤禵像

康熙朝皇九子胤禟畫像

對她在一切方面的體貼順從，也達到
了使人難以置信的程度。」確實，孝
莊精心培養起與孫兒的感情，精心設
計了她所滿意的祖孫關係，精心教誨
出中國傳統社會為數無幾的十分出色
的皇帝，這是新興的滿洲貴族入主中
原後，正處於蓬勃向上時期，才能出
現的現象。如果將其同清末那位慈禧
太后，與親子同治帝載淳、親甥光緒
帝載湉的關係作一比較，就更能顯出
孝莊的可貴。

　　康熙帝多子，他從十四歲至
六十五歲長達五十二年期間，共生育
皇子三十五人，公主二十餘個。前面

康熙朝皇四子胤禎讀書像，看上去文質彬彬。

育宗旨。他指出：「漢人學問勝滿洲百倍，朕未嘗不知，但恐皇太子耽於漢習⋯⋯即為漢人，此豈為國家計久遠哉？」保持本民族文化的獨立性，也就是保持滿洲文化傳統而不入漢俗，是自努爾哈赤建立大清基業以來，歷代清帝力行之事，只是由於康熙帝處於滿漢文化從衝撞轉向交融的過渡時期，他的上述憂思，才具有這一歷史階段所賦予的特色。那時，因為入關日久，部分宗室貴族子弟身上，沾染上漢族公子哥兒習氣。康熙帝深感不安，認為是不祥之兆。其後的歷史，也果然證明，滿語騎射被滿洲貴族日漸遺棄的過程，與這一群體逐步喪失進取精神、漸趨奢靡腐朽同步，而當「滿洲舊風」在他們身上已

說過，康熙帝乃是清代皇子教育的開創者與奠基人，在他的苦心培養下，康熙朝皇子的整體素質，確實居清朝歷代之首。而且，人們後來發現，康熙帝的教子方針與諸皇子的受教情況，對於這些天潢貴冑其後在政治舞臺上的所作所為，具有莫大關聯。

當年，從鞏固滿族統治地位、鞏固清朝統治的長遠目標出發，康熙帝在對諸皇子的施教中，首先確立以滿文化為本、漢文化為用的教

胤禎於康熙年間所刻印章，「胤」是康熙帝諸子的排行，「禎」字在《說文解字》中意為「以真受福」，康熙帝為皇子賜名都取「示」旁，寄予願他們有福的期望。

康熙帝每逢國家有重大事件，或用兵勝利，都要率皇子前往關外興京、盛京等祖宗發祥之地遊歷，是為了使皇子們更深切地感受到先人創業的艱辛。

無蹤跡可循時，清朝滅亡之日為期不遠了。所以，為了使皇子們能夠繼承滿洲文化傳統，康熙帝曾在各種場合，通過具體事例，不厭其煩地向兒孫講述滿洲「舊典」，所言涉及滿族服食器用、住宅式樣、生活習俗、舉止言談等各個方面，並親自督教，以身作則。應當說，康熙帝諸子較好地繼承了滿族遺風，騎射技藝無不出色，滿語文水平在清朝入關後歷代皇子中，遙居總體第一。

在保持滿洲文化傳統的同時，如何將皇子培養成滿漢文化兼備，既熟知四書五經，又精通清語騎射，能文

清太宗皇太極這把御用座椅，扶手及靠背圍緣依所獵鹿角製成。乾隆帝東巡盛京，曾瞻仰了這把座椅，並在椅背正中題詩，告誡子孫不可荒怠騎射。

康熙帝御用鞬韃，韃是行圍狩獵時盛箭的皮套，鞬是盛弓的皮套，俗稱「撒袋」。

這兩支雙筒火槍，是清宮造辦處專為康熙帝狩獵造的。

能武的棟樑之材，是康熙帝始終貫徹的培養目標。由於自幼就發憤研讀儒家典籍，康熙帝的大多數皇子，具有較高的漢文化造詣，能文能詩。其中，不少人還工於書法繪畫，皇太子胤礽的書法頗為出色，皇三子胤祉、皇四子胤禛、皇七子胤佑、皇十三子胤祥、皇十四子胤禵等人，字也寫得甚好。每年的木蘭秋獮，是康熙帝訓練諸子弓馬技藝，並培養其統兵才能的機會。即使在他晚年體衰多病時，仍堅持木蘭秋獮，親自率領兒孫前往熱河。一次長途圍獵結束後，他從塞外給值守京城的步軍統領隆科多寫

信，朱批中說：「因去年所患足疾，朕艱於行走，在崎嶇之地，朕親眼看視，教導朕之子孫，令其行圍，因小兒們皆善步行，各自多有獵獲。」康熙帝諸子中，後來能夠出現十四子胤禵這樣率師西征，打敗準噶爾軍，收復新疆的帥才，絕非偶然。

　　為使皇太子以後承擔起治國統民重任，諸皇子全部成為佐理之材，康熙帝還極重視讓他們參與政務，在從政實踐中鍛鍊提高，增長才幹。康熙四十七年初廢太子事件發生後，康熙帝痛心地回憶道：「朕無日不向皇太

該圖描繪了康熙帝木蘭秋獮時行圍的場面，頗像一場大規模的軍事演習。

子胤礽言治理天下，愛育黎庶，維繫
人心之事。」「屢次南巡江浙，西巡
秦省，皆命胤礽隨行。」這就說得很
清楚，他這樣做的目的，就是要使自
幼長在深宮的皇太子，「諳習地方風
俗，民間疾苦」。康熙帝三次勞師親
征準噶爾，一直由太子在京師代理政
務，足見對皇儲多麼信任。而為了使
諸皇子能親身經歷戰事，康熙帝第一
次親征時，還將六位較年長的皇子，
安排在出征的八旗各大營中。

　　如果說太子監國尚為歷代王朝常
有之事，那麼在已立東宮的情況下，

史上不知何人所繪，康熙帝率眾皇子出征圖。

康熙帝讓諸皇子共同參與國政、綜理
京城軍政要務，則為實行嫡長子皇位
繼承制的漢族王朝所未有。康熙朝後
期，每年去熱河避暑，舉行木蘭秋獮
期間，必要選定部分年長皇子留守京
城，並分為數組，輪流在紫禁城及暢
春園內外值班，辦理康熙帝交付的緊
急重大事務，或以密摺方式，向父皇
報告京師情況，處理外藩及藩國進貢
事宜等。而在漢族王朝中，為避免皇
太子與眾皇子的矛盾，皇帝一般不委
派普通皇子承辦政務，即使有這種情
況，也僅限於個別皇子，次數也很
少。康熙帝的做法，則與此迥異，凡
有重要之事，他往往首先與年長皇子
商量，交付他們辦理，或參與辦理。
尤其是當他不在京城時，皇子們綜理
政務，掌握全局，其實際職權常在內
閣宰輔、部院大臣及督撫大吏之上。

頗之處。譬如，他的等級意識強烈，充滿自我優越感，認爲自己教子的水準最高，滿漢諸臣莫能企及。在這種思想指導下，往往不能對皇子有全面客觀的認識，對其缺點也加以庇護，或諉過於他人。如因某位小皇子怠於

乾隆帝曾在乾隆十七年（1752年）和二十四年（1759年）兩次頒發上諭，要求諸皇子和八旗王公大臣，務必精於騎射，嫺熟滿語。後將諭旨刻碑數通，分別立在宮內箭亭，西苑紫光閣，八旗教場等地，以示訓誡。

所以，無論太子教育，還是皇子教育，康熙帝的重視程度，以及他所花費的心血，在中國歷代帝王中是僅見的。這可能是由於這個緣故，玄燁年方八歲，皇父順治帝就去世了，十歲時生母孝康皇后辭世，他對自己未能親承父母教誨，一生深以爲憾，這也許就是康熙帝倍加關心、疼愛皇儲及諸皇子的重要原因。以至後人會想，他是否故意在將自己對兒子們所做的一切，視爲對其個人幼年不幸的補償。

康熙帝的教育思想，當然也有偏

《味餘書室全集》，收錄的是嘉慶帝做皇子時的詩文，是他學習的感受和心得。

《味餘書室全集》原序，嘉慶帝追述自己六歲開始在味餘書室讀書，十三歲開始學詩，十七歲開始作文，無論寒暑，從未間斷。

學習，康熙帝竟杖笞皇子之師——滿洲正白旗大臣徐元夢，即是典型例子。而且客觀地講，康熙帝似乎在具體知識與技能的傳授和培養上，教子十分成功，卻相對忽視了對諸子的品行教育。故而，他將皇太子和諸皇子培養成文武兼備之才的同時，也在親手埋下皇儲矛盾與儲位之爭的導火線，使之成為康熙後期妨礙皇權集中的最大掣肘力。從這一角度看，康熙帝又是一位教子的失敗者。

從雍正帝開始，限制皇子從政，康熙帝所實行的注重實踐的教育宗旨，反被視為教訓。雍正帝也嚴格教育皇子，這在漢文造詣甚高、武功騎射更相當出色的弘曆身上，可以得到

證實。但可供雍正帝選擇的儲嗣人選，範圍較小，如果將他素不喜歡的弘時與尚在幼齡的福惠除外，就只剩下弘曆與弘晝兩人。自視甚高的雍正帝，總認為諸皇子資質平平，「乏卓越之才」，其中也包括弘曆在內。他雖然傳位給弘曆，心裡並不踏實。這說明，古代一些雄才大略之君，因其本人表現過於傑出，往往感到子不如父，對於子嗣的治國才幹估計偏低。這種情況，在清朝更為突出，努爾哈赤如此，康熙帝如此，雍正帝也如此。事實上，上述一汗二帝的繼承人，即皇太極與雍正帝和乾隆帝登基後的治績，同大多數帝王相比，毫

這是嘉慶帝做皇子時的作業，其中的紅字是師傅批改的痕跡。皇子作業，既作文，又吟詩，既書事，又言志，以表達對國事和人生的感受。

不遜色，在某些方面還超過先皇，青出於藍而勝於藍。雍正帝等人的這種擔心和顧慮，實在沒有必要。

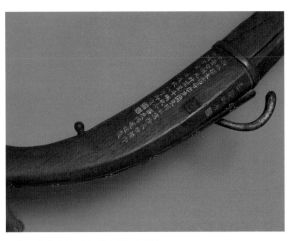

此槍是嘉慶帝用於木蘭秋獮的御用槍

清朝從雍正、乾隆、嘉慶到道光，幾代皇帝都是在長大成人、具有較為豐富的學識和閱歷後，才登基稱帝。雍正帝胤禛繼位後，總結中國歷代立儲的經驗教訓，特別是乃父康熙帝明立皇太子失敗的教訓，發明了一個既預立儲君、又不公布其名字的祕密建儲方法，認為只有這樣做，才能選拔出真正賢能的繼承人。為此，雍正元年正月，雍正帝首先在宮內設立上書房，將皇子皇孫集中起來，把他們置於可以同等競爭的受教育環境，清代上書房制度，從此誕生。以後乾嘉道咸各朝，皇子皇孫年滿六歲，都要入上書房學習。

上書房位於乾清宮左南廡，五楹，西北向，後在西苑和圓明園兩處，也設有上書房。這樣，皇帝駐蹕在哪裡，在哪裡聽政，皇子皇孫就在哪裡讀書，正所謂「近在禁御，以便上稽察也」。上書房入學人員的規模不定，皇子皇孫，甚至包括從康熙帝算起的遠支宗室，年及六齡，皆可入上書房讀書，成年受封後，再離開這裡。乾隆朝上書房的規模最大，皇子皇孫及諸親王世子，同

嘉慶帝常以「知不足」自勉，自當皇子到登極以後，始終如此。他還將「知不足」三字製璽，時常鈐蓋於書卷之上，以警示自己。

讀於上書房者，一時達二十幾人。

上書房有一套完整的教育體制，設有負責統管教育的總師傅若干名，簡選滿漢大學士數人充任，下設專門授課的漢文師傅、滿洲師傅及蒙古師傅，漢文師傅選翰林中文學、品行兼優者充任，滿洲師傅選八旗刀劍弓馬

道光帝精通中國古典文學，《養正書屋詩文全集》輯錄他作皇子時所作詩文四十卷。詩文題材廣泛，內容豐富，語言樸實無華，自然清新。

滿語嫻熟者充任，蒙古師傅選蒙古進士出身、蒙語嫻熟者充任。總師傅每月到書房兩三次，隨時稽查功課，向授課師傅瞭解教學情況。每天，經常與皇子授讀在一起的人，是授課師傅。授課師傅中，又以漢文師傅的地位最高，授課最重要。因為，上書房教育的首要目的，是要從就讀的皇子中選拔統攝全國的君主，而「帝王修身治人之道，盡備於六經」，帝王治國的經驗，全在漢文典籍中。漢文師傅，最初品位也許不高，然而一旦所授業的皇子能繼承大統，便可飛黃騰達。如蔡世遠、朱珪、汪廷珍、杜受田四人，分別為乾隆、嘉慶、道光、咸豐四帝的漢文師傅，個個都官至尚書大學士，或協辦大學士，死後賜文諡。每位皇子的漢文師傅不止一人，

旻寧《嘉慶帝御製甄別賢愚以澄吏治諭》，是嘉慶十八年（1813年）皇子旻寧奉敕書寫嘉慶帝上諭，傾注了嘉慶帝當時對嗣君旻寧寄予的厚望。

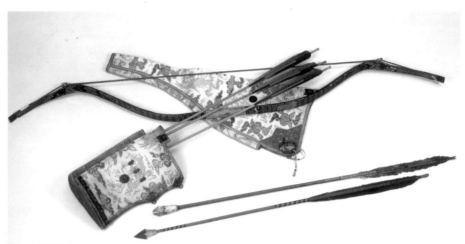

乾隆帝御用弓箭

乾隆帝御用奇準神槍及彈丸

如道光帝的漢文師傅，除汪廷珍外，還有萬承風、秦承業等，關係密切者得益尤多。

歷朝清帝對上書房教育，可謂關切備至，經常到書房來親試詩文，觀測騎射，優者獎勵，劣者訓斥處罰。對皇子們的上課出勤情況，也抓得很嚴格。乾隆三十五年某日，皇四子永城因去祀神，未入上書房，就遭到乾隆帝申斥。在皇帝的督察下，皇子們也都能刻苦學習。乾隆時期，夜間在軍機處值班的大臣趙翼，目睹皇子每天入上書房時的情景，頗有感觸地說：「本朝家法之嚴，即皇子讀書一事，已迥絕千古。余內值時，屆早班之期，率以五更入，時部院百官未有至者……黑暗中殘睡未醒，時復倚柱假寐，然已隱隱望見有白紗燈一點入隆宗門，則皇子進書房也。吾輩窮措大專恃讀書為衣食者，尚不能早起，而天家金玉之體，乃日日如是。既入書房，作詩文，每日皆有課程，未

道光帝旻寧，從小在上書房接受嚴格教育，文武雙全，遇變不驚。嘉慶十八年（1813年）「癸酉之變」時，正在上書房讀書的旻寧跳上殿頂，射殺數名天理教徒。此舉堅定了嘉慶帝傳位於他的決心。該書記載了上述情況。

刻畢，則又有滿洲師傅教國書、習國語騎射等事，薄暮始休。然則文學安得不深，武事安得不嫻熟！」這些描述，雖有為皇家歌功頌德之嫌，從中也可看出皇子在上書房讀書的制度，確實是非常嚴格的。

由於嚴格教育皇子是清皇室的祖宗家法，所以清代的皇子，包括從中挑選的嗣皇帝，不同於一般宗室王公子弟，在清語騎射、漢文化等方面全面發展。這也即為何清代前期的帝王，多為文武全才，如康熙帝和乾隆帝，不但在行圍和校射場合有出色表現，還可以親自督率八旗演練，在學習漢文史經學方面，也有卓越成績。雍正、乾隆、嘉慶、道光諸帝，做皇子時就有不少詩文創作，有的刊刻成集，登基後「萬幾之暇」，仍未忘「以丹鉛從事」，雅興不減。清代帝王喜繪畫工書法者，不乏其人，這從故宮博物院收藏的大量書畫珍品中，即可看出。帝王的主要精力，當然要用在理政上，但他們對文化的酷愛，則可以對

從順治帝所繪《墨筆山水圖》，可見福臨愛好書畫的興趣和較高的藝術造詣。這對有清一代皇族成員書畫藝術的興盛，有深遠影響。

胤禧《山水圖》冊頁之一。胤禧為康熙帝第三十一子，年齡與乾隆帝相仿，封慎郡王，工詩善畫，筆致清逸。

書——《四庫全書》。清朝官方文化事業的顯著發展，與清帝酷愛漢族文化，熱心文化事業，顯然不無關係。而這種愛好和興趣的養成，又是皇室的嚴格教育，來自漢族文化的熏陶，以及那些名臣碩儒教習影響的結果。

　　無論是舊史家，還是現代史學研究者，在評論康熙、雍正、乾隆、嘉慶、道光諸帝時，都指出他們的勤政作風。如果再用精明強幹四個字，來形容康熙、雍正和乾隆，也不為過譽。清代連續幾位帝王，能夠保持勤政幹練的特色，在中國並不多見，這也與他們的皇家教育有關。尤其是若與明代皇子教育相比，更能說明問題。這很重要，在專制時代，帝王的行為素質如何，是朝政好壞的關鍵，皇帝若勤於政務，精明強幹，則有利於治世的形成，而且能夠防止奸佞擅政，宦官竊權。在這方面，明清兩代恰成鮮明對照。明代的孝宗，曾大力革除憲宗寵信宦官帶來的弊端，勵精圖治，出現過所謂「弘治中興」，然而這局面，很快隨著孝宗死去消失。此後的明朝皇帝，荒政昏庸者居多。特別是明武宗、明熹宗之流，自幼與宦官宮女為伍，長於阿保之手，好逸

全國的文化事業產生影響。康熙年間《古今圖書集成》、《淵鑑類函》、《全唐詩》等十幾種大型類書的問世，多是在康熙帝的提議或主持下編成的。乾隆帝事事效法康熙帝，在這方面也繼承了乃祖的傳統，組織人力編成囊括中國當時各種著述的巨型叢

咸豐帝做皇子時畫作。奕訢做皇帝不行，繪畫書法還行。

惡勞，不學無術，登極後連寥寥數字的朱批，都懶得動手，一概委任宦官辦理，難怪會發生宦官亂政的局面。而清朝自康熙中期以後，出現了長達一個世紀之久的康雍乾盛世，箇中原因很多，不能說與這幾位帝王的勤求治理無關。

以往，中國少數民族，歷來被漢族統治者視為落後的蠻夷，加以蔑視。可你看，作為滿族成員的愛新覺羅家族，卻湧現出好幾位相當了不起的治世君，個個堪與秦皇漢武唐宗宋祖媲美，這還不夠讓人深思？當然，這只是一種歷史的縱向比較，清帝所具備的個人素質，在當時的世界文化中，已經屬於落後的東西，如果說清朝皇室教育對舊有體制還有一定效用的話，對正在發生急劇變化的世界形勢，則已經完全不能適應。今天，我們之所以回顧愛新覺羅皇族重視教育的往事，無非想說明這樣一點——落後者只要善於學習，奮發振作，積極進取，就一定可以有所作為，跨入先進行列，甚至超乎其上。一個家族可以做到這點，一個民族也能做到。

清代皇子上書房匾額

嘉慶帝顒琰為乾隆帝第十五子，母親為皇貴妃魏佳氏，因行事循規蹈距，性格沉默持重，是諸皇子中比較符合乾隆帝心意的一位，故禪位於他。

道光帝曾為奕詝和奕訢由誰來繼承大統，絞盡腦汁。一天，他率諸皇子南苑校獵，奕訢弓馬嫻熟射獲甚豐，奕詝竟一無所獲，道光帝痛責之。奕詝靈機一動，對父皇說：「時方春和，鳥獸孕育，不忍傷生命，以干天和。」飽受儒家仁孝思想薰陶的道光帝聽後，喜出望外，決定傳位給能力平庸的奕詝。

親賢愛民璽，雍正帝登極後自箴之作。雍正帝即位之初，還在養心殿西暖閣寫下一付對聯——「惟以一人治天下，不以天下奉一人。」此璽此聯，皆表明胤禎這位中國歷史上最為勤政的皇帝，在做皇子時，就已懷有相當清醒的政治抱負。

乾隆帝更喜歡木蘭秋獮，幾乎年年舉辦。這是乾隆十四年（1749年）弘曆率皇子圍獵結束返回營地後，正等待將士們扒鹿皮煮鹿肉，享受戰利品。

乾隆帝第十一子永瑆（1752～1823年），於嘉慶四年（1799年）在軍機處行走，自此開創親王領軍機的先例。永瑆恢復了被和珅破壞的軍機處與密折奏陳制度，是嘉慶帝懲治和珅所依靠的皇族成員之一。這是他書寫的《詞林典故序》軸。

第七章

六宮粉黛

中國自秦漢時期確立皇帝制度後，六宮粉黛也成為體現皇帝特權的重要內容。據最早記錄這個問題的《禮記·昏義》記載，「天子後立六宮、三夫人，九嬪妃、二十七世婦、八十一御妻」，加起來可擁有合法妻妾百餘人，這還不包括隨時被其看中、可以即興占有的宮內及民間其他女性。到了明清兩代，皇帝妻室的構成是：明代有皇后、皇貴妃、貴妃、妃、嬪、才人、婕妤、昭儀、美人、昭容、選侍、淑女十二等，清代有皇后、皇貴妃、貴妃、妃、嬪、貴人、常在、答應八等。至於服務於她們的宮女，本質上也是屬於皇帝的女人，就更多了，明代有宮女九千人，清代康熙帝為節約從簡，削減宮內服役人數，仍有宮女四五百人。

六宮粉黛

——富貴已極終無意趣

　　自秦漢時期確立皇帝制度後，六宮粉黛也成爲體現皇帝特權的重要內容。據最早記錄這個問題的《禮記・昏義》記載，「天子後立六宮、三夫人，九嬪妃、二十七世婦、八十一御妻」，加起來可擁有合法妻妾百餘人，這還不包括隨時被其看中、可以即興占有的宮內及民間其他女性。到了明清兩代，皇帝妻室的構成是：明代有皇后、皇貴妃、貴妃、妃、嬪、

才人、婕妤、昭儀、美人、昭容、選侍、淑女十二等，清代有皇后、皇貴妃、貴妃、妃、嬪、貴人、常在、答應八等。至於服務於她們的宮女，本質上也是屬於皇帝的女人，就更多了，明代有宮女九千人，清代康熙帝爲節約從簡，削減宮內服役人數，仍有宮女四五百人。

這些成百上千的女性一入深宮，猶如身陷囹圄，失去了家庭生活的歡樂，也失去了愛情婚姻的自由。明憲宗的妃子邵氏，嘉靖帝時進尊爲太后，連這樣的人都說「女子入宮，無生人樂，飲食起居皆不得自如，如幽繫然」，可見宮內是個什麼地方。《紅樓夢》中，有一回描寫賈元春回大觀園省親，當時元春已得皇帝寵幸，封爲貴妃，但在見到賈母等家人以後，仍情不自禁地流著眼淚，訴說了心底的哀怨：「當日既送我到那不得見人的去處，好容易今日回家……一會兒我去了，又不知多早晚才能一見。」「田舍之家，薤鹽布帛，得遂天倫之樂，今雖富貴，骨肉分離，終無意趣。」正是那些雖然身爲后妃、卻並不感到幸福的女性的痛苦心聲。

問題是，當時后妃回娘家探親的

乾隆帝不僅命畫師創作了大量表現他日常生活的作品，還讓他們以生動的筆墨表現其內廷女眷的生活情節。該圖是乾隆帝的一位寵妃，在夏季清晨正對鏡梳妝。

事，真得發生過嗎？如果發生過，那倒多少還有點人情味兒。據清代《宮規》記載，在清宮內，讓太監宮女代表后妃去她們娘家探慰問安，是正常的事，后妃父母經特許進宮看望做了后妃的女兒，已是非常之幸，至於像賈元春那樣蒙皇恩回娘家省親，則是不可能發生的事，只能出現在曹雪芹的小說中。這是由於，后妃回娘家省親，是與等級秩序和倫理道德相違悖的。一方面后妃身爲人女，對父母長輩的拜慰乃人之常情，另一方面因爲她們通過婚姻關係與皇帝聯繫起來，成爲皇帝的妻妾，故除了皇帝之外，已不准再跪拜任何人，包括她們的父

明朝宮女選秀，內監和穩婆是第一評審。這是當時宮內的四位穩婆，不知在商量什麼。

母。為此，清代帝王選擇了這個被認為是最完美的解決途徑——特許后妃父母入宮探望女兒。而且，清代明確規定，八旗女子在應選秀女前，不能自行婚配，也不能對任何長輩或他人行跪拜大禮，否則很難保證她們之中日後有誰不會貴為嬪妃，乃至成為「母儀天下」的皇后。這一規定，與后妃的父母在特許情況下可入宮探親，二者前後呼應，相輔相成。所以，成為后妃的女子，將終生被禁錮在皇宮的高牆之內，不得隨意離開這個小小的天地，除非陪同皇帝巡狩，或日後到封了王位的兒子的府上。

自古以來，后妃宮女的主要來源是宮廷選美。對此，歷代皇帝都非常重視，當成朝廷的大事來辦。明太祖朱元璋說過：「天子及親王后妃宮嬪等，必慎選良家女子而聘焉。」關於明朝如何充實後宮去採選良家女子，未見史書記載。清人紀曉嵐在《明懿安皇后外傳》中，不知他有何依據，

煞有介事地記載了相關過程。他說，明代採選良家女子入宮，有一套嚴格的標準。例如天啟元年，明熹宗將舉行大婚，下詔廣選普天之下十三至十六歲的淑女，全國各地入選淑女約五千人，於正月在京城集中。第一天，皇帝派出太監分批初選，每批一百人，按年齡排列，太監從旁巡視，所有稍高、稍矮、稍胖、稍瘦者一律剔出，算是初試即遭淘汰，被淘汰者約一千人。第二天，剩下的淑女重新分批排列，太監從旁一一審視諦聽，觀察其耳、目、口、鼻、髮、膚、項、肩、背、臀等處，一處不合品相者，即遭淘汰，然後讓淑女自誦籍貫、姓名、年齡，口音不好者，也一概剔出，被淘汰者約兩千人。第三天，太監手執量器，測量入選淑女的手足，量後讓其周行數十步，以見姿態風度，凡手腕稍短、腳趾稍長、舉止輕躁者，又被淘汰掉一千人。這樣，五千名初選的淑女，這時只剩一千人，可送入後宮。入宮後，年長宮娥將淑女分批引進密室，摸其雙乳，察其陰戶，嗅其雙腋，捫其臍眼，又要淘汰掉六七百人，只能有三四百人留下。這三四百名淑女安排

明熹宗天啟帝懿安皇后張氏，就是清代紀曉嵐撰寫《明懿安皇后外傳》的對象。

在宮中，熟悉一應禮節，前後約一個月，詳察她們的言語行動，評價每個人的剛柔愚智賢否，最後選出優秀者五十人。這五十人，便是后妃宮嬪的候選人了，其餘的人，則只配充當宮女。

清代皇帝后妃的來源，與明代有所不同，創立了具有滿洲特色的選秀女制度。清朝入關後，每三年在八旗內部選一次秀女，目的在於「或備內廷主位，或為皇子皇孫拴婚，或為親郡王之子指婚」。就是說，不僅皇帝

清末宮女當差之一

的后妃要從旗籍女子中挑選，被選中
的八旗秀女，還要配給皇帝的近支宗
室。挑選秀女的範圍，之所以僅限於
滿洲八旗所有年滿十三到十七歲的女
子，是爲了確保清朝統治集團血統的
純正，因爲他們唯恐人數不多的滿族
若與漢族通婚，有可能被漢人同化，
這是絕對不能允許的現象。被選中秀
女初得的封號，一般是答應、常在、
貴人，以後根據表現，可逐級晉封。
如果有幸直接被選作嬪妃，乃至皇
后，那情形就完全不同了，需要通過
舉行大婚禮儀，由大清門、午門入
宮，至坤寧宮完婚。不過，這種情況
只能發生在以沖齡踐阼的順治、康

熙、同治和光緒四朝皇帝，清代其他
皇帝都是成年繼位，只須冊立原來的
嫡福晉爲皇后，不用重新挑選皇后。

清代除了選秀女之外，還要選宮
女。宮女出身低微，是在內務府包衣
佐領以下人家的女兒中，每年引選一
次。她們在宮中的地位，也比秀女低
得多，主要是供皇太后、皇后、妃
嬪、貴人、常在、答應等各級內廷主
位役使，從事〕伺候人的事情。但也
有特殊情況，就是哪位宮女若被皇帝
看中，甚至被皇帝給「臨幸」了，也
可直接獲得內廷主位封號。如正白旗

清末宮女當差之二

清末宮內老年宮女合影

披甲人吉祿之女，被咸豐帝封爲鑫常在，正黃旗佐領松齡之女，先被咸豐帝封爲玫常在，後晉封爲玫嬪，同治帝即位後尊封玫妃，慈禧皇太后更加封她爲玫貴妃。

其實，能由秀女宮女身分一步步晉封爲嬪妃皇后者，在歷史上相當少見。原因在於，后妃的冊封不僅要看皇帝是否喜歡她，還要考慮出身門第等因素。所以，宮中的絕大多數女性，特別是宮女，只能長年在寂寞淒清中度日，每天有幹不完的差使，稍有不慎，就大禍臨身。明朝規定：「宮嬪以下有疾，醫者不得入，以證取藥。」宮嬪尚且如此，宮女有病就不必說了。清朝規定，宮女服役到二十五歲即可出宮，明朝連這項規定都沒有，許多宮女四五十歲了，還要在宮中奔波，死後則拉到西直門外焚化。正因爲真相是這樣，宮廷選美是

不得人心的事，一聽說宮廷要選美了，民間的童男童女，恨不能立刻都婚嫁殆盡。

在日本人寫的《華夷變態》一書中，記載著康熙二十七年和三十二年因清宮詔選秀女引起民間騷亂之事。該書彙集了日本德川幕府爲瞭解中國情況，派商人和船員打聽所在國消息，提交的各種書面報告，儘管裡面夾帶著不少似是而非的風聞傳言，但

先後服侍過慈禧、隆裕和端康的宮女張玉春，在宮內玩鞦韆。

155

也有些內容涉及到清朝社會的民情動向。書中說，北京頒旨到江蘇、浙江選十二、三歲的女子入宮，當地有女之家，不分貴賤，都大爲驚恐，害怕女兒一旦被選進宮，將永難相見，故未婚女子爭相聘嫁，數十天裡遠近騷動，直到得知朝廷是在點選秀女，只限滿洲官家之女，與漢官漢人無涉，地方才得以安定，但由於家家勿忙聘

咸豐帝總是頭重腳輕，眼冒金星，大概就是亂搞女人造成的。他宮裡有一大群年輕貌美的妃嬪，仍不感到滿足，還要和民間女子偷情。除了那位朱蓮芬外，他跟一位姓曹的寡婦也搞得不亦樂乎。據說，曹寡婦的小腳出奇得小、出奇得美、還出奇得香。

嫁，出現大量老夫少妻或門戶不當的後果，不少人追悔莫及。

有明一代，宮內陰氣之盛，可謂前所未有。明世宗嘉靖皇帝自稱不好女色，可是他的后妃之多，僅見諸史冊登錄封號者，就達到六十多個。嘉靖帝其實不僅貪戀女色，作踐嬪妃，對宮女也求之若渴。據說，宮女除了可以滿足他隨時發作的性慾要求外，還有別的用途。嘉靖帝迷信道術，聽道士說少女初次來潮的經血煉成仙丹，能使人長壽，便下旨選進數百名幼女和少女，專門用來幹這件事。嘉靖帝祈望自己永不衰老，又聽道士講常飲天庭玉露，將使精氣充沛，腸胃清潔，胸無積滯，就讓宮女每天凌晨守候在御花園裡，爲他採集草木上的露水。這件事天長日久，成爲後宮一大苦役，負責採集露水的宮女總是缺乏睡眠，相繼病倒，沒病倒的，也充滿怨怒。嘉靖帝因服食丹藥和甘露，變得日漸喜怒無常，動輒鞭笞宮女。宮女楊金英、邢翠蓮、楊玉香、陳菊花等人，終於不堪採露之苦，群起反抗，在嘉靖二十一年十月二十一日合夥動手，要將嘉靖帝勒死，惜未成功。這便是明史上有名的「壬寅宮變」。

更爲悲慘的是，皇帝死後，妃嬪
宮女還要殉葬，到陰間去繼續服侍皇
帝。殉葬這種野蠻習俗，盛行於殷周
時期，秦漢以後基本消失。明朝初
年，人殉在皇室中再次出現，太祖、
成祖、仁宗、宣宗、景帝五朝皇帝，
死後皆用妃嬪宮女殉葬。殉葬的方
式，或是逼她們上吊，或是讓她們絕
食而死。據《明史・后妃傳》記載，
明太祖的殉葬人數爲三十八人，明成
祖的殉葬人數爲十六人，明仁宗的殉
葬人數爲五人，明宣宗的殉葬人數爲
十人，景帝殉葬人數不詳。殉葬過程
極爲殘酷，這從與明朝有藩屬關係的
朝鮮李氏王朝撰寫的有關「實錄」
中，可以窺見何等淒慘。在明代，作

壬寅宮變發生在明嘉靖年間，是歷史上罕見的一次
宮女起義。

爲藩屬國的貢品之一，朝鮮要經常向
明廷進獻宮妃。這些朝鮮女子，在供
明朝皇帝玩弄過後，大都逃脫不了從
殉的厄運。爲明成祖
朱棣殉死的宮妃中，
就至少有兩位朝鮮女
性，一位是韓氏，身
分是宮女，另一位是
崔氏，封美人。當她
倆被迫殉死時，朱棣
的繼承人朱高熾來監
視從殉場面，韓氏女
苦苦哀求饒她一命，
回國侍奉老母，朱高

清末某次選秀女時，列隊待選的正黃旗秀女。

明孝陵中，發掘出大量為朱元璋殉葬的妃嬪宮女的骸骨。

明宣宗皇后胡氏，宣德初年冊封為皇后，因多病無子，「帝殊不喜」，太后對她也很厭惡。這時候，頗有姿色又工於心計的孫貴妃，見有機可乘，私下將一宮女之子奪為己子，進而鼓動宣宗立他為太子，這就是後來的明英宗，孫貴妃則因母以子貴，得以立為皇后。而為達此目的，宣宗曾連勸帶逼，讓胡氏主動上表辭皇后位，並虛偽地昭告天下，說什麼「朕念夫婦之義，拒之不從，陳之再三，乃從其志」，賜給了胡氏一個不

熾置若罔聞。清代愛新覺羅部族，在入主中原以前及入主中原以後的一段時期內，也廣泛流行人殉，後被康熙帝下詔廢止。

皇后負有統轄六宮母儀天下之責，在江山社稷中具顯赫地位，但即使是這樣的身分，也有其淒苦寂寞甚至悲慘的一面。明代一些皇后的不幸遭遇，就是證明。明代歷經十六帝，發生過四起皇后被廢之事，她們或因沒生皇子，或因與其他妃嬪爭寵，失去了皇帝的歡心，被打入冷宮。

明武宗朱厚照喜歡外出巡遊，先派太監吳經去四處搜尋美女，選中者肆行奪占，連貌美寡婦也不放過。

明世宗第二位皇后張皇后，祖籍山西徐溝，今山西清徐縣人。

倫不類的「靜慈仙師」稱號，令其退居長安宮。胡氏從此鬱鬱寡歡，加之身體本來孱弱，正統八年在冷寂失意中死去，僅喪以嬪禮。

　　景帝皇后汪氏，為人賢慧，曾叫官校掩埋常年暴露在野外的陣亡將士的骸骨，甚為天下人感念。但汪氏膝下只有兩個公主，沒有皇子，又因勸說景帝在確立太子時應遵循祖制，立即被景帝廢除，幽禁深宮。天順元年，景帝死去，要以妃嬪殉葬，汪氏被指定為從殉對象。大學士李賢看不下去，力言汪氏所生兩公主幼小，尚需母親撫養，才得以倖免。

　　明憲宗皇后吳氏，是個知書達理的才女，天順八年獲冊為后。無奈憲宗在東宮當太子時，就寵愛比他大十九歲的宮女萬氏，當上皇帝後封萬氏為貴妃。吳皇后對萬貴妃的專寵跋扈氣憤不過，找機會教訓了她一次。憲宗見皇后膽敢杖責寵妃，如同打在自己身上，勃然大怒，立即下詔說吳氏「舉動輕佻，禮度率略，德不稱位」，將她的皇后身分廢掉。此時，距吳氏被冊立為皇后僅一月有餘。吳氏的父親是官居都督同知的吳俊，也因女兒失寵下獄戍邊。繼立的王皇后

明光宗朱常洛是明代傳奇色彩最濃的皇帝，明宮三大疑案都與他有關。他在位僅二十九天，是明朝在位最短的皇帝，史稱「一月天子」。可憐他的生母王氏命運悲慘，見朱常洛長大了，還說自己可以放心去死了，九泉之下，不知當作何想。

順治帝這人很有意思，不僅與董鄂妃演繹過一段江山美人的淒美故事，還特別崇信佛教，自取法名「行癡」，發出「吾本西方一衲子，為何落入帝王家」的喟歎。這是他御筆親書的「敬佛」碑拓片。因此，如果拍清宮戲，應當拍一下順治帝與孝莊太后、多爾袞、董鄂妃、孝惠章皇后、玄燁等人之間的複雜關係。

性情恬淡，沒有架子，不和萬貴妃爭寵，才得以保住后位，但終生難得與憲宗相聚，一個人在空虛中苦熬光陰。

明世宗皇后張氏，為世宗的第二任皇后。世宗的第一位皇后陳氏，因世宗寵愛其他妃子心生醋意，當場摔了茶盅，引得世宗大發脾氣，陳氏受到驚嚇，腹中胎兒流產，並因此殞命。世宗冊立張氏繼任皇后，沒過幾年就廢了她，沒有找任何理由。張皇后在被廢的第二年，鬱悶而死。

皇后除和妃嬪們爭寵失意外，有時還要受到宦官和皇帝乳母的欺凌摧殘。明代宦官權勢煊赫，到魏忠賢時更達到登峰造極的地步。魏忠賢和熹宗乳母客氏相互勾結，淫亂不堪。客氏名為明熹宗乳母，其實這個淫蕩的

女人，從小就設法勾引了還是孩子的熹宗，並一直與熹宗保持著骯髒關係。熹宗冊立的皇后也姓張，多次在熹宗面前言及客氏和魏忠賢的罪狀。客魏遂對張皇后恨之入骨，使得本來

順治帝在廢過一次皇后（靜妃）後，冊立博爾濟吉特氏為皇后，史稱孝惠章皇后。順治十四年（1657年）十月，順治帝欲將董鄂妃新生兒立為太子，孝惠章皇后心存不滿，順治帝便以她有違孝道為由，欲將其廢除，只是因為孝莊皇太后極力勸阻，才未廢成。

董鄂妃死後，喪禮極為隆重，多有逾制之處，如破例追封她為「孝獻莊和至德宣仁溫惠端敬皇后」，以太監和宮女三十餘人殉葬。

就沒主見的明熹宗，差點廢掉張皇后。天啓三年，張皇后有孕，客魏怕生下太子對他們不利，把張皇后身邊的宮女和太監全部撤掉，換上自己的心腹，終於設法使張皇后流產，弄得熹宗死後竟無子嗣。

此外，明代幾個皇帝生母的處境，也十分淒涼。她們在世時歷盡艱辛，備受折磨，沒有獲得皇后的封號，死後在她們兒子當皇帝時，才得封太后。明孝宗生母紀氏，是成化年間明軍攻討廣西時擄到宮中的美女，負責看管宮內藏書。憲宗一日偶來看書，紀氏應對得當，憲宗悅而幸之，並使之懷孕。萬貴妃知道此事大怒，令宮女前去將胎兒墜掉。幸好派去的宮女還有良知，回來謊報紀氏肚裡長的是個腫塊，不是懷孕。萬貴妃仍不解恨，唆使憲宗將紀氏謫居安樂堂。紀氏數月後生下皇子，便是後來的孝宗，但怕給外人知曉，叫太監張敏抱走溺死。張敏不敢這樣做，將孩子藏於密處撫養。六年過後，憲宗才知道

順治帝寵妃董鄂妃居住過的承乾宮。史載董鄂妃天資敏慧，性情溫婉，頗具母儀之範，順治帝不顧祖制，很想將其立為皇后。

康熙帝大婚時，將坤寧宮東暖閣作為洞房，四周懸燈結綵，金色的雙喜字貼在門上，與立著的大紅地金色「囍」字木影壁相呼應，取「開門見喜」之意。

這件事，將孩子召來立為太子。可此後不久，紀氏便暴亡，據說又是萬貴妃下的鴆毒。

在明朝後宮內，別看已有那麼多后妃，宮女作為皇帝洩欲玩偶的現象，屢見不鮮。明神宗於萬曆六年大婚後，眾后妃一直沒給他生兒育女，一次神宗去慈寧宮向太后請安，見服侍太后的宮女王氏美麗，便讓王氏懷了孕。但神宗有意隱瞞此事，王氏眼見自己肚子一天天大起來，萬般無奈，只好稟告太后。太后去問神宗，神宗矢口否認。太后勸他說：「我現在年紀已老，還沒見到孫子。如果王氏生個男孩，豈不是宗社之福？母以

玄燁於康熙四年（1665年）舉行大婚，立輔政大臣索尼的孫女赫舍里氏（1653～1674年）為皇后。二人感情深篤，格外恩愛，生下兩位皇子，長子承祐四歲早夭，次子胤礽立為太子。

當她後來快要病死的時候，二十九歲的太子朱常洛，才獲得神宗恩准，前去探望生母。王氏雙目失明，聽說兒子來了，摸著朱常洛的手說：「你長這麼高啦，我可以放心去死了。」

皇權下的后妃制度，帝王在婚媾上朝秦暮楚的本性，使得妃嬪宮女的心靈受到嚴重扭曲，出現了種種病態的要求。明代，有的宮女在皇帝對自

雍正帝生母烏雅氏（1660～1823年），滿洲正黃旗人，原為康熙帝德妃，於康熙十七年（1678年）生皇四子胤禛，康熙二十七年（1688年）生皇十四子胤禵。死後累加諡號，最終全稱「孝恭宣惠溫肅定裕慈純欽穆贊天承聖仁皇后」。

子貴，你也不要因她身分低賤，就看不起她。」並命人把神宗的起居簿錄取來核對，弄得神宗無可狡辯，只得承認。王氏懷孕期滿，果然生下一子，取名朱常洛。王氏卻從此被神宗冷落，長年禁閉在無人知曉的地方。

雍正帝登極後，冊封嫡福晉烏拉納喇氏為后。

清孝聖憲皇后，鈕鈷祿氏，乾隆帝弘曆生母。

附近，統稱太妃太嬪。為了防範歷史上曾經發生過的嗣皇帝與年輕太妃太嬪有淫亂行為，清廷除規定太妃太嬪需隨同皇太后居住外，還實行雙方迴避制度，太妃太嬪一直要等到年齡超過五十歲，才可以和嗣皇帝見面。

但清代后妃制度，一旦到了可以大權獨攬為所欲為的慈禧那裡，就沒有實際約束力了。葉赫那拉氏當年選秀入宮時，僅被封為一名普通的蘭貴

己終身無暇一顧的情況下，與別的宮女搞同性戀，來補償心理上的空虛和生理上的飢渴。有的宮女或妃嬪甚至不惜與太監鬼混，讓受到禁錮的身心得點安慰。

清代在后妃制度管理上，看來比明代要規範得多。由於清代皇帝多非皇后所生，所以每當嗣皇帝繼位後，便要尊生母為皇太后，這樣往往同時會有兩個皇太后。像同治帝載淳即位後，把父親咸豐帝原立皇后鈕祜祿氏，尊稱為「母后皇太后」，同時又封其生母懿貴妃慈禧為「聖母皇太后」。皇太后居住在紫禁城慈寧、壽康、寧壽諸宮，先皇的妃嬪也住在那

孝賢純皇后（1712-1748年），富察氏，察哈爾總管李榮保之女。雍正五年（1727年）與皇四子弘曆結婚，成為嫡福晉，弘曆即位後冊立為皇后。她克勤克儉，不忘滿洲習俗，深得乾隆帝敬重與愛戀。

人，派往圓明園桐蔭深處負責灑掃庭院，地位相當卑微。據說當時每臨夏季，咸豐帝常到圓明園清華閣去午睡，由皇帝的寢宮到清華閣，必經兩條路，一條是桐蔭深處，一條是秀山房。慈禧買通一位姓崔的總管太監，使皇帝多次經過桐蔭深處，她在那裡哼唱動聽的小曲兒，這才使咸豐帝注意到她。等慈禧權位鞏固後，特別是當她已能垂簾聽政之際，盛年寡居的寂寞生活，當然是難以忍受的，富貴優裕之下思淫慾，千方百計去尋歡作樂。宮禁深深，有關慈禧在宮中如何尋歡的情景，外人無從得知，野史傳聞中的故事，也不足為信。不過，至少她跟太監安得海之間的曖昧關係，讓人不免遐想。據說安得海長於媚術，以柔媚取悅於寡居的慈禧，慈禧對他寵愛無比，以至語無不納，歡情不遜夫妻。年輕的同治皇帝見生母如此放肆，十分惱火，恨得咬牙切齒，常去找養育他成長的母后皇太后鈕祜祿氏，訴說心中憂鬱。鈕祜祿氏對慈禧的作為也深表不滿，擔心長此下去，豈不就是武則天第二？自己將來撒手塵寰，也沒臉去見九泉之下的先帝，便抓住慈禧違背祖制派安得海赴

江浙辦事之際，建議同治帝密詔山東巡撫丁寶楨，在途中以招搖罪名，將安得海拿獲正法，當街暴屍三日。慈禧對此無可奈何，自咽苦果，卻從此定下謀害鈕祜祿氏的殺心，並在日後付諸實施。

《璿宮春靄圖》，描繪清道光帝孝全成皇后與皇子奕詝（咸豐帝）母子後宮生活的場景。

明萬曆朝孝端皇后鳳冠，北京故宮博物院藏。

清代貂皮嵌珠皇后朝冠，北京故宮博物院藏。

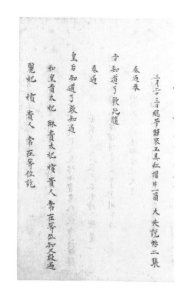

咸豐二年（1852年），依清代祖制選秀女，葉赫那拉氏（慈禧）以蘭貴人身份進入清宮，並得到咸豐帝寵幸，咸豐四年晉封為懿嬪。咸豐六年，她生下皇子載淳，其地位隨之上升。這是她生產載淳的遇喜檔，款署「咸豐六年三月二十三日立」。

康熙帝大婚時，將坤寧宮東暖閣作為洞房，四周懸燈結綵，金色的雙喜字貼在門上，與立著的大紅地金色「囍」字木影壁相呼應，取「開門見喜」之意。

諭 皇后嬪貴人常在等從前所降論旨尚有未備之處茲再明白飭諭遵行尋常所帶

鄉頭領邊不准有花邊還綠時只准戴兩支花若有戴三支花者即應懲辦手上所帶

鐲子不准用響鐲底只准一寸厚若有一寸五分者即應懲辦雖袍時亦

年節穿朝服蟒袍時亦以上新定之條限五日

內一律接齊前降之音及新定之條如有不遵

者新定之條如有不遵皇后則加倍罰銀或口分

自嬪以下則降位分一等女子從重治罪特遵者從重治罪特

咸豐帝本人奢靡無度，卻有感后妃服飾過於華麗，不合滿洲規矩，特對其佩飾穿戴作出具體規定，違者予以處罰。

《宮女談往錄》，記敘了一位隨侍慈禧達八年之久的宮女何榮兒，對往事的回憶。

慈禧太后與瑾妃（左一）、德齡（左二）、容齡（右三）、容齡之母（右二）、光緒皇后（右一）合影

第八章

太監制度

在中國偌大的紫禁城內，絕對的陰盛陽衰。放眼六宮粉黛，處處美女如雲，男性卻只有一人，就是皇帝。若有人問，明明還見到其他男性，怎麼說呢？只能說，那些人貌似男性，其實已非男性，不過是些經歷過閹割手術後專供皇家役使的奴僕，有人視他們為第三性。中國最後一個役使太監的封建王朝滅亡後，僅僅過去三十八年，中華人民共和國便宣告成立。許多晚清的太監，那時還活在人間，向社會講述了他們鮮為人知的往事。

清末宮內太監合影

太監制度
──賤似蟲蟻皇家心腹

　　在中國，偌大的紫禁城內，絕對的陰盛陽衰。放眼六宮粉黛，處處美女如雲，男性卻只有一人，就是皇帝。若有人問，明明還見到其他男性，怎麼說呢?只能說，那些人貌似男性，其實已非男性，不過是些經歷過閹割手術後專供皇家役使的奴僕，有人視他們爲第三性。

　　中國最後一個役使太監的封建王朝滅亡後，僅僅過去三十八年，中華人民共和國便宣告成立。許多晚清的太監，那時還活在人間，向社會講述了他們鮮爲人知的往事。

　　去當太監，首先得「淨身」。

這尊青銅鑄像，經國家權威機構鑒定，確認為明代三寶太監鄭和的遺像。

所謂淨身，即割掉男性生殖器。割掉男性生殖器，在歷史上本屬酷刑，被稱作「宮刑」或「腐刑」，是相當殘忍的事。看過《史記‧報任安書》這篇文章的人，都不會忘記，中國西漢時的偉大史學家司馬遷，就是這種刑罰的受難者。他曾這樣形容這件事給自己造成的痛苦和恥辱：「悲莫痛於傷心，行莫醜於辱先，詬莫大於宮刑」，「每念斯恥，汗未嘗不發背沾衣也」。那麼，淨身既然如此殘無人道，誰承受誰倒霉，為什麼還會有人淨身去當太監？他們又是怎樣淨身的呢？

據晚清太監馬德清回憶：「我父親是個賣膏藥的，母親也是窮人家的女兒。那年頭，窮人恨有錢的，可也羨慕有錢的。我父親就不願再賣膏藥了，總想找個什麼法子，自己也能變成有錢的。我姑母有個遠房姪兒叫李玉廷，原來家裡也很窮，可是自從他進宮當了太監，十幾年後家裡就發了，有了兩頃地，還拴了幾頭大騾子。我父親羨慕李家有辦法，想讓我也走這條路。走這條路的頭一步，就是淨身。記得是我九歲那年，有一天父親哄著我，把我摁在炕上，親自下手給我淨身。他又沒有麻藥，也沒有止血的東西，硬把要命的地方，從身上割下去，可把我疼壞了，不知暈死過多少回。動完手術，要在尿道里安一根管子，不然肉芽長死了，撒不出尿來，還得再動手術。我後來才聽懂這事的人講，手術後不能讓傷口很快結疤，要經過一百天，讓它慢慢很膿長

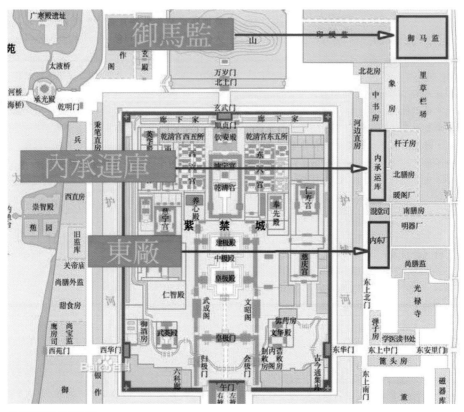

明代東廠位置示意圖

肉，這就得常換藥。說到換藥，就是換一換蘸著白蠟、香油和花椒粉的棉花團兒，每次換藥都疼得死去活來。四個月後，傷口長好了，父親就帶著我投親訪友，總算找了個門路，把我送進宮裡。」

另一位名叫任福田的太監說：「做父親的親自給兒子淨身，倒不多見，大多數人把子弟送到專門幹這營生的地方去。光緒二十幾年以前，在北京專門幹這種營生的，有南長街會計司胡同的畢五和地安門內方磚胡同的小刀劉，這兩家的家主都是清朝的七品官。他們一年四季，每季都要給宮裡的內務府送四十名太監，淨身的手續，全由他們兩家包了。他們積有多年的經驗，也有一套傢伙什兒，可挨整治的人，還是疼得死去活來的。因為，他們也沒有止疼止血的靈丹妙藥，動手術用的刀子，在火上燒一下，就算消毒。」

還有位太監池煥卿說：「除了被

生活所迫，送孩子進宮當太監外，太監的來路還有幾條：歹人拐騙別人家的小孩，圖的是一筆身價；專門幹淨身營生的人，誘騙苦寒人家，把當太監的好處說得天花亂墜，使一些人受騙上當，把孩子送上這條斷子絕孫路；也有人犯了重罪，用淨身當太監，來逃避刑罰。」

看來，邏輯是這樣：窮苦人想進宮當太監得些好處，皇家也確實需要使用太監。前面講到，皇宮是皇帝的家，這點毫無疑問，但這個貴不可及的第一家庭，常住人口並不多，結構上也有問題，除了皇帝本人，其他人除了作為皇帝妻妾的后妃，就是作為丫環的宮女，此外再沒別的男人。宮內天天需要大量繁重而又特殊的各類服務，那些服務不可能完全由女人承擔，而讓男性奴僕出入後宮，則可能造成淫亂。皇帝是誰？皇帝猜忌心比誰都重，絕不允許真正的男性在後宮執役，免得發生對自己不利的事情。所以，找些曾經是男性，卻已然沒有男性那種能力的太監，就成為在後宮行走最理想的人選。

其實，說到太監的存在，不僅可以防止後宮女子失去貞潔，對皇帝還有其他好處。在整個中國封建時代，雖說是「普天之下，莫非王土，率土之濱，莫非王臣」，全國臣民都該是皇帝的奴僕，但這只是在理論上成立，皇帝仍需要從現實出發，擁有某些真正意義上的家奴。請注意「家奴」這概念，從中國古代傳統道德上講，不但文武百官，就連皇帝身邊的女人，都不能算是嚴格意義上的家奴，因為他（她）們畢竟還可以多少保留點屬於自己的是非觀和利益觀。

明末司禮監太監王承恩，在崇禎帝最危難時刻伴其左右，直至登景山與崇禎帝對縊而亡。清順治二年（1645年），福臨特命於崇禎帝思陵旁為其建墓，立御製旌忠碑，並親撰碑文，以表彰他對君主的忠心，也欲使後世人臣效範。

順治帝鑒於明代宦官為禍,於順治十二年(1655年)六月二十八日特發上諭,嚴禁太監干預政事,違者立即凌遲處死,並令工部將此諭旨鑄成鐵牌,立於太監執役的十三衙門內。

有時候,這些人的是非觀和利益觀,甚至跟皇帝的意志相衝突。太監本來就出身卑賤,有人還不知從哪兒來的,入宮後更與家族和外界脫離了關係,只能以皇帝的是非為是非,以皇帝的利益為利益。況且,他們天天守候在皇帝身旁,抬頭不見低頭見,不僅可以把皇帝照顧得舒舒服服,也最會時時察言觀色,比任何人都更懂得

如何去揣摩皇帝的心思。這樣,久而久之,日久生情,皇帝自然就感到還是這些人可靠,也比較可親,視他們為自己人。事實也是如此,許多皇帝對於陪伴他多年的太監的信賴,遠遠超過對任何人的信賴,甚至包括皇帝的母親和后妃子女。

但是,皇帝畢竟是皇帝,除了極個別與皇帝有特殊關係的太監之外,一般太監在深宮的生活,那可是相當悲慘的。他們在主子面前奔波忙碌,隨時聽候傳喚,要特別謹慎小心,決不敢有自己的喜怒哀樂,甚至對屈辱也要表現出樂於承受的樣子。明代建文帝有次進膳,太監吳誠在一旁執酒,建文帝吃著烤鵝掉到地下一片,為求主子歡心,吳誠立刻學狗叫,爬去舔吃了那片肉,這就沒有任何人格可言了,蛤蟆圍著甲魚轉,裝王八孫子。建文帝當然很高興,也很感動,多年後還記得這件事。

據有關史料記載,太監們儘管備加小心,仍難免動輒得咎。許多時候,並非太監真的有過失,而是主子尋開心,或拿他們出氣。主子感到不自在時,太監可能僅因為走路稍快或稍慢,表情過喜或略憂,以及哪怕只

是眼睛在看什麼地方，都會招致一頓毒打。明代天啓年間，發明一種刑杖，專門用來打太監的，頭粗尾細，頭上刻著「壽」字。這種壽杖打在冬瓜上，瓜爛而瓜皮完好，打在人身上，同樣肉爛而皮膚不裂。清代繼承了這套刑具，並有所革新，杖中灌進鉛，被杖者只須十幾下，即可斃命。曾有數百名太監，死在這種刑杖下。

長年生活在宮內這種特殊環境，也就塑造出太監們特有的個性。從外表看，他們大都面白無鬚，體態似男非女，說話聲調尖細。由於泌尿系統致殘，太監多有尿褲子的毛病，身上常常臊臭氣味熏人。奇怪的是，是不是從小當皇子就聞慣了，皇帝對此倒不大在乎。生殖器官喪失，也往往使太監的情緒極不穩定，喜歡自我哀憐，動輒傷感，或爲一點小事就氣憤，耍弄心計。而且，就多數而言，太監比較愛貪占小便宜，不放過任何利用職權撈取外快的機會。某些太監喜歡聚眾賭博，喝酒澆愁。他們在飲食上，則好吃動物的性器官，聽說最愛吃的是牛鞭和驢鞭，稱之爲「挽手」，雌性動物的性器官也吃，稱之爲「挽口」。這些人，還由於生理和

心理上嚴重失衡，多數人念佛，相信因果報應，認爲自己被閹割當了太監，不過是如同和尚削髮出家，都不能再幹那種事罷了。進入中年以後的太監，允許收養義子。可能有義子記在名下，他們就不會太過悲傷地覺得自己不能生育，永遠斷子絕孫，感到死後也不至於聽不到哭聲，淪爲無人問津的孤魂野鬼。

從醫學角度看，太監雖然失去了性器官，卻未必完全喪失了性意識，這就難免要鬧出事來。有些太監儘管

清末太極殿首領太監王瑞淸，河北任邱縣人，時年六十三歲。

175

被閹割過，其生理表徵並不像閹人，仍接近於正常男人。如《明宮史》的作者劉若愚，萬曆朝太監，就長著鬍子，自己還爲此得意。明太祖朱元璋曾規定太監娶妻要受剝皮大刑，這一祖訓到了後來，簡直形同虛設。明憲宗時，太監龍潤不僅有妻，還有美妾，甚至敢把大臣方英的妻子奪到手中。

說到太監娶妻，當然並非真去過性生活，他們也不可能過正常的性生活，完全是爲滿足其心理和生理（如視覺聽覺嗅覺觸覺）上的需要。因爲太監內心深處，本來就不願承認自己是非正常的男人，有人無時不想證明自己還是個男人，如果能讓人忽略他們受過宮刑，娶妻便成了最大的慰

藉。由皇帝賞賜妻室，當然是太監最渴望的恩寵，但又有幾個能享此殊榮？所以，許多有權有勢的太監，就強搶民女，擄掠人妻。明英宗時，鎮守大同的太監韋力轉，逼迫部下的妻子與其姦宿，對方不從，韋力轉便打死她丈夫。後來，性意識特別強烈的韋力轉，又與養子之妻淫戲，被養子發現，韋力轉用箭射殺養子，占有養子之妻。

實際上，能夠娶妻納妾的太監，在歷史上少之又少，多數太監無此機會。故而，不少太監把性欲渲洩的對象，對準同樣呈性飢渴狀態的宮女，或者皇帝的乳母。

定興人侯二的妻子客氏，十八歲時由奶子府選送入宮，成爲後來明熹宗朱由校的乳母。朱由校當上皇帝，便敕封客氏爲奉聖夫人，地位彷彿太后。史載，客氏是個性欲旺盛的女人，他先和太監首領魏朝鬼混，後聽說魏忠賢是半真半假的太監，性能力比魏朝還強，又跟魏忠賢搞到一起。客氏與魏忠賢求歡火熱，姦情甚濃，魏忠賢也在客氏幫助下，很快升任司禮監秉筆太監，權傾當朝。但兩人雖配合默契，經常搞得不亦樂乎，終歸

明代東廠錦衣衛木印

感覺缺少點什麼。他（她）們聽江湖
術士講，男孩的腦髓吃後能讓閹物復
生，就到處高價購買童男腦髓。魏忠
賢還殺死七名成年男性囚犯，吞吃了
他們的腦髓。野史傳聞說，他跟客氏
的尋歡作樂，竟因此更加熱火朝天。

太監和女人如何行淫，一直是個
謎。使用生殖器官來過性生活，顯然
不可能，那就只有在相互觀賞和互相
觸摸中行樂了。但有一點可以肯定，
某些太監是借助假陽具來渲洩淫欲，
爲此不惜將對方弄死。明武宗時大太
監劉瑾，就曾在淫樂時，用假陽具弄
死過宮女。明萬曆時也有個太監，將
賣藝女子用假陽具弄死，以至激起民
憤，朝廷將其殺頭抵罪。

太監和宮女之間產生曖昧關係，
清代管這叫「對食」，當事者雙方
互稱「菜戶」。明代後宮，太監數
萬，宮女數千，同是淪落宮內人，他
（她）們生活寂寞，感情無法渲洩，
有些人就暗中好上了。而雙方一旦好
上，竟也如同夫妻，太監對他所愛的
宮女，可以任勞任怨，聽憑驅遣，甚
至不願再供養家中父母，把好東西全
給了宮女，宮女若看上哪位太監，也
會心疼那位太監，不讓他幹太多的活

清末內殿總管太監延壽，河北大城縣人，時年
四十八歲。

兒，支使別的太監做。許多太監宮
女，還在花前月下彼此盟誓，決心終
生相愛，不再與別人來往。如清代宮
女吳氏，曾與太監宋保相愛，吳氏後
來移情於太監張進朝，宋保不勝憤
懣，以至萬念俱灰，出宮削髮爲僧。
宮中其他太監知道後，狐悲兔死，物
傷其類，對宋保評價很高。

明代太監機構至爲發達，職能
全面，分設十二監四司八局，號稱
「二十四衙門」。其中，司禮監是地
位最高的太監機構，首領掌璽太監

明代東廠錦衣衛腰牌

有權代替皇帝，用硃筆批閱章奏，使明朝皇帝輕鬆了不少，可用更多時間去縱情聲色。同時，司禮監掌璽太監這傢伙，還掌管著特務機構「東廠」，負責替皇帝監察文武百官的動向，有隨意抓人和審訊處置的權力。當年，東廠衙署懸掛的匾額上，竟赫然懸掛「朝廷心腹」的匾額，相當嚇人。除了這二十四個固定不變的太監衙門，明代為使用太監，還設有各種專職機構三十餘所，宮內外役使的太監總數，最多時達十萬人。

說到太監為害之巨，史家常論漢唐，其實明代的情況更嚴重。明代太監，雖然沒像東漢末年和晚唐時期的太監那樣，將天子的立廢生死都操之於手，但他們用事之久，握有的朝權之深廣，漢唐也自歎不如。明自永樂以來，太監便見得勢，直到明思宗縊死在景山，二百多年來一直活躍在明代朝堂上。而且自明正統以後，幾乎每朝都有權傾人主的大太監出現，如王振、汪直、劉瑾者流。這些傢伙，無不為所欲為。

到明末天啟年間，大太監魏忠賢當權，數年工夫做到人稱「九千歲」，生祠遍天下，與天啟帝有「並帝」之說。然而話雖如此，魏忠賢想幹什麼，仍要奏明在位的明熹宗天啟帝，他想殺害什麼人，也要百般設計，總要騙得明熹宗認可，才可放手去幹。所以，當天啟帝在位時，魏忠賢手握皇權，口含天憲，實際上與當朝天子無異。而一旦天啟帝辭世，他又成為一個虛弱無依難於自立的人。天啟帝將死之際，魏忠賢原想阻止召回外地的信王朱由檢，使他不能繼承皇位。魏忠賢還多次與拜倒在他門下的崔呈秀商議，想篡奪皇權，想來想去，沒敢動手。天啟七年八月，年僅十八歲的信王朱由檢奉詔入京，受遺命得登帝位，是為崇禎帝。那時，魏忠賢的黨羽遍布朝中，他不但掌管可

以隨便抓人殺人的東廠，宮裡還有聽命於他的數以千計習武的太監。剛繼位的崇禎帝，原來是個地方藩王，立足未穩，和魏忠賢相比，強弱之勢相去甚遠。但崇禎帝隱而不發，和魏忠賢暗鬥了三個月，最終垮下來的不是崇禎帝，而是失去依仗的魏忠賢。天啟七年十一月，魏忠賢被發配鳳陽安置，路上接到崇禎帝詔書，迫其懸樑自盡。可見，在政治上再能折騰的太監，有帝勢可倚時氣焰薰天，失去帝勢又虛弱至此。這結果，即使在當時朝野上下，也挺出乎人們預料。

清乾隆七年十二月，乾隆帝弘曆在編寫《國朝宮史》的上諭中說：「明亡，不亡於流賊，而亡於宦官。」又說：「我朝列聖家法事事超越往古，而內廷法制尤為嚴密。世祖章皇帝御位之初，即立鐵牌於內務府，永禁內監不得干預朝政，迄今百有餘年，從無一人能竊弄威福者，固由於法制之整肅，而實由於君德之清明。」乾隆帝的這些話，說得不過分。清朝統治者充分認識到明朝太監干政造成的嚴重惡果，從入關統一全國後，歷代清帝都十分重視這個問題。

順治以後，康熙、雍正、乾隆三朝，尤其是嘉慶、道光兩朝，對宮中太監的管理，一直十分嚴格，不僅抄錄順治「鐵牌」上的敕諭，在宮中各處張掛，告誡太監不可疏忽大意，而且針對太監中發生的問題，制定了許多「治罪條例」。不過，這些曾經行之有效的太監管理制度，隨著清末同治、光緒兩帝幼年即位，慈禧皇太后垂簾聽政，宮廷典制也相應廢弛。

太監不許干預朝政，這本是清朝的祖宗成法。可是，咸豐十一年七

清末儲秀宮回事太監趙興祿

清末宮中兩名太監

月，久患虛癆的咸豐帝在承德病逝，慈安慈禧兩宮皇太后，爲從顧命大臣手中奪取朝政大權，密派慈禧太后手下親信太監安得海，回京給恭親王奕訢送信，爲此後發生的「辛酉政變」穿針引線。兩宮皇太后垂簾聽政後，安得海升官晉爵，恩寵有加，成了朝中顯赫一時的大太監。同治八年八月，慈禧私派安得海到江浙一帶織辦龍衣。這時候的安得海，自恃有慈禧撐腰，已然忘乎所以，竟不顧「太監不得在外招搖生事」的禁令，攜帶男女多人，一路耀武揚威，敲詐勒索，

結果被山東巡撫丁寶楨奉慈安懿旨，在山東泰安縣拿獲正法。

光緒七年，慈安皇太后暴死宮中，朝政由慈禧一人獨攬。在此後近三十年間，慈禧實行獨裁統治，重用親信，打擊異己，對象也包括太監在內。慈禧太后的心腹太監李蓮英，公開結交官員，干預政事，慈禧不僅不聞不問，還於光緒二十年正月將他破格賞加二品頂戴，後來又派他與醇親王一起，到天津校閱北洋水師。但時隔不久，當戊戌變法失敗後，慈禧卻以「太監干預朝政」爲名，將光緒珍妃的太監全部治罪，重者杖死。顯然，所謂祖宗法規，對慈禧太后來說，只是政治鬥爭的工具，在她的淫威統治下，實際上一切都是順她者昌，逆她者亡。繼李蓮英之後的張蘭德，俗稱「小德張」，是清末隆裕皇太后的總管太監。他在宮中聲勢顯赫，結交外官，干預朝政，與李蓮英相比，有過之而無不及。聽說有時候，就連隆裕皇太后本人，也得讓他幾分。

清制還規定，太監因年老體弱或患病不能當差時，經總管太監奏明屬實，可以退役出宮爲民。這些人

離開紫禁城後，政治上受歧視，人格上受污辱，親戚朋友怕丟臉，不敢理睬他們，就連自己家裡人，也不願要他們，說他們死後不能歸宗入祖墳。還有一部分太監，六親難靠，無家可歸，又喪失勞動能力，寺廟便成了棲身之所。他們當太監時積蓄一點錢，為的就是晚年出宮後使用。到了寺廟，拜方

清末四名太監，右起為張海亭（長春宮太監）、劉興橋（養心殿御前太監，七品補服）、王鳳池（養心殿東夾道二帶班，六品補服）、楊子真（御前太監）。

丈住持為師，或買點土地交給寺廟，靠寺廟的常年香火和自己經管土地的一點收穫，來維持生計，死後則就地埋葬。這種悲慘境遇，晚清太監張德修說得詳細。他說：「太監在宮裡一般都是從小幹到老，直到無力服侍人的時候，還是得被趕出宮去。出宮以後，往哪兒去呢？哪兒是我們太監安身立命的地界兒呢？像大太監李蓮英、小德張，或比他們次一等的太監，是不用發愁的。我們這些一般的太監，可就不行了。頭一條，那時太監是被人瞧不起的，罵太監是『老公』，這種話當然要影響到三親六故了，誰願意跟一個沒混出頭的太監認親戚呢？第二條，當太監的大多出身於貧苦人家，你在宮裡待了幾十年，自己的家，也許早就沒處找了，有的太監是自幼被人拐騙來的，壓根兒就不知道家在哪裡。第三條，我們從小傷了身子，在宮裡除了伺候人，什麼手藝也沒學會，真是棲身無所，謀生無術啊。這樣，太監們就只有把超脫塵世的寺廟，當作苟延殘喘的地界了。」

清末，北京城郊的恩濟莊、立馬關帝廟、金山寶藏寺、岫雲觀、玄真觀等二十餘處寺廟道觀，都是出宮太監生活過的地方，至今仍留有他們生活的遺跡。

北京宦官文化博物館

民國成立後，遜帝溥儀仍可在宮內役使太監。

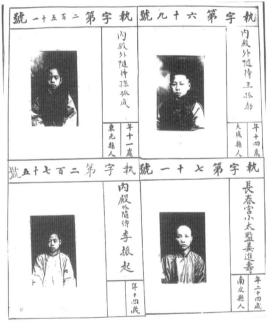

清末宮內太監檔案

清末交泰殿丹墀下的太監值房

端康皇太妃晚年，在宮內與太監合影。

隆裕皇太后（光緒皇后）與太監們，遜位後在御花園。

第九章

共和風雲

大清王朝覆滅後的第十三個年頭，一九二四年十一月五日，是個應當記住的日子。這天上午九點，馮玉祥國民軍部隊開進紫禁城，命令清遜帝溥儀三小時內離宮，否則對任何後果概不負責。至此，溥儀結束了他在《我的前半生》中所說的「人世間最荒謬的少年時代」。他後來還說：「其所以荒謬，就在於中華號稱民國，人類進入了二十世紀，而我仍然過著原封未動的帝王生活，呼吸著十九世紀遺下的灰塵。」

廣州起義失敗，黃花崗七十二烈士中的六位在就義前。

共和風雲
——中華帝制壽終正寢

大清王朝覆滅後的第十三個年頭，一九二四年十一月五日，是個應當記住的日子。這天上午九點，馮玉祥國民軍部隊開進紫禁城，命令清遜帝溥儀三小時內離宮，否則對任何後果概不負責。至此，溥儀結束了他在《我的前半生》中所說的「人世間最荒謬的少年時代」。他後來還說：

「其所以荒謬，就在於中華號稱民國，人類進入了二十世紀，而我仍然過著原封未動的帝王生活，呼吸著十九世紀遺下的灰塵。」

在中國有文字記載的五千年歷史年輪中，大清王朝統治華夏大地的時間，不過二百六十八年。但就在這二百六十八年的時間裡，中國社會文

明經歷了歷史上最為激盪的變革局面。清代勃興前期，當康熙帝派出精兵強將水陸並進會戰雅克薩，阻斷沙俄侵略中國東北的企圖，當乾隆帝十次派出大軍靖邊紓難，越境揚威，巔峰時期的中國王朝，是一個屹立在世界東方的威嚴不可侵犯的超級大國。大清王朝也曾經略海疆，在東南沿海連接了琉球、蘇祿、安南、暹羅等國家，建立了獨立的藩屬體制，成為領袖東亞文明的中心。然而，無奈歲月星河，枝蔓流變，盛世繁榮的背後，一場來自西方世界的強大衝擊，已呈山雨欲來風滿樓之勢，古老王朝面臨著前所未有的危難和困厄。大清王朝步入衰落的中後期，正是世界歷史的十八世紀，西半球歐美的土地上新近崛起了一批資本主義國家，在紛紛確立資本主義制度之後，迅速開展了工業革命。蒸汽機的強勁動力，大機器的生產方式，極大地催化了歐美國家的社會生產力，使其綜合國力發展呈現出突飛猛進的態勢。而大清王朝締造的文明，雖然是農耕社會發展的頂級階段，但與資本主義文明相比，不在一個文明層次上。故當西方殖民主義者越洋而來，用砲艦轟擊中國閉關

鎖國的大門，迫使清王朝必須面對資本主義文明的時候，幾千年來積澱的文明相形見絀，幾乎沒有任何抗衡的實力。於是，外戰慘敗，口岸開放，土地割讓，外國公使駐京……一系列破壞王朝統治秩序、摧毀民族尊嚴的災難降臨了，天朝大門被打開，大清王朝一步步走向沉淪的深淵。

二○○○年八月十四日，是八國聯軍攻陷北京的國恥百年祭日。就在這天，中國第一歷史檔案館首次對外公布了六千六百餘件八國聯軍侵華檔

遜帝溥儀與婉容婚後，在紫禁城裡日子過得不錯，只是越來越不像皇上了。

驅逐遜帝溥儀出宮的京畿衛戍總司令鹿鐘麟，新中國成立後曾與溥儀會面，兩人感慨萬千。

八月十五日凌晨，慈禧換上一套農村婦女穿的衣服，帶著光緒帝，出德勝門離京，經太原方向往西安逃竄。幾乎未經抵抗的八國聯軍，大搖大擺地進入北京城後，瘋狂屠殺義和團團民和平民，立即造成「京內屍骨積地，腐肉血流縱橫」的慘象。聯軍統帥部還發布特許令，放縱自己的軍隊可以公開搶劫三天，許多官庫、商店和民居被洗劫一空。特別是面對聚藏著無數稀世珍寶的具有無限神祕感的紫禁城，各國強盜們獸性大發，以去「參觀」、「瞻仰」為名，競相肆行擄掠。以至於，若問被他們掠走的財富究竟有多少，恐怕永遠是個弄不清的謎。據事後清廷內務府不完全統計，經過這場空前浩劫，包括此後長達一年之久在北京反覆進行的劫掠，以紫

案，以及三百餘幅相關圖片，向正在滿懷信心邁向二十一世紀美好未來的中華民族，揭開了百年前不堪回首的一幕。

那確實是極為屈辱的一幕——一九〇〇年八月間，英、美、俄、法、德、義、奧、日八國組成侵華聯軍，發動了對中國的野蠻戰爭。這年八月四日，近兩萬名侵略軍從天津出發，沿運河兩岸直撲北京，十天後兵臨城下。聯軍來得如此之快，很出乎慈禧太后預料，打定主意溜之為上。

民國軍警準備進宮查封宮殿

向北京入犯的八國聯軍，沿京杭大運河兩岸開進。

禁城為中心的中國皇都，「自元明以來積蓄，上自典章文物，下至國寶奇珍，掃地遂盡」，所失「數十萬萬不止」。聯軍總司令瓦德西，也不得不承認：「所有中國此次毀損及搶劫之損失，其詳數將永遠不能查出，但為數必將重大無疑。」

清王朝的腐朽，從頭頂爛到腳底，在這次事變中充分暴露出來。一九〇一年二月十四日，躲在西安的慈禧太后與光緒帝，見列強雖然占領北京，並沒有讓他們下臺的意思，便發布了一道「罪己詔」，竭力向列強乞降，表示將「全行照允」列強所提出的侵略要求，甚至厚顏無恥地說，為此將不惜「量中華之物力，

八國聯軍在天安門前檢閱，準備進入紫禁城。

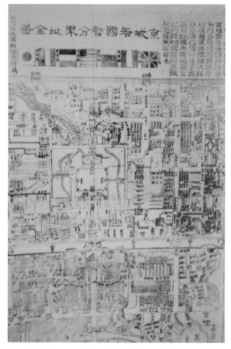

八國聯軍侵入北京後，將北京劃分為俄、英、日、美、法、德幾個佔領區，實施佔領達一年之久。

結與國之歡心」。一九〇一年九月七日，由奕劻、李鴻章代表清廷，與英、德、俄、法、美、日、義、奧、比、西、荷十一國公使，簽訂了中國歷史上空前慘痛的賣國條約——《辛丑條約》。這個條約規定，清廷向列強賠償白銀四億五千萬兩，年息四厘，分三十九年還清，本利共計九億八千萬兩，加上各省地方賠款二千多萬兩，總數超過十億兩；北京的東交民巷劃爲單獨使館區，各國可在使館內駐兵，中國人不得在此界內居住；拆毀大沽砲臺和從北京到山海關沿途的禦敵工事，天津周圍二十公里以內不准駐紮中國軍隊，兩年內中國不得從外國進口軍火和製造軍火的原料；永遠禁止中國人成立或加入任何反帝組織，違者處死，各級中國政府對反帝抗爭必須彈壓懲辦，對曾經抵抗過侵略者的某些親王、大臣及各省文武官員，則分別予以斬首、充軍或革職處分；將總理各國事務衙門改爲外務部，班列六部之首，以便日後可以更迅速滿足列強的要求；清廷分別派欽差大臣赴德、日兩國謝罪，並爲在中國喪命的侵略者樹碑立傳。總之，《辛丑條約》是

英軍在菜市口監殺義和團團民

列強用暴力強加在中國人民頭上的沉重枷鎖。通過這個條約，帝國主義大大加強了他們在華的統治勢力，進行野蠻的軍事監督、政治奴役和經濟掠奪，使中國徹底淪爲半殖民地半封建社會。

　　當此亡國滅種慘禍臨頭之際，災難深重的中華民族，向何處去？這已經是一個無法迴避的問題。自戊戌變法以來，以康有爲、梁啓超爲代表的改良派，就在呼號愛國救亡，變法圖強，提出君主立憲的建國方案，試圖在不觸動傳統制度的前提下，做點有利於中國發展資本主義的改良。而正

八國聯軍頭目（中立者爲瓦德西）在中南海

在崛起的以孫中山爲代表的革命派，則與之針鋒相對，呼喚一條鮮明的解救中國危亡的道路——通過武裝起義，推翻滿清王朝，在中國建立共和國。當時，是繼續帝制，還是爭取共和，兩種意見爭執得如火如荼。改良派主張保持君主制度的理由是，如果

庚子年間北京難民慘況

《辛丑合約》英文原件舊照

破壞現行秩序，可能引起列強干涉，招致瓜分中國，所以要愛國就不該革命。革命派在駁斥「革命會招致列強瓜分中國」的謬論時說，是清王朝的腐朽統治導致列強瓜分中國的危機，只有革命才能創造新的民族機運，使中國避免亡國之禍。革命派並駁斥愛國不應革命的謬論，說改良派愛的是清王朝這個賣國政府，根本不是愛中國，只有用革命推翻賣國政府，才叫真正的愛國。爭論的結果，革命派取得決定性勝利，使廣大人民劃清了革命派與改良派的界限，投身到以武力推翻清王朝的武裝起義中來，如一九〇六年的萍醴起義，一九〇七年的黃

崗起義、潮惠起義、防城起義、欽州起義、鎮南關起義、河口起義、皖浙起義，一九〇八年的安慶起義，一九一〇年的廣州起義，一九一一年四月二十七日的廣州再次起義，鮮血染紅了南國大地。這些起義，雖因種種原因失敗，卻沉重打擊了清王朝的統治。

一九一一年是辛亥之年，這年十月十日爆發的武昌起義，終於敲響了清王朝的最後一聲喪鐘。起義勝利的消息震撼全國，不到兩個月的時間，先後有湖南、陝西、江西、山西、雲

梁啟超（1873～1929年），廣東新會人。康有為最得力的助手，時人合稱「康梁」。戊戌變法失敗後逃亡日本，思想傾向於保皇。

孫中山舊照。他這時還不是革命家，寫信求取李鴻章賞識。

南、貴州、江蘇、浙江、廣西、安徽、廣東、福建、四川等省宣告光復。次年元旦，中華民國南京臨時政府成立，從海外回國的孫中山就任臨時大總統。這意味著，中國歷史上第一個共和國已經誕生，宣判了清王朝統治的破產。

清王朝這時亂了方寸，違心地啓用他們根本就不信任、正賦閒在河南老家的北洋軍閥頭子袁世凱，任命他為湖廣總督，企圖依靠他來挽回危局。老奸巨猾的袁世凱，見實現個人野心的時機已到，在向清廷作了番討

價還價之後，又與帝國主義列強達成交易，出任內閣總理大臣，得以統攬全局。他當然不願為清廷去賣命，對南方革命勢力也視若仇讎，他要的是清王朝和南方革命勢力都對他做出讓步。他的如意算盤是：既不讓清王朝立刻垮臺，也要防止南方革命勢力進一步取得勝利，那就得用革命來恐嚇清廷，辦法是如果清廷不照他說的辦，他也無法收拾局面，同時用清廷來恐嚇革命，如果革命勢力不向他妥協，他就效命清廷打到底。

袁世凱在北京翻手為雲，覆手為雨，這並不奇怪，奇怪的是革命派實在軟弱，革命的不徹底性也顯現出

魯迅說孫中山「出來就是革命」，卻從來「足不履危地」，此話意味深長。不惜為推翻滿清頭顱灑血的人，是徐錫麟這樣的革命志士。這是徐錫麟在安慶刺殺安徽巡撫恩銘後，被清廷處死前寫下的絕命辭。他的心肝，被恩銘親兵炒食。

光復會女俠秋瑾，臨刑前一句「秋風秋雨愁煞人」，迴腸盪氣，感動後人。

來，主張對袁世凱妥協的傾向占了上風。就連孫中山本人，在來自各方面壓力下，都認為只要袁世凱能讓清帝退位，讓他來做民國大總統，也未嘗不可，擔心袁世凱一旦大舉進攻，不僅南京臨時政府要吃敗仗，已獨立的各省亦將不保。孫中山便向袁世凱表示：「如清帝實行退位，宣布共和，則臨時政府決不食言，文即可正式宣布解職，以功以能，首推袁氏。」袁世凱在拿到這張底牌後，轉而用「共和」壓迫清廷，並偷偷把退位後的優待條件告訴清廷，連逼帶哄。優待條件是：清帝退位後尊號不廢，民國政府以對外國君主之禮相待，歲用四百萬銀元，由民國支付，暫居皇宮，日後移居頤和園，其侍衛人員照舊留用，皇族財產一體保護等等。在這種局面下，隆裕皇太后接連召開幾次皇族御前會議，商討對策，無奈大勢已去，只好於二月十二日頒布遜位詔書。二月十三日，孫中山果然請辭臨時大總統職務，並推薦袁世凱繼任大總統。二月十五日，南京臨時參議會致電袁世凱，祝賀他已被當選為中華民國大總統，並吹捧他為「中華民國第一華盛頓」，敦促他南下就職。袁

世凱豈肯放棄苦心經營多年的北洋老巢，策動手下搞了一系列名堂，迫使南京方面妥協，於三月十日在北京就任大總統。就這樣，民國雖然成立，清帝雖然退位，辛亥革命的勝利果實，卻落到袁世凱手中。

親身參加過辛亥革命的中共元老林伯渠，在半個世紀前感慨地說：「對於許多未經過帝王之治的青年，辛亥革命的政治意義是常被過低估計的。這並不奇怪，因為他們沒看到推翻幾千年因襲下來的專制政體，是多麼不易的一件事。」毛澤東也對辛亥革命作過高度評價，他說：辛亥革命「把天捅了一個大窟窿」，「我們要紀念孫中山先生在辛亥革命時期，領導人民推翻帝制、建立共和國的豐功偉績」。

毫無疑問，辛亥革命確使中國人民在思想上獲得了一次極大的解放。皇帝在專制時代，曾是多麼神聖不可侵犯，正所謂「國不可一日無君」，誰若敢對此懷疑，輕則視為「離經叛道」、「非聖無法」，重則成了「亂臣賊子，人人得而誅之」。在以孫中山為代表的革命黨登上歷史舞臺之前，有誰提出過應當推翻君主專制制

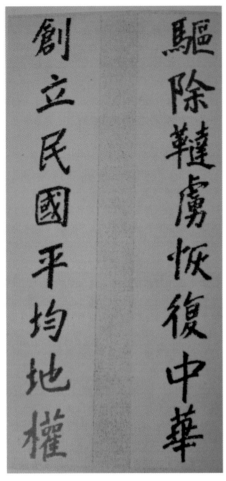

同盟會十六字宣言

義大利、奧匈帝國、沙俄等，無一不保留著君主制度。孫中山能夠在這樣的歷史條件下，破天荒地第一次在中國歷史上，提出推翻帝制、建立共和的革命主張，明確宣告「今者由平民革命所建國民政府，凡為國民皆平等所有參政權，大總統由國民公舉，敢有帝制自為者，天下共擊之」，該需要何等巨大的政治勇氣。

陳獨秀在五四運動爆發前，說過這樣的話：「其實，君主也是一種偶像，他本身並沒有什麼神聖出奇的作用，全靠眾人迷信他，尊崇他，才能夠號召全國，稱作元首。一旦亡了國，像此時清朝皇帝溥儀、俄羅斯皇帝尼古拉二世，比尋常人還要可憐。」他還大聲疾呼：「破壞！破壞偶像！破壞虛偽的偶像！吾人信仰，當以真實的合理的為標準。」所以，辛亥革命的政治意義，就在於既然皇帝都可以推倒，那還有什麼陳腐的東西，不可以懷疑，不可以打破呢？思想的閘門一經打開，民主精神的普遍高漲，就勢不可擋了。儘管辛亥革命後的政治形勢，十分險惡，但人們畢竟可以大膽地去尋求救中國的出路，不久便迎來五四運動。從這個意義上

度的主張？從來沒有。轟轟烈烈的太平天國革命，是中國舊式農民革命的最高形態，洪秀全做了天王，其實還是皇帝。康有為鼓吹以俄國彼得大帝和日本明治天皇作為中國學習的榜樣，之所以在許多人看來有道理，因為那時世界上的主要資本主義國家，除了法國和美國之外，英國、日本、

說，沒有辛亥革命，就沒有五四運動，就沒有中國歷史的新紀元。

帝制思想，在中國是多麼根深柢固，今天的中國人，已很難理解。然而，袁世凱這位在辛亥革命中堪稱梟雄的竊國大盜，剛剛登上中華民國大總統的寶座，頭腦就開始發熱，決定取銷孫中山制定的《臨時約法》，公布了一部由他授意起草的《約法》，規定大總統可以獨攬統治權，可以無限期連任，有權推薦自己的繼承人。總之，他的這部《約法》，把大總統的權力擴張到相當於專制皇帝。但儘管如此，袁世凱仍不滿足僅當個類似於皇帝的大總統，他當過多年清朝大臣，覺得還是當皇帝過癮，非常想皇袍加身，做個名副其實的新的帝王。為此，他一面尋求列強支持，甚至不惜在日本提出的要變中國為殖民地的「二十一條」上簽字，一面在國內網羅流氓打手，組成「籌安會」、「請願團」，鼓譟所謂「一致委託」、「一致擁戴」、「一致勸進」的熱鬧景象。一九一五年十二月，袁氏「國民代表大會」進行國體投票，由於完全是以武力威脅和用金錢收買，結果是一千九百九十三張選票，票票都贊成君主制，票票都選舉袁世凱當皇帝。袁世凱假惺惺地推讓一番之後，大搖大擺地在居仁堂接受百官朝賀，改「民國五年」為「洪憲元年」，改「中華民國」為「中華帝國」。袁世凱絕沒想到，當他爬上皇帝寶座之日，也就是他政治生涯即將完結之時。孫中山立即發布《討袁宣言》，號召民眾起來討伐「民賊」。立憲黨人蔡鍔和國民黨人李烈鈞，在雲南宣布獨立，並組織護國軍，分三路向四川、貴州、廣西進兵。朱執信在廣東惠州舉事。不久，貴州、廣西、廣

光復會成立宣言

武昌起義中，被革命軍攻克的湖廣總督府。

實際指揮武昌起義行動的革命黨人孫武

東、浙江、四川、湖南等省，紛紛宣告獨立。舉國一片討袁聲，使得袁世凱處境窘迫，又耍起了花招，宣布可以撤銷帝制，仍做大總統。無奈這時全國人民已看清這個歷史罪人的面

辛亥革命前夕，在河南老家賦閒的袁世凱，自號「洹上釣叟」，實則伺機而動.

目，不會再上他的當。一九一六年六月六日，僅當了八十三天「洪憲皇帝」的袁世凱，又急又氣，在眾叛親離中憂懼而死

帝制的幽靈，經過如此重創，仍未在中國土地上絕跡。袁世凱死後，北洋軍閥分裂，形成皖、直、奉三大派系。另外擁有一塊地盤能自成系統的，還有以閻錫山爲的晉系控制山西，以唐繼堯爲頭子的滇系控制雲南貴州，以陸榮廷爲頭子的桂系控制廣東廣西和湖南。這些大小軍閥各懷鬼胎，演出了一幕幕勾心鬥角的醜劇，使帝制覆亡後的中國更加黑暗。在那時亂哄哄的時局中，陰謀復辟大清帝制的張勳，則乘機作了相當可笑的表演。

張勳，江西奉新人，自幼是個無賴痞，吃喝玩樂偷盜，樣樣都幹。一九八四年投入清軍，因隨袁世凱在山東剿討義和團有功，升爲總兵。武昌起義後，他以江南提督身分盤踞南京，血腥捕殺革命黨人，拒絕和平談判。當徐紹楨率領的江浙聯軍攻打南京時，他負嵎頑抗，兵敗北竄徐州。袁世凱竊國後，他又充當鎮壓「二次革命」的劊子手，在南京縱兵燒殺擄

1912年元旦，孫中山（前排左七）、黃興（前排左六）等人，在南京參加中華民國臨時大總統就職典禮時，莫名其妙地跑到明孝陵，祭奠明太祖朱元璋。

掠。由於他聲稱要死心塌地效忠於清朝，他和他的部下在辛亥革命後，依舊保留腦袋後面的那根長辮，人們戲稱他為「辮帥」，稱他的部隊為「辮子兵」。袁世凱死後，他在徐州召開四次密謀復辟的會議，自詡「盟主」。正在他伺機蠢動時，黎元洪與段祺瑞發生內訌，在北京發生所謂「府院之爭」。一九一七年六月十四日，張勳應黎元洪之請，率「辮子

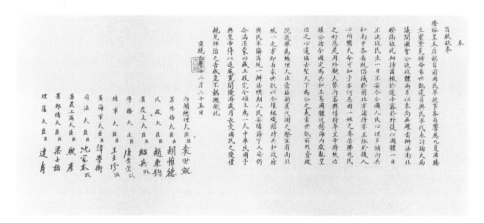

宣統三年（1912年）二月十二日，清廷頒發退位詔書。這不僅標誌著統治中國二百六十八年歷史的清王朝覆亡，同時也宣告了長達兩千餘年之久的專制制度就此終結。

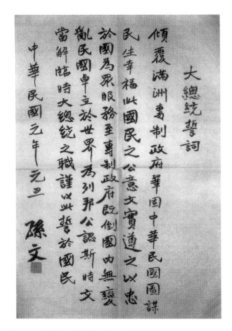

孫中山就職時宣讀的《大總統誓詞》

兵」五千人到北京。他剛下火車，就要挾黎元洪解散國會，取銷其所負大總統之職，又串通康有爲等人，上奏被廢的宣統帝溥儀，密謀復辟清朝。六月十七日清晨，張勳頭戴紅頂花翎，身穿紗袍，進入故宮，向十二歲

復辟後的溥儀，坐在乾清宮寶座上，接受張勳、康有爲等人朝拜。

的溥儀行叩頭請安之禮，懇請他重新上臺，「拯救中國」、「造福生民」。經過十幾天緊鑼密鼓的準備，到七月一日，張勳、康有爲帶著一群清朝遺老，來到故宮中和殿，匍匐在地，口稱奴才，按大清規矩，向溥儀行三跪九叩之禮。跪在殿外的「辮子兵」，則齊呼萬歲。溥儀當即宣布，把「民國六年」改爲「宣統九年」，改各省都督爲巡撫，封「武聖」張勳爲直隸總督兼北洋大臣，「文聖」康有爲當弼德院副院長和內閣議政大臣。一時間，北京城裡沉滓泛起，龍旗飄揚，一些前清舊臣和餘孽，把盤在頭上達六年之久的辮子又放下來，已剪掉辮子的人，則用馬尾做成假辮垂到腦後，而且翻箱倒櫃，將塵封多年的馬褂朝服也穿戴起來，興高采烈地出現在北京街頭。

　　張勳復辟的醜劇一經傳出，舉國震驚，反對復辟討伐逆賊的呼聲，從各地響起。北京、上海等大中城市的報館關閉，以示抗議，許多地區群眾集會，聲討罪魁張勳。孫中山在上海發表《討逆宣言》，嚴正指出：「此次討逆之戰，非特爲民國爭生存，且爲全民族反抗武力之奮鬥。」不久

聽說皇上又回來了，北京城裡沉渣泛起，龍旗飄揚。

前，與黎元洪爭權奪勢敗北的北洋軍閥頭子段祺瑞，感到捲土重來的時機已到，立即把自己打扮成反復辟的英雄，於七月三日在馬廠誓師，以十倍於張勳的兵力，包圍北京。七月六日至十二日，段祺瑞部與「辮子兵」在廊坊和豐台接仗，「辮子兵」大敗而逃。「辮帥」張勳一看惹出大禍，狼狽避進荷蘭使館，康有為躲進美國使館，溥儀宣布退位，逃入英國使館。這臺復辟滿清祖業的醜劇，演出不過十二天，即告消歇。

袁世凱與張勳兩次復辟逆流的出現，說明雖然經過辛亥革命，封建主義的社會基礎，並沒有發生根本變化，中國還存在著封建復辟的土壤和條件。而兩次復辟之所以短命，又表明皇權帝制畢竟不得人心，表明經過辛亥革命後中國人民的政治覺悟。這正如孫中山所說，辛亥革命後，「人們連堯、舜、禹、湯、文、武那樣的好皇帝，也不滿意了」，「自經此役，中國民主政治，已為國人所共認，此後復辟帝制諸幻想，皆為得罪於國人，而不能存在」。

然而，歷史就是這樣複雜，此後中華民國雖號稱共和，仍然是有名無實。一九二七年後的中國政權，之所以又被稱作「蔣家王朝」，更有其諷刺意味。直至歷史的車輪滾到今天，才真正使中國實現從幾千年皇權帝制向人民民主政治跨越，中華民族的發展，也由此開啓全新的歷史紀元。

袁世凱竊取辛亥革命勝利果實，在北京就任中華民國臨時大總統。

《光緒帝讀書像》，故宮博物院藏。中日甲午戰後，年輕的光緒帝深感國勢日衰，山河破碎，不甘作亡國之君，遂起意維新變法。在其師翁同龢等人推薦下，與維新派人士廣泛接觸，並閱讀了大量有關維新的書籍。

參加《辛丑條約》簽字儀式的各國公使

清朝雖已滅亡，遜帝溥儀仍能在紫禁城內冊立皇后，讓人體味到荒唐歲月的多味瞬間。這是中國最後一位皇后婉容大婚時，身著朝服像。

庚子議和期間，苦撐危局的清廷談判代表李鴻章，完全屈從了列強提出的苛刻要求。

一九一七年六月，張勳利用黎元洪與段祺瑞的矛盾，借「調停」為名，率五千辮子兵開進北京，攆走大總統黎元洪，把十二歲的遜帝溥儀抬出來，改稱此年為宣統九年。

辛亥革命前夕，六歲的宣統帝溥儀與隆裕太后端坐在宮內，此時還不知大廈已將傾。

明 朝 皇 帝 大 事 掠 影

明太祖洪武帝朱元璋（西元一三六八年～一三九八年）

一三六八年 戊申 明洪武元年

正月 朱元璋在應天（今江蘇南京）登基，國號為明，建元洪武。立馬氏為皇后，世子朱標為皇太子。立衛所制及將兵法，兵權自掌，以防地方割據。

四月 詔禁宦官干預軍政。

七月 帶刀舍人周宗上疏，請在天下府州縣開設學校，獲准。是為中國遍設學校之始。

八月 改大都路為北平府，以汴梁（今河南開封）為北京，金陵為南京，置吏、戶、禮、兵、工、刑六部，每部設尚書、侍郎等官，仍隸中書省。改相國為丞相，由李善長首任。

一三六九年 己酉 明洪武二年

正月 立功臣廟於雞鳴山下。洪武帝親定功臣位次，以徐達為首，次常遇春、李文忠、鄧愈、湯和、沐英等二十一人。死者像祀，生者虛其位。

八月 為防止宦官干政，規定「此輩所事不過灑掃」，「自今內臣不得知書識字」。

一三七〇年 庚戌 明洪武三年

五月 定科舉法，以四書文句出題，解釋以朱熹《四書集注》為準，定文章格式為八股文。州縣級考試錄取之考生，稱秀才或生員；秀才方可參加省級考試，稱鄉試，錄取稱舉人；舉人方可參加禮部在京城舉行的考試，稱會試，錄取稱貢士；貢士再經皇帝策試，稱廷試或殿試，錄取稱進士，進士可以做官。中國科舉制度，從此正式建立。

十月 朱元璋致書敗遁漠北的元昭宗，告知《元史》已修成，望知所進退。

十一月 封李善長、徐達、常遇春子茂、李文忠、鄧愈、馮勝六人為國公，自湯和以下封侯者二十八人，並賜誥命鐵券。

一三七一年 辛亥 明洪武四年

正月 左丞相韓國公李善長致仕，授汪廣洋為右丞相，胡惟庸為左丞相。

一三七二年 壬子 明洪武五年

六月 定六部職掌及歲終考績法。誠功臣勿驕縱。禁軍人接受公侯餽贈。

十二月 朱元璋再致書元昭宗，勸降。

一三七三年 癸丑 明洪武六年

五月 修《祖訓錄》成，內容多漢唐以來藩王事蹟可鑑誡者。

七月 授胡惟庸為右丞相。

閏十一月 修《大明律》成，以《唐律》為底本，凡六百零六條，頒行天下。

一三七四年 甲寅 明洪武七年

五月 修《皇明寶訓》。命此後凡有政績，史官皆作實錄。

一三七五年 乙卯 明洪武八年

正月 宋濂修《洪武聖政記》告成。

三月 殺功臣廖永忠。

一三七六年 丙辰 明洪武九年

二月 重定諸王及公主歲祿之數，親王祿五萬石，鈔二萬五千貫，錦四十匹，紵絲三百匹，紗羅各百匹，絹五百匹，冬夏布各千匹，綿二千兩，鹽二千引，茶千引；靖江王祿二萬石，鈔萬貫，餘物半於親王；公主祿千五百石，鈔二千貫，莊田一區，歲紵絲紗各十匹，絹布各三十匹，綿二百兩。

六月 廢除元行中書省，分全國為十三布政使司。

十月 新建太廟告成。

十一月 平遙縣訓導葉伯臣應詔上疏，言當今之事太過者三：分封太侈，用刑太繁，求治太急。洪武帝怒曰：「小子間吾骨肉，速逮來，吾手射之。」詔下刑部，瘐死獄中。時諸王只建藩號，尚未裂土，後靖難變起，始知葉有先見之明。

十二月 因刑部主事茹太素上書一萬七千言，僅言及五事，特頒臣子建言格式，繁文過式者罪之。

一三七七年 丁巳 明洪武十年

五月 命李善長、李文忠總領中書省、大都督府及御史臺，議軍國重事。

六月 命臣民欲言事者，可將所言之事密封，直達御前。

七月 置通政使司，掌內外章奏，於早朝匯達御前。始遣監察御史巡州縣，選武臣子弟讀書於國子監。

九月 以胡惟庸為左丞相，汪廣洋為右丞相。

十二月 選已故功臣子孫五百餘人，授官不等。

是歲 自洪武八年改建大內宮殿，告成。

一三七八年 戊午 明洪武十一年

三月 始疑胡惟庸，命奏事勿稟中書省。

四月 修鳳陽皇陵成。

六月 元昭宗在漠北卒，遣使往祭。

一三七九年 己未 明洪武十二年

七月 以右丞相汪廣洋未揭發胡惟庸，謫往雲南，中途賜死。

一三八〇年 庚申 明洪武十三年

正月 左丞相胡惟庸以謀反罪伏誅，株連者三萬餘人。罷中書省，廢丞相，政歸六部，六部直接對皇帝負責。並詔「以後嗣君毋得議置丞相，臣下敢以此請者，置之重典」。廢大都督府，分設中、左、右、前、後軍都督府。設都察院，司糾劾，刑部掌刑獄，大理寺主審查，大獄由三法司共同審處。定南北互換用人之法，南人用於北方，北人用於南方。

明代開國元勳湯和，朱元璋的造反引路人，官拜信國公，也能夠善始善終。原因有四，一是他為人確實謹慎，二是他要求自解兵權，三是他揭發李善長立功，四是他死得較早。

馬皇后畫像

三月　遣燕王朱棣駐守北平。

五月　大赦天下，官吏曾誤罷者，命還其職。

六月　修《臣誡錄》，頒之。

九月　永嘉侯朱亮祖坐誣奏罪，鞭死。

一三八一年 辛酉 明洪武十四年

正月　暫罷科舉，專用辟薦。一時山野平民，獲官位者甚多。

二月　覈實全國田畝，為三百六十六萬七千七百一十五頃。

十月　工部尚書薛祥坐罪，杖死。

是歲　宋濂卒。宋濂主修《元史》，為太子朱標恩師。因長孫宋慎同胡案有染，遭到牽連，械送京師，洪武帝欲誅之。朱標為宋濂求情，不惜自殺。馬皇后亦曰：民間請一先生，尚不忘待之以禮，豈可如此對待宋濂，況宋濂長年致仕在鄉，對孫兒所為必不知情。宋濂得以免死，發配茂州，途中病亡。

一三八二年 壬戌 明洪武十五年

正月　命天下來京朝覲官員，各推舉所知一人。

四月　命天下通祀孔子。洪武帝寵信僧道，大理寺卿李仕魯諫之，捽死殿下。置錦衣衛及鎮撫司，錦衣衛為皇帝侍從，掌侍衛、緝捕、刑獄之事，下隸執行機構鎮撫司。自此皇帝有所誅戮，可不經過三法司，直接交由錦衣衛及鎮撫司處理。

八月　馬皇后死，年五十一。在世時，常勸朱元璋不要嗜殺。

一三八三年 癸亥 明洪武十六年

三月　永免鳳陽、臨淮二縣稅銀徭役。鳳陽係皇帝故鄉，臨淮為皇陵所在地。

五月　命天下衛所率所部赴京師，俟校閱。以應天、太平、鎮江、寧國、廣德五郡為「興王之地」，當地民眾為開國出力較多，免其稅糧。

一三八四年 甲子 明洪武十七年

正月　孔子五十七代孫來朝，襲封衍聖公，班列文臣之首。

一三八五年 乙丑 明洪武十八年

正月　考覈全國布政司及府州縣來京朝覲官員四千一百一十七人，稱職者僅四百三十五人，貪污者七百八十五人。

二月　太傅魏國公徐達卒，追封中山王。洪武帝親製《神道碑文》，推其為「開國功臣第一」。

三月　戶部侍郎郭桓貪污被誅，命法司就此拷訊數萬人，牽連者多屬無辜。

十月　命天下四民（士農工商）各守其業，不許遊食（乞討），庶民之家，不許衣錦繡。

一三八六年 丙寅 明洪武十九年

四月　贖河南飢民所鬻子女。

八月　選取應天諸府州縣地主來京做官，共一千四百六十人。

十月　胡惟庸餘黨林賢通倭事發，誅其九族。

一三八七年 丁卯 明洪武二十年

正月　以錦衣衛非法凌虐犯人，命焚其刑具，犯人仍交付刑部審理。

一三八八年 戊辰 明洪武二十一年

六月　信國公湯和，以年老請歸故里。朱元璋大悅，賞賜極厚。

一三八九年 己巳 明洪武二十二年

正月　改大宗正院為宗人府，管理皇室宗族事

務，以秦王朱樉為宗人令。

一三九〇年 庚午 明洪武二十三年

四月 潭王朱梓之妃弟，係胡惟庸餘黨，朱梓深懼被問罪，與妃自焚死。吉安侯陸仲亨，亦因胡惟庸案被殺。

五月 殺韓國公李善長，因其與胡惟庸往來較多，妻女弟姪七十餘人坐誅。

一三九一年 辛未 明洪武二十四年

七月 徙浙江九布政司及應天十八府州富民一萬四千三百餘戶，充實京師。

一三九二年 壬申 明洪武二十五年

四月 皇太子朱標病死。

八月 靖寧侯葉升，坐胡惟庸案被誅。

九月 立皇孫朱允炆為皇太孫。

一三九三年 癸酉 明洪武二十六年

二月 涼國公藍玉，以謀反罪處死，誅其九族，牽連者一萬五千餘人，史稱「藍獄」。

三月 命燕王朱棣、晉王朱棡總制北平、山西軍事，有大事方奏聞。

九月 因胡藍二獄誅殺過當，乃命赦其餘黨，不再追問。

十月 有罪削爵者，皆復官。

是歲 定天下都司衛所，共計都司十七，留守司一，內外衛三百二十九，守禦千戶所六十五。

一三九四年 甲戌 明洪武二十七年

十一月 潁國公傅友德賜死，以其請封田地，貪得無厭。

十二月 定遠侯王弼賜死。

一三九五年 乙亥 明洪武二十八年

二月 宋國公馮勝賜死。一說洪武帝召馮勝飲酒，歸而暴卒。史載藍玉獄起之時，時人已知馮勝不免於死。至此，明朝開國元勳，屠戮殆盡。

六月 詔禁黥、刺、荆、劓、閹割之刑，只宜遵循《明律》及《大誥》行事。

九月 頒《皇明祖訓》。減諸王歲支五分之四，以充國用。

一三九六年 丙子 明洪武二十九年

三月 燕王朱棣巡邊敗韃靼兵，揚威塞外。

一三九七年 丁亥 明洪武三十年

五月 以會試所取皆南人，考官白善蹈、覆閱官張信論死，主考官劉三吾因年邁免死，發配戍邊。

六月 洪武帝親自策試諸貢士，錄取六十一人，皆北人及川陝人。賜馬皇后所生之女安慶公主駙馬、都尉歐陽倫死，以其派人出境販茶。

一三九八年 戊寅 明洪武三十一年

閏五月 洪武帝死，年七十一，葬於孝陵，諡曰高皇帝，廟號太祖。皇太孫朱允炆即位，是為明惠帝（建文帝）。

六月 燕王朱棣自北平奔喪，將至淮安，被遺詔止之，燕王及諸王皆不悅。惠帝命兵部尚書齊泰、太常卿黃子澄商議削藩。戶部侍郎卓敬，密疏燕王雄才大略，士馬精良，應將其改封南昌，以便就近控制。惠帝未從。

七月 周王朱橚及世子廢為庶人，徙雲南蒙化。旋即，齊王朱榑、代王朱桂、岷王朱楩等亦被捕。燕王朱棣深為疑懼。

十一月 燕王朱棣稱病，加緊在北平選將練兵。惠帝用齊泰計，調朱棣所部戍守開平，以去其羽翼。命工部侍郎張昺為北平布政使，謝貴、張信掌北平都指揮使司，各授密旨，去監控燕王。

明太祖大白話御旨一則，朱元璋自己當過和尚，所以才會說出「我想，修行是好的勾當」這樣親切的話來。

明惠帝（建文帝）朱允炆（西元一三九九～一四○二年）

一三九九年 己卯 明建文元年

正月 燕王朱棣遣長史葛誠入京奏事，惠帝問燕邸事，葛誠據實相告。惠帝遣葛誠歸燕，使為內應。朱棣察葛誠歸來色異，心疑之。

二月 惠帝冊封馬氏為皇后，立長子朱文奎為皇太子，封弟朱允熥為吳王，朱允熞為衡王，朱允熙為徐王，命「諸王毋得節制文武吏士」。

三月 惠帝命都督宋忠率兵三萬屯開平，都督耿瓛練兵山海關，都督徐凱練兵臨清，命北平、永清二衛軍前移彰德、順德，以防燕王，又密令張昺、謝貴嚴為戒備。遣刑部尚書暴昭、戶部侍郎夏原吉等二十四人，充採訪使，巡行天下。

四月 遣使捉拿被控製偽鈔及擅自殺人的湘王朱柏，朱柏恐無以自明，闔家自焚死。齊王朱槫，代王朱桂，皆以罪廢為庶人。

六月 岷王朱楩廢為庶人，徙漳州。朱棣護衛倪

諒密奏惠帝，稱燕王部下於諒、周鐸有罪。齊泰將二人逮至京師，戮之。惠帝因此事詔責燕王，朱棣大懼，裝瘋走呼市中，奪人酒食，胡言亂語，或臥土中，終日不醒。張昺、謝貴前來問候，朱棣盛夏圍爐搖顫，曰「寒甚」。葛誠密告張昺、謝貴：「燕王本無恙，公等勿懈。」此前，朱棣曾命護衛鄧庸入朝奏事，齊泰對其利誘，鄧庸具告燕王將舉兵內情。齊泰發令往逮燕王及其部屬，密使謝貴、張昺同時動手，約葛誠、盧振為內應，北平都指揮張信去捉拿朱棣。張信為燕王舊部，此時叛附朱棣，以實情相告。朱棣流涕下拜：「生我一家者，子也。」命部下張玉、朱能等，率壯士八百人入衛。

七月 謝貴、張昺兵圍燕王府，稱來向燕王稟報，奉命抓拿其有罪官屬。朱棣坐東殿，召謝貴、張昺入內飲酒，埋伏壯士，於端禮門內將二人殺之，並殺盧振、葛誠等。七月初五日，朱棣上書惠帝，以「清君側」為名，稱其師曰「靖難」，發兵南下。惠帝聞訊，立刻佈告天下，以長興侯耿炳文為征虜大將軍，駙馬都尉李堅、都督寧忠為副將，率師並進北平，列陣於真定（今河北正定）。但惠帝同時告誡將士，「毋使朕有殺叔父名」。

十月 朱棣起兵後，一路勢如破竹，武力大增。燕軍本就訓練有素，此時又為利所驅，敢與朝廷軍士死戰。

十一月 朱棣再度上書惠帝自辯，稱此舉無它意，只為請誅齊泰、黃子澄等亂臣賊子，以安天下。

一四○○年 庚辰 明建文二年

二月 韃靼可汗遣使來燕納款，且請助兵燕王。

六月 惠帝用齊泰、黃子澄計，遣使赦燕王罪，命其罷兵。朱棣置若罔聞。

十二月 山東東昌一役，燕軍遭受重創，朱棣數陷危機。朝廷諸將奉惠帝之命，莫敢加刃置其死地。燕王亦以此自恃，每敗北，輒以獨騎斷後，朝廷大軍不敢追逼。

一四〇一年 辛巳 明建文三年

正月 朝廷大軍痛擊燕軍於深州（今河北深縣），朱棣遂還北平。

二月 朱棣再度南下。

閏三月 諸郡縣望風降燕，朱棣盡收各地精銳。惠帝罷齊泰、黃子澄職，實則派其赴外募兵。

四月 惠帝再遣使赴燕，赦燕王朱棣之罪，保證不予追究，請罷兵歸藩。朱棣一笑了之。

一四〇二年 壬午 明建文四年

五月 燕師下江蘇泗州、盱眙，克揚州，至六合。惠帝一面下詔天下勤王，一面用方孝孺計，遣燕王從姊慶成郡主至朱棣軍中，請割地議和。朱棣未許。

六月 江防都督陳瑄，率舟師叛附於燕，燕軍遂自瓜洲渡江，兵圍京師。惠帝又遣李景隆、谷王朱橞，相繼赴燕軍請和。朱棣仍未許。十三日，都城陷，宮中火起，惠帝不知所終。十七日，朱棣即皇帝位，是為明成祖文皇帝。恢復周王朱橚、齊王朱榑爵位。清宮三日，諸宮人、女官、內官皆殺死，唯留曾得罪朱允炆者。殺齊泰、黃子澄，誅其九族。殺方孝孺，以其未肯為己起草登極詔書，滅十族（九族及方之學生）。殺練子寧，因其出語不遜，斷舌磔死，宗族棄市者一百五十一人。殺卓敬，誅三族。殺鐵鉉，割耳鼻置油鍋中烹死。中山王徐達之子徐輝祖，奉惠帝命與朱棣苦戰，亦欲殺之，慮其握有徐達所遺免死鐵券，削爵了事。

七月 革除建文年號，改建文四年為明洪武三十五年。殺不附者，刑部尚書暴昭、侯泰，禮部尚書陳迪，戶部侍郎郭任、盧迥等人，皆慘死。

八月 左僉都御史景清，早朝時懷刃入，稱「欲為故主報仇耳」，磔於市。又夷其九族，掘其先人塚墓，墟其故里，轉相株連，斬盡殺絕，謂之「瓜蔓抄」。

九月 大封靖難功臣，邱福為淇國公，朱能為成國公，張武為成陽侯等侯者十三人，徐祥等伯者十一人。徙山西無田之人移民北平，按戶給鈔，五年後稅之。

十月 重修《太祖實錄》。

十一月 立妃徐氏（徐達之女）為皇后。廢廣澤王朱允熥、懷恩王朱允熞為庶人。

福建寧德某地，發現疑似建文帝墓穴，史學界對此莫衷一是。

明成祖永樂帝朱棣（西元一四〇三～一四二四年）

一四〇三年 癸未 明永樂元年

正月 周王朱橚，齊王朱榑、代王朱桂、岷王朱楩，前為建文帝所逐者，皆復其爵，令各歸故封。谷王朱橞，以其開門迎降有功，尤為嘉獎，改封長沙，賜樂七奏，衛士三百，尋又增歲祿二千石。下詔以北平為北京。

二月 設留守司、行府、行部、國子監於北京，改北平府為順天府。遣監察御史分巡天下各地，遂為永制。遣司禮監太監侯顯往使西域烏斯藏（今西藏）。自此宦官出使者，不絕於朝。

五月 曹國公李景隆等，修《太祖實錄》告成。

七月 命翰林侍讀學士解縉等修《永樂大典》。

八月 徙直隸、蘇州、浙江等地富民，充實北京。

九月 遣宦官馬彬使爪哇、蘇門答臘，李興使暹羅等國。

十月 日本國王源道義遣使來朝入貢，賜以冠服、印璽、金章及錦綺、紗羅細軟之物。遣宦官尹慶使滿剌加（今馬來西亞）、柯枝（今印度西南海岸科欽一帶）等國。

是歲 始命宦官出鎮貴州、廣西、寧夏諸邊，賜公侯服，位在當地諸將之上。朝鮮遣使入貢。普查全國人口，計六千六百五十九萬八千三百三十七人。

一四〇四年 甲申 明永樂二年

二月 會試天下貢士，錄進士四百七十人。

四月 以僧道衍為太子少師，賜名姚廣孝。立世子朱高熾為皇太子，次子朱高煦為漢王。當靖難兵起，朱高熾居守北平，朱高煦扈從永樂帝，屢有戰功，頗為自負，遂謀奪嫡。武臣皆請立朱高煦，解縉等則主立嫡。朱高煦不得立，深恨解縉等人。《文華寶鑑》成，命授於太子，以明帝王之道。

九月 徙山西民萬戶，充實北京。

十月 長興侯耿炳文諸子，皆因忠於惠帝而死，耿炳文遭人彈劾，懼而自殺。

十二月 曹國公李景隆，因被誣有「十八子當有天下」之語，死於獄。

一四〇五年 乙酉 明永樂三年

六月 遣宦官鄭和出使西洋諸國，遣宦官山壽率兵出雲州巡邊。此為宦官典兵之始，以後遂以為常。

九月 再徙山西民萬戶，充實北京。

十月 命宦官伺察駙馬都尉梅殷，以為不忠於己，命前軍都督譚深、錦衣衛指揮趙曦二人，俟梅殷入朝時，將其擠於笪橋下溺死。

十一月 詔天下有收藏方孝孺詩文者，罪皆至死。庶吉士章樸，因此被戮於市。

一四〇六年 丙戌 明永樂四年

正月 遣使日本。

六月 詔嚴禁誹謗。

閏七月 詔以明年五月建北京宮殿，分遣大臣宋禮等人，採木於四川、湖廣、江西、浙江、山西等處。

八月 詔通政司，「凡上書奏民事者，雖小必以聞」。廢齊王朱榑父子為庶人。

一四〇七年 丁亥 明永樂五年

正月 詔為僧者過多，命付兵部將其編為士卒，發戍遼東、甘肅。

四月 皇長孫朱瞻基出閣就學，時年十歲，姚廣孝等充任講讀。

七月 皇后徐氏死，太子高熾、漢王高煦、趙王高燧，皆徐氏所出。

九月 鄭和首次還自西洋，西洋諸國亦遣使同來。

十月 鄭和第二次出使西洋。

十一月 遣給事中胡濙以訪仙人張邋遢為名,遍行天下州郡縣邑,尋訪惠帝下落。胡濙歷十年始還,仍未獲知惠帝音訊,僅將所探民間隱事呈報。《永樂大典》書成,永樂帝親製序言。

一四〇八年 戊子 明永樂六年
是歲 皇帝無大事可敘。

一四〇九年 己丑 明永樂七年
二月 永樂帝北巡,留皇太子朱高熾京師監國。

八月 鄭和第二次返自西洋。

一四一〇年 庚寅明 永樂八年
二月 親率大軍北征韃靼,命皇長孫朱瞻基留守京師,戶部尚書夏原吉輔之。

六月 七月經開平至北京,十一月還至京師。

一四一一年 辛卯明 永樂九年
正月 陳瑛初得寵信,為都御史,常羅織罪名誣陷他人,被其滅家者不可勝數。永樂帝後亦不能容忍,將其下獄論死。

六月 鄭和第三次自西洋還。

十月 命姚廣孝、夏原吉等重修《太祖實錄》。

一四一二年 壬辰 明永樂十年
正月 詔入覲官員一千五百餘人,當面各陳民瘼(民間疾苦),不言者罪之。

六月 諭戶部「凡郡邑有司及朝使,目擊民艱不言者,悉逮治」。

七月 禁宦官干預有司政事。

十二月 以將營建北京,命宋禮赴川蜀伐木。

一四一三年 癸巳 明永樂十一年
正月 詔「凡朝覲官,境內災不報者,罪之」。前大理寺左丞王高、右丞劉端,曾縱容方孝孺之

明成祖永樂通寶

明成祖朱棣御筆碑刻

子,懼禍棄官逃走,捕殺之。詔宥免建文帝諸臣姻戚。

二月 命北京民戶計丁養官馬,以備所需,十五丁以下養馬一,十六丁以上養馬二,更推行於河南等地,民漸苦之。永樂帝赴北京,皇太孫隨行,命皇太子監國。北京昌平天壽山長陵,是月告成。

五月 定死罪納贖條例,當斬者八千貫,當絞者六千貫,納贖即可免死。

十一月 瓦剌擾邊,調各路兵馬會於北京,將予親征。

是歲 鄭和第四次出使西洋。

一四一四年 甲午 明永樂十二年
正月 發山東、山西、河南及鳳陽、淮安、徐州、邳州民十五萬,運糧赴宣府(今河北宣化),備征瓦剌。

二月 下詔親征瓦剌,發馬步軍五十餘萬。

明成祖頒發的諭令

三月 從北京出發征瓦剌，皇太孫隨行。

六月 明軍一路獲勝，斬俘無數，窮追至土拉河（今蒙古國境內）。

八月 永樂帝還師，至北京。

閏九月 漢王朱高煦謀奪太子位，羅織太子罪名。永樂帝北征回，因太子奉迎緩慢，且書奏失辭，歸咎其部屬，多人下獄。

十一月 命儒臣胡廣、楊榮、金幼孜等纂修《五經》、《四書》、《性理大全》等書。

是歲 宗喀巴派弟子釋迦也失進京朝覲，明廷封其為「西天佛子大國師」。

一四一五年 乙未 明永樂十三年

正月 前交阯右參議解縉，死於獄。解縉在太祖洪武朝時，因批評太祖政令屢改，罷官八年。建文帝時，再出仕。永樂五年，以「洩禁中語」、「廷試讀卷不公」謫廣西。永樂八年入京奏事，適逢永樂帝北征，謁太子而還。漢王朱高煦因解縉未主立己進讒，謂解縉私謁太子而還，無人臣禮，遂因此下獄。今死於獄，籍其家，妻子宗族徙遼東。

二月 會試天下貢士於北京。

四月 密令審查太子及其部屬，勳舊金忠願連坐保太子，朱高熾方得以不廢。

五月 漢王朱高煦不欲赴雲南就封，改封在近地青州，仍遷延不肯前往，永樂帝疑之。

八月 鄭和第四次自西洋還，俘蘇門答臘王弟蘇幹剌以獻。

十月 詔「自今死罪皆五覆奏，著為令」。

一四一六年 丙申 明永樂十四年

正月 賑北京、河南、山東飢民，發粟一百三十七萬石，又免十二年以前欠賦。

三月 改封趙王朱高燧於彰德。時漢王朱高煦仍居南京，令速赴封地青州，朱高煦拖延如故。

四月 宥齊泰、黃子澄遠親未處置者。

八月 作北京行宮。

九月 疑漢王朱高煦，將其召往北京。

十月 自北京回京師。

十一月 決定遷都北京。發現上月在北京期間，漢王朱高煦在南京私選健士，又募兵三千，多行不法，削其兩護衛，以示警誡。

十二月 翰林院編輯《歷代名臣奏議》告成。

一四一七年 丁酉 明永樂十五年

二月 谷王朱橞驕肆，奪民田，侵公稅，殺無罪人，招匿亡命，習兵法戰陣，廢為庶人。

三月 宥雜犯死罪以下囚，命送往北京贖罪。徙封漢王朱高煦於樂安州（今山東廣饒）。

四月 北京西宮告成。

五月 永樂帝抵北京。禁兵器賣外國，雖親勳不宥。鄭和第五次出使西洋。

六月 開始營建北京宮殿。

九月 曲阜孔子廟修成。

一四一八年 戊戌 明永樂十六年

三月 姚廣孝卒，以謀策靖難有功，追贈榮國公，永樂帝親製《神道碑》記之。

四月 日本遣使來貢，然海警猶未絕。

五月 戶部尚書夏原吉等，上《太祖實錄》共二百五十七卷，又修《太祖寶訓》計十五卷，實錄自此始定。

六月 皇太子留南京監國。漢王朱高煦、趙王朱高燧讒搆百端，令侍從朱高熾監國之臣朝夕自危。永樂帝亦疑太子，遣禮部侍郎胡濙巡江

浙諸郡，密令至南京多留數日，以察訪太子德行。胡濙以皇太子誠敬孝謹七事密奏，永樂帝之疑始釋。

一四一九年 己亥 明永樂十七年

七月 鄭和第五次使西洋還，凡歷十九國，皆先後遣使朝貢。

十二月 諭法司，自今在外諸司，死罪咸送京師審錄，必三覆奏，然後行刑。

一四二〇年 庚子 明永樂十八年

閏正月 擢布衣馬麟等十三人，為布政使參政參議。

七月 命大捕尼姑、女道士數萬人入京，欲察獲一位名叫唐賽兒的女道士，無果。

八月 置東廠於北京東安門北，以太監掌之，司緝訪，刺大小事以聞。自此宦官益發專橫，不可遏制。

九月 詔以明年元旦改京師為南京，定北京為京師，設六部，去「行在」之稱，命將南京諸司印呈京師北京諸司，別鑄南京諸司印，加南京二字。宦官侯顯自永樂元年出使西域，是月又第五次出使，與鄭和背道陸路而馳。

十一月 以遷都北京，詔告天下。

十二月 皇太子、皇太孫至北京。北京郊廟宮殿全部告成，論營建功，封薛祿為陽武侯，擢工部郎中蔡信為工部右侍郎。

一四二一年 辛丑 明永樂十九年

正月 以定都北京，宮廟告成，大赦天下。命鄭和第六次出使西洋。

四月 奉天、華蓋、謹身三殿火災。命尚書蹇義等二十六人分巡天下，問軍民疾苦，若發現官吏擾民者，奏黜之。

十一月 分遣宦官楊實、御史戴誠等，勘兩京及天下庫藏出納之數，覈實以聞。又欲北征，戶部尚書夏原吉等大臣皆言糧儲不足，且連年出師無功，宜休養兵民。永樂帝怒而開罪，將夏原吉下獄，並籍其家，發現夏家除朝廷賞賜外，唯瓦器布衣而已。

一四二二年 壬寅 明永樂二十年

三月 第三次親征蒙古。

七月 北征獲勝，虜牛羊十餘萬還師。

九月 鄭和第六次自西洋還，諸番國皆隨入貢。命宦官及朝臣八十人，核天下倉儲出納之數。

閏十二月 乾清宮火災。

一四二三年 癸卯 明永樂二十一年

五月 常山護衛指揮孟賢等，謀毒朱棣，待其死後即廢太子，立趙王朱高燧，事發伏誅。

七月 第四次親征蒙古，擊韃靼阿魯臺。

十一月 永樂帝返京師。

一四二四年 甲辰 明永樂二十二年

四月 第五次親征蒙古，命皇太子監國，於六月班師。

五月 因連年用兵，白骨蔽野，免湖廣、河南等地田租。浙江周叔光、福建王均亮起事，御史王復奏請發兵剿除。永樂帝問計楊榮，楊榮道：「此愚民無知，或為有司所苦，或窘於衣食，不得已相聚山谷，以求苟活。兵出，將益聚不可解，宜遣使招撫。」從之，果平息。

七月 永樂帝病久，想起三年前夏原吉力諫北征之言，歎息「原吉愛我」。至榆木川（今內蒙古烏珠穆沁旗東南），召英國公張輔頒遺詔，傳位皇太子，死年六十五。文淵閣大學士楊榮、左監馬雲等，因六師在外祕不發喪，棺內灌錫液貯屍，盡殺錫工滅口，朝夕傳膳如常，派員奉遺命馳報皇太子。

八月 遺詔至京師，皇太子即日遣皇太孫迎喪於開平（多倫）。將夏原吉、黃淮、楊溥、金問等諫言北征獲罪之臣，皆釋放出獄。皇太子朱高熾即位，是為仁宗昭皇帝。大赦天下，詔以明年為洪熙元年。

明《永樂大典》書影

九月 賜蹇義等四人銀章各一，上鑴「繩愆糾謬」四字，諭以「協心贊務，凡有闕失宜言者，用印密封以聞」。立張氏為皇后，皇長子朱瞻基為皇太子。

十一月 宥建文帝諸臣家屬，詔「建文諸臣家屬，在教坊司、錦衣衛、浣衣局及功臣家為奴者，悉宥為民，還其田土。言事謫戍者，亦如是」。韃靼阿魯臺聞成祖死，遣使貢馬，詔宥其罪。諭曰：「自即位後，四方萬國罪無大小，悉予赦宥。」遣監察御史湯瀠等十四人，分巡天下，考察官吏。詔天下衛所官員，不得擅自役使屯田軍士，違者罪之。

十二月 詔建文帝諸臣外親全家戍邊者，留一人在戍所，餘悉放還。嚴禁過多接受藩邦入貢，以省回饋所致浮費。進大學士楊榮為工部尚書，詔以後凡入文淵閣者，皆晉升尚書，於是閣職漸崇。葬成祖文皇帝於長陵。

明成祖朱棣長陵

明仁宗洪熙帝朱高熾（西元一四二五年）

一四二五年 乙巳 明洪熙元年

正月 進大學士黃淮為少保兼戶部尚書，楊士奇兼兵部尚書，金幼孜兼禮部尚書。建宏文閣，命翰林院學士楊溥掌閣事。

二月 命鄭和領下番官軍守備南京。

三月 朱高熾欲還都南京，詔北京諸司悉稱行在。

五月 詔修文皇帝實錄，以英國公張輔、尚書蹇義與夏原吉監修，大學士楊士奇為總裁。朱高熾死，在位不及一年。皇太子在南京謁孝陵未至，群臣請鄭、襄二王監國。

六月 皇太子朱瞻基即位，是為宣宗章皇帝。以明年為宣德元年，大赦天下。

七月 敕修仁宗實錄，以張輔、蹇義、夏原吉及成山侯王通為監修，大學士黃淮、金幼孜、楊榮、楊溥、楊士奇同為總裁。

八月 始設巡撫一職，奉命巡視各地。

九月 葬仁宗昭皇帝朱高熾於獻陵。

是歲 更定科舉法，會試取士不過百人，兼顧南北，南人十分之六，北人十分之四。

明宣宗宣德帝朱瞻基（西元一四二六～一四三五年）

一四二六年 丙午 明宣德元年

正月 赦死罪以下之人，令其運糧宣府自贖。遣吏部侍郎黃宗載十五人清理天下軍伍，自後以為常。漢王朱高煦遣人獻元宵燈，藉以窺伺朝廷。宣宗曰：「吾惟推至誠以待之耳。」

五月 昔皇后金冊金寶，貴妃以下有冊無寶，宣宗特請皇太后製金寶賜孫貴妃，貴妃有寶自此始。始立內書堂，使宦官通文墨。洪武年間，太祖嚴禁太監識字。後設尚寶監，掌御寶圖書，皆僅識字而已，不明其義。從此不但允許太監讀書，且設專職予以教育。皇帝每日處理奏報，除御筆親書數本外，餘皆由秉筆太監照閣中票擬字樣，用硃筆批行，遂與外廷交接往來。宣宗即位後，賜漢王朱高煦、趙王朱高燧較他府為厚，朱高煦有所請，皆曲從其意，由是益自肆。朱高煦於是月謀反，宣宗親征。

九月 廢朱高煦為庶人，囚於宮內，所部多人伏誅。此事牽連趙王朱高燧，用楊士奇之議：「今上惟兩叔父，有罪者不可赦，其無罪者，宜厚待之。」遂勿問趙王。

一四二七年 丁未 明宣德二年

四月 晉王朱濟熿因密遣手下交結漢王，圖謀不軌，廢為庶人，囚於鳳陽，同謀官屬皆論死。

十一月宣宗年三十，胡皇后未有子，孫貴妃因產子更為受寵。宣宗以長子朱祁鎮出生，大赦天下，免明年稅糧三分之一。

一四二八年 戊申 明宣德三年

二月 宣宗立朱祁鎮為皇太子，孫貴妃佯驚曰：「皇后病癒自有子，吾子豈敢先立？」胡皇后知趣，遂自請遜位。

明宣宗行樂圖

三月 廢胡皇后，立孫貴妃為皇后。

六月 宦官裴宗漢盜賣官木，向太監楊慶行賄，下錦衣衛獄。

八月 北寇每歲秋高馬肥必擾邊，宣宗命整飭兵備巡邊。車駕發京師，蹇義、楊榮等扈從，張輔、薛祿等分率各軍。皇次子朱祁鈺生，母吳妃。

十月 都御史劉觀及子貪贓枉法，下錦衣衛獄。楊士奇、楊榮為其說情，謫戍遼東。命宦官郭敬鎮守大同。

明宣宗御畫作

一四二九年 己酉 明宣德四年

四月 殺朱高煦，其諸子皆伏誅。

一四三○年 庚戌 明宣德五年

正月 太宗、仁宗兩朝實錄及寶訓修成。戶部尚書夏原吉卒。吏部考察天下朝覲官，罷無能者五十五人為民，貪污者二十五人戍邊。

九月 擢監察御史于謙為兵部侍郎.

一四三一年 辛亥 明宣德六年

正月 命鄭和第七次出使西洋。

二月 時宣宗頗喜游獵，江西巡按御史陳祚上疏，勸宣宗讀《大學衍義》。宣宗以博覽經史自負，下陳祚及家人十餘口入獄，囚繫五年。

三月 命吏部考察外官。

八月 趙王朱高燧死。

十二月 宦官袁琦自幼隨侍宣宗，仗勢貪縱，掠取官民財物，事發下錦衣衛獄。往各地逮其黨羽，十一人磔於市。

是歲 大學士金幼孜卒。

一四三二年 壬子 明宣德七年

正月 賜司禮太監金瑛、范洪免死詔。

八月 戶部尚書黃福持正不阿，改為南京戶部尚書。

一四三三年 癸丑 明宣德八年

七月 鄭和第七次自西洋還。

一四三四年 甲寅 明宣德九年

九月 宣宗巡邊，自京師出發，過居庸關，十月自洗馬林還宮。

一四三五年 乙卯 明宣德十年

正月 宣宗死於乾清宮，年三十八。遺詔國家重務，裏皇太后。太子朱祁鎮即位，是為英宗睿皇帝，時年九歲。詔以明年為正統元年。

二月 斥請太皇太后垂簾聽政者。

六月 葬宣宗於景陵。

九月 以自幼隨侍太監王振掌司禮監，呼為先生。王振遂擅作威福，招權納賄。

明宣宗朱瞻基年間所鑄宣德爐

明英宗正統帝朱祁鎮（西元一四三六～一四四九年）

一四三六年 丙辰 明正統元年

三月 從大學士楊士奇之請，定經筵之制，每月三次在文華殿給皇帝講經，寒季（十月至十二月）暑季（五月至七月）兩季停。

七月 訪得孔子四十八代孫衍聖公孔端友，及宋儒周敦頤、程顥、程頤、司馬光、朱熹等賢哲後裔，修其祠墓，免其徭役。

十一月 王振欲令朝臣畏己，藉口奏事拖延慫恿英宗，將兵部尚書王驥及兵部侍郎鄺埜下獄。

一四三七年 丁巳 明正統二年

正月 太皇太后欲誅王振。一日，太皇太后在便殿召英國公張輔、大學士楊士奇、楊榮、楊溥、尚書胡濙入朝，稱此五人乃先朝遺臣，有事必與之計，非五臣所贊成者不可行。又召王振至，斥曰：「汝侍皇帝起居多不律（不合規章），今當賜汝死。」命女官架刀於王振頸上，英宗跪地為王振求命，五大臣亦跪，方免死，囑以後不得干預國事。王振自此稍有收斂。不久，太皇太后病，王振又復跋扈。

一四三八年 戊午 明正統三年

四月 《宣宗皇帝實錄》告成。

一四三九年 己未 明正統四年

是歲 皇帝無大事可敘。

一四四〇年 庚申 明正統五年

二月 楊士奇、楊榮推薦翰林院侍講學士馬愉、曹鼐入內閣，參與機密，以防王振安插奸人。

三月 永樂年間，奉天、華蓋、謹身三殿火後，僅稍加修葺。英宗即位，命宦官阮安與都督沈清、工部尚書吳中重建三殿，皆較前壯麗，並修繕乾清、坤寧二宮。

六月 王振喜僧道，京師僧道滿街市，達二萬二千三百餘名。

十一月 河南僧人楊行祥冒充建文帝，下獄死。

一四四一年 辛酉 明正統六年

三月 兵部侍郎于謙巡撫山西河南，政聲頗佳，每入京師無私謁。王振懷恨在心，使人彈劾「謙以久不遷怨望，擅舉人自代」，下法司論死。繫獄三月，始釋。

九月 奉天、華蓋、謹身三殿，及乾清、坤寧宮修復完成。

十一月 因三殿落成，宴文武百官，大赦天下。永樂以來，宦官不得參與外廷宴，而王振非但可以參與，百官呼其為「翁父」。諸事王振者，無不擢升。先前，仁宗欲將京師回遷南京，命北京諸司仍稱行在，今宮殿告成，定都北京不變，始去北京行在之稱。

一四四二年 壬戌 明正統七年

五月 立皇后錢氏。

十月 太皇太后張氏死，王振擅權益發無忌，陷害異己，左右朝政。

一四四三年 癸亥 明正統八年

是歲 皇帝無大事可敘。

一四四四年 甲子 明正統九年

七月 因駙馬都尉石璟責家中宦官，王振怒其賤己同類，陷之下獄。

十月 王振威勢日重，自都憲以下見其皆跪。監察御史李儼，在光祿寺監收祭物，不知王振經過。王振怒其不跪，將其下獄，謫戍鐵嶺衛。

一四四五年 乙丑 明正統十年

正月 王振專權日甚，朝臣無敢言者。錦衣衛士卒王永心中不平，歷數王振罪惡為書，張貼於城內。事發被捕，處磔刑。

七月 霸州知府張需，因宦官牧馬擾民，咎其部屬。宦官密告王振，王振送下張需入錦衣衛獄，筆楚幾死，然後戍邊。

一四四六年 丙寅 明正統十一年

正月 詔王振姪王林世襲錦衣衛指揮僉事官，並授太監曹吉祥等人之弟姪輩世襲副千戶。宦官世襲，始於此。

一四四七年 丁卯 明正統十二年

三月 國子祭酒李時勉不願依附王振，乞致仕，朝官送行者三千人。

一四四八年 戊辰 明正統十三年

是歲 皇帝無大事可敘。

一四四九年 己巳 明正統十四年

六月 謹身殿火災，延及壽天、華蓋二殿，門俱毀。

七月 英宗親征瓦剌。元亡後，蒙古瓦剌部不時引兵南下。是歲夏末，其首領也先擁眾入犯大同，邊報京師告急。王振建議英宗親征，兵部尚書鄺埜、侍郎于謙則力言「六師不可輕出」。英宗在王振挾持下，率大軍五十萬經居庸關北出，過懷來，至宣府，未及大同，兵已乏糧，倒斃滿路。也先佯避，誘明軍深入。

八月 英宗至大同，王振仍欲北行。鎮守大同宦官密言王振，言「勢決不可行」，前方敗報踵至，王振始遣師。至土木堡（河北懷來東），已近黃昏，眾將建議入保懷來城，因王振押輜重尚未趕至，英宗在此等候。瓦剌軍突然四面合圍，明軍人馬飢渴，兩日無計脫困。第三日，也先遣使求和，王振派人前去談判，隨之傳令突圍。大營一動，迴旋間行伍已亂，未行三四里，瓦剌勁騎追至，明軍倉促應戰，死者

過半。英宗突圍不得出，下馬踞地而坐被俘。護衛將軍樊忠，用鐵錘殺死王振，言「吾為天下除此賊」。是役，明軍死傷數十萬，文武從征扈行大臣張輔、曹鼐等死難者五十餘人。宦官喜寧投降也先，悉以明廷虛實相告。敗訊傳至京師，百官皆聚闕下慟哭，皇太后盡搜宮中寶物送也先，請贖還英宗。宣宗次子、英宗之弟郕王朱祁鈺，奉皇太后之命監國，是為明代宗。有人認為，北京天數已盡，惟南遷可以紓難。兵部侍郎于謙，力主保衛北京，厲聲曰：「言南遷者，可斬也。京師天下根本，一動則大事去矣。獨不見宋南渡事乎？請速召勤王兵，誓以死守。」皇太后擢于謙為兵部尚書，立皇子朱見濟為皇太子，改名見深，時年二歲，誅王振黨羽。此刻，也先至宣府，知不可動，乃退去，又至大同。明大同守將郭登送金帛給也先，請贖回英宗。也先許諾賄至，即歸還英宗，後出爾反爾。

十月 也先詭稱送還英宗，大舉入犯北京。于謙分遣諸將，率京師軍民二十二萬人，列陣九門之外，自在德勝門外督師。也先至城下，索金帛數以億計被拒，乃攻德勝門。明將石亨將其擊敗，轉攻西直門，再敗之。五天後，也先遁去，京師解困。

十二月 朱祁鈺以皇太后為上聖皇太后，以生母賢妃吳氏為皇太后，立郕妃汪氏為皇后，徙英宗皇后錢氏為上皇后，別居仁壽宮。

土木堡之戰遺址

明代宗景泰帝朱祁鈺（西元一四五○～一四五七年）

一四五○年 庚午 明景泰元年

閏正月 也先用叛閹喜寧計，擾寧夏。自土木之變，邊將無敢與也先戰。大同總兵郭登沙窩之役，全軍為之一振。

二月 叛閹喜寧伏誅。

三月 瓦剌又擾邊，山西朔州、陽和、偏頭關、甘肅慶陽、寧夏等地所過殘掠。

七月 明遣使赴瓦剌迎太上皇英宗。也先因景泰帝已即位，再留英宗無意義，將其放歸明廷。景泰帝迎英宗於東安門，相互拜泣，推遜良久，送英宗至南宮。

一四五一年 辛未 明景泰二年

二月 宦官興安以皇后之命，度僧道五萬餘人。尚書于謙諫曰：「今四方多流徙之民，三邊缺戰守之士，度僧道過多，恐乖國本。」

一四五二年 壬申 明景泰三年

五月 廢皇太子朱見深為沂王，立皇子朱見濟為皇太子，廢皇后汪氏，立太子生母杭氏為皇后。

一四五三年 癸酉 明景泰四年

三月 宦官興安佞佛，專擅甚於王振。

十一月 皇太子朱見濟死。

一四五四年 甲戌 明景泰五年

是歲 皇帝無大事可敘。也先被殺，諸子離散，瓦剌部衰落，韃靼勢力復振。

一四五五年 乙亥 明景泰六年

是歲 皇帝無大事可敘。

一四五六年 丙子 明景泰七年

五月 朝臣有言于謙權柄過重。宦官興安曰：「只說日夜與國家分憂，不要錢，不愛官爵，不問家計，朝廷正要用此等人。可尋一個來換于謙？」眾皆默然。

十二月 景泰帝朱祁鈺病重。

一四五七年 丁丑 明景泰八年天順元年

正月 景泰帝病日重，諸臣請早定儲位，未允。原大同總兵石亨與太監曹吉祥密謀，認為立太子不如請太上皇朱祁鎮復位，可邀功賞。遂將朱祁鎮拉上鑾輿，從東華門奪門而入，至奉天殿落座，鳴鐘鼓，啓諸門。百官忽聞殿上喧囂，無不驚愕。太常卿徐有貞出，稱太上皇已復位，召諸臣入賀。百官震駭入謁，朱祁鎮曰：「卿等以景泰皇帝有疾，迎朕復位，其各任事如故。」景泰帝朱祁鈺病臥御榻，聞鐘鼓聲大驚，問知是太上皇復位，連聲曰：「好！好！」朱祁鎮改景泰八年為天順元年，論奪門功，命徐有貞任兵部尚書，封石亨為忠國公，下于謙入獄，罪名為意欲迎外藩入繼大統，後斬於市，開列于謙黨人名單示天下。

二月 廢景泰帝朱祁鈺仍為郕王，遷於西內居住，是月十七日死，諡曰戾，毀所營壽殿，葬西山。石亨等肆意搆陷罪名，殺于謙部下多人，皆忠勇之士。

三月 復立沂王朱見深為皇太子。

六月 下徐有貞入錦衣衛獄，因石亨、曹吉祥等與其相軋。

十月 祭葬王振，為其立祠。英宗漸對石亨恣橫有所不滿。釋放文圭出獄，文圭乃建文帝幼子，被囚時才兩歲，此時五十七歲。文圭初出，見牛馬不識，未幾卒。

明英宗天順帝朱祁鎮（西元一四五七～一四六四年）

一四五八年 戊寅 明天順二年

八月 詔修《一統志》，命李賢為總裁官，書成凡九十卷。

十月 時錦衣校尉四出刺事（偵察事端），所到之處，官吏皆恐，多向其行賄，以求平安，雖皇親國戚亦所不免。無賄者，則遭逮捕，每捕一人，必破數家。李賢請罷之，英宗不許，其勢焰愈張。

一四五九年 己卯 明天順三年

八月 疑石亨與姪石彪內外為援，下石彪錦衣衛獄，並傳諭錦衣衛，不得與文武大臣交通，違者依洪武間鐵榜治罪。

十月 石亨以招權納賄等罪，罷官開居在家。允許冒充奪門有功而擢官者自首，敢隱者罪，四千餘人自首。

一四六〇年 庚辰 明天順四年

正月 英宗因石亨率眾擁戴復位，起初無日不召石亨入朝，備極信任。石亨弟姪輩五十餘人，皆冒功入錦衣衛，部曲親故亦揚言奪門有功，得官者四千餘人。石亨每朝覲英宗出宮，必讓其徒眾廣為傳播，以張聲勢。朝臣奔走恐後，競相依附石亨，以行賄多寡，決定授職高低，行賄先後，決定得官遲早，時有「朱三千」、「龍八百」之說。石亨以宿怨殘害忠良，冤獄屢興，廷臣戰慄。其姪石彪所蓄材官猛士不下數萬，將帥半出其門。石亨又指使石彪謀鎮大同，據此天下精兵處，權傾人主。英宗疑有異志，命群臣議石亨謀叛罪應斬，籍其家。

二月 石亨瘐死獄中，石彪棄市。

一四六一年 辛巳 明天順五年

七月 石亨敗，曹吉祥不安，漸蓄異謀，家多藏甲，每日犒賞達官貴人，金錢穀帛任人所取。眾人皆願結為其死黨，盡力謀反。遂決定，由太常寺少卿湯序擇日擁兵入宮，廢英宗帝位，而曹吉祥以禁兵呼應。懷寧伯孫鏜、恭順侯吳瑾獲知此訊，密報英宗。曹吉祥知事發，殺數名大臣於朝房，縱火焚燒東西長安門，被孫鏜率二千西征軍擊潰。英宗將曹吉祥、湯序等反臣盡行拿獲，同磔於市，籍其家。

一四六二年 壬午 明天順六年

九月 擴展錦衣衛獄，以告訐者日眾，所囚之人愈多，獄舍不能容，於城西武庫隙地增置獄舍。

一四六三年 癸未 明天順七年

是歲 皇帝無大事可敘。

一四六四年 甲申 明天順八年

正月 英宗病不起，命宦官牛玉執筆寫遺詔，罷宮妃殉葬，傳位於太子，死年三十八。太子朱見深時年十八，即帝位，是為憲宗純皇帝，以明年為成化元年。

三月 毀英宗新設之錦衣衛獄。

七月 立吳氏為皇后，次月即廢之。時憲宗十八歲，萬貴妃年三十五，受寵擅為，吳皇后謫其過杖之，憲宗怒而廢后。其父都督同知吳俊，亦連坐下獄戍邊。

十月 立王氏為皇后。時萬貴妃寵冠後宮，王皇后處之淡如，萬貴妃雖屢譖之，而未奏效。始置皇莊，以抄沒曹吉祥土地為宮中莊田，「皇莊」之名自此始。給事中齊莊言：「天子以四海為家，何必與小民爭利？」弗聽。自是，眾皇親國戚，多奪民地為莊田。

明憲宗成化帝朱見深（西元一四六五～一四八七年）

一四六五年 乙酉 明成化元年

二月 為于謙昭雪，其子婿等皆釋戍放歸。

一四六六年 丙戌 明成化二年

是歲 皇帝無大事可敍，閏三月，江淮大旱，人相食。

一四六七年 丁亥 明成化三年

八月 《英宗睿皇帝實錄》告成。

一四六八年 戊子 明成化四年

是歲 皇帝無大事可敍。

一四六九年 己丑 明成化五年

八月 皇親國戚侵佔民田，愈發肆無忌憚。詔以田歸民，稱「不忍奪小民衣食，附益貴戚」。

一四七〇年 庚寅 明成化六年

六月 萬貴妃恃憲宗恩寵，奢靡無度。宦官梁芳、陳喜爭進淫巧之物，奸人屠宗順等獻珍異寶石，皆厚酬之，糜帑百萬計，並許以官爵。給事中邱弘上疏論其罪，請追還帑金，逮屠宗順治罪，沒其資以賑飢民，憲宗不許。邱弘又請驅逐京師數萬遊僧，以省冗食，報聞而已。

七月 紀妃生皇子，萬貴妃妒，命太監張敏溺死，張敏藏之他處。時廢后吳氏居西內，密知此事，哺養得全。

一四七一年 辛卯 明成化七年

十二月 因憲宗不召見大臣，大學士彭時、商輅力請，方約召見。君臣未言幾句，大學士萬安便知趣頓首，呼萬歲欲出，彭時、商輅不得已皆退。以至朝野傳笑，謂之「萬歲閣老」。憲宗自此不召見大臣。

一四七二年 壬辰 明成化八年

是歲 皇帝無大事可敍。

一四七三年 癸巳 明成化九年

是歲 皇帝無大事可敍。

一四七四年 甲午 明成化十年

是歲 皇帝無大事可敍。

一四七五年 乙未 明成化十一年

四月 乾清宮火災。

十一月 立皇子朱祐樘為皇太子，大赦天下。

一四七六年 丙申 明成化十二年

九月 始用萬貴妃寵監汪直。汪直為大藤峽瑤民，年少黠譎，累遷御馬監太監。憲宗因寵萬貴妃、愛屋及烏，欲知曉外間事物，常令汪直易服密出伺察，人皆不知。

一四七七年 丁酉 明成化十三年

正月 置西廠。永樂中置東廠，命宦官緝訪逆謀大奸，與錦衣衛成牴角之勢。此時，又別設西廠刺事，所領緹騎倍於東廠，行動權遠在錦衣衛之上。命錦衣衛百戶韋瑛為心腹，屢興大獄。自諸王、各鎮總兵及全國各地官屬，乃至閭閻細故，皆在其偵緝範圍之內。汪直每出，隨從甚眾，官員見之避道。兵部尚書項忠未避，橫遭迫辱。凡西廠所捕朝臣，不俟奏請，權焰熏灼，舉國騷然。

五月 大學士商輅率眾臣彈劾汪直：「陛下委聽斷於直，直又寄耳目於群小，擅作威福，賤虐善良……近自直用事以來，人心疑畏，卿大夫不安於位，商賈不安於途，庶民不安於業，若不急去直，天下安危未可知也。」憲宗得疏，怒曰：

「用一內豎，何遽危天下？誰主此奏者？」商輅正色曰：「朝臣無大小，有罪皆請旨逮問，直擅抄沒三品以上京官，大同宣府邊城要害，守備俄頃不可缺，直一日械數人。直不去，天下安得不危？」兵部尚書項忠，會同九卿亦彈劾汪直。憲宗不得已，命汪直歸御馬監，調韋瑛赴邊守衛，將西廠諸校尉發回錦衣衛。

六月 因汪直等誣告，罷兵部尚書項忠為民。西廠雖罷，汪直受重用如故。御史戴縉深知帝意，上疏為汪直歌功頌德，憲宗遂復開西廠。商輅等請致仕，許之。商輅既去，諸臣更俯首聽汪直命，無敢與抗。

一四七八年 戊戌 明成化十四年

五月 汪直力薦戴縉、王億等佞幸之臣榮升僉都御史，朝野皆側目，謂紀綱掃地。

六月 命汪直巡視遼東邊，所過之處隨意箠撻官吏，各級守將迎謁惟恐怠慢，汪直隨從乘機勒索，遠近騷然。

七月 江西人楊福貌似汪直，假冒汪直招搖撞騙，被福州鎮守太監盧勝察覺，將其處死。

一四七九年 己亥 明成化十五年

七月 命汪直巡視大同宣府二鎮，汪直一路儼然以聖上自居，以至到處傳聞「今人但知汪太監也」。有人密報憲宗，憲宗始疑汪直。

閏十月 汪直巡視遼東，路上殺來朝入貢的部落貢使六十人，誣其是來窺邊，引發遼東諸部報復。

一四八〇年 庚子 明成化十六年

是歲 皇帝無大事可敘。

一四八一年 辛丑 明成化十七年

十月 憲宗寵信方士僧道，旁門左道之人授以高官，憲宗每日與其沆瀣一氣，扶鸞作乩，沉醉佛事。

一四八二年 壬寅 明成化十八年

三月 汪直因長年在外巡邊，寵幸日衰。諸臣乘機向憲宗建言，稱「東廠法制之善，人易遵循，西廠事出權宜，當革」，憲宗遂罷西廠。

一四八三年 癸卯 明成化十九年

八月 東廠主事太監尚銘，揭發汪直所洩禁中祕語，憲宗不快，將汪直貶往南京御馬監，並逐其黨羽。

一四八四年 甲辰 明成化二十年

是歲 皇帝無大事可敘。

一四八五年 乙巳 明成化二十一年

是歲 皇帝無大事可敘。

一四八六年 丙午 明成化二十二年

是歲 皇帝無大事可敘。

一四八七年 丁未 明成化二十三年

正月 萬貴妃暴辛。

八月 憲宗死，年四十一。

九月 皇太子朱祐樘即位，年十八，是為孝宗敬皇帝。以明年為弘治元年，貶逐憲宗諸佞幸。

十月 將憲宗寵信之禪師、真人、西番法王、國師等一千四百餘人，驅逐出朝。

十二月 葬憲宗純皇帝於茂陵。

明憲宗所繪《達摩渡江圖》

明孝宗弘治帝朱祐樘（西元一四八八～一五〇五年）

一四八八年 戊申 明弘治元年
正月 詔天下舉異才。

一四八九年 己酉 明弘治二年
正月 收已死宦官田，賜百姓。

一四九〇年 庚戌 明弘治三年
是歲 皇帝無大事可敘。

一四九一年 辛亥 明弘治四年

八月 《憲宗皇帝實錄》告成。
九月 皇子朱厚照生。

一四九二年 壬子 明弘治五年
三月 立朱厚照為皇太子。

一四九三年 癸丑 明弘治六年
是歲 皇帝無大事可敘。

一四九四年 甲寅 明弘治七年
是歲 皇帝無大事可敘。

一四九五年 乙卯 明弘治八年
是歲 皇帝無大事可敘。

一四九六年 丙辰 明弘治九年
是歲 皇帝無大事可敘。

一四九七年 丁巳 明弘治十年
二月 孝宗自弘治八年後，視朝漸少。宦官李廣，以擅長齋醮、燒煉之事受寵。

三月 孝宗從閣臣之請，召大學士徐溥、劉健、李東陽、謝遷於文華殿，與之議國事。自成化年憲宗召見彭時、商輅後，至此君臣始再相見。徐溥終其一生，僅此一召而已。命修《大明會典》。

一四九八年 戊午 明弘治十一年
十月 太監李廣勸孝宗建毓秀亭於萬壽山，亭

明孝宗行樂圖

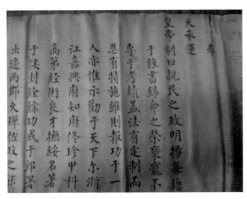
明孝宗詔書

成，幼公主死。未幾，廣寧宮(太皇太后宮)失火，太皇太后怒曰：「今日李廣，明日李廣，果然禍及矣！」李廣懼而自殺。孝宗聞李廣家存異書，派人赴其宅索之，得李廣所受賄簿，多文武大臣姓名，上書饋黃白米各千百石。孝宗驚曰：「廣食幾何？乃受米如許！」左右曰：「隱語耳，黃者金，白者銀也。」

十一月　給事中吳仕偉就李廣贓案上疏，言「宦官不可用，乞盡召鎮守中官還」。孝宗未從。

閏十一月　以上疏彈劾宦官之罪，下御史胡獻、給事中胡易於獄。

一四九九年　己未　明弘治十二年

九月　重建清寧宮告成。

一五〇〇年　庚申　明弘治十三年

明孝宗泰陵

正月　禁民間收藏兵器。

一五〇一年　辛酉　明弘治十四年

是歲　皇帝無大事可敘。

一五〇二年　壬戌　明弘治十五年

十二月　《大明會典》修成，共一百八十卷。孝宗因病不朝。

一五〇三年　癸亥　明弘治十六年

是歲　皇帝無大事可敘。

一五〇四年　甲子　明弘治十七年

二月　申議緯妖書之禁。

一五〇五年　乙丑　明弘治十八年

三月　孝宗寵縱外戚，皇后弟壽寧侯張鶴齡、建昌侯張延齡驕縱枉法，戶部主事李夢陽上疏彈劾，反被下錦衣衛獄。謝遷力言李夢陽「赤心為國」，逾月釋出，仍奪俸三月。

明弘治通寶

五月　孝宗病危，召劉健、李東陽、謝遷至乾清宮，言太子年十五，好逸樂，當輔教之。旋死，年三十六。朱厚照即位，是為武宗毅皇帝。

八月　朱厚照即位後，命隨侍太監劉瑾掌鐘鼓司。劉瑾與馬永成、谷大用、魏彬、張永、邱聚、高鳳、羅祥等八人，皆以舊恩得幸，時人謂之「八虎」。劉瑾尤狡狠，日導武宗遊戲，不理政務。

十月　葬孝宗於泰陵。

明武宗正德帝朱厚照（西元一五〇六～一五二一年）

一五〇六年 丙寅 明正德元年

正月 巡撫陝西左副都御史楊一清，奏弘治末年邊備漸疏，請加修邊牆（長城）。武宗從之。未幾，劉瑾構陷楊一清，邊牆僅成要害間四十里地。

二月 王璟、韓文、劉健等大臣，奏宦官主管畿輔皇莊擾民，請召還之。武宗未從。

五月 兵部尚書劉大夏奏江西、薊州、陝西、山東鎮守宦官極貪殘，請按律懲治。武宗未從。劉大夏乞致仕，諸臣挽留，武宗不理。

六月 以劉瑾提督十二團營。

七月 劉瑾等「八虎」竊權，朝政日非，戶庫空虛。司禮監傳旨武宗將大婚，需銀四十萬兩。戶部尚書韓文，請先發十萬兩。劉瑾命太監崔杲往南京織造採緞，群臣諫阻。武宗立夏氏為皇后。

十月 大學士劉健、謝遷及戶部尚書韓文等，以劉瑾等「八虎」枉法，日進鷹犬、歌舞、摔角之戲，導武宗玩耍，日玩不足，夜以繼之，又增置皇莊，畿內大擾，請誅劉瑾等人。武宗見疏，驚泣不食。劉瑾等夜間圍繞御榻，以首觸地哭訴，進讒曰「欲制帝出入，故先去所忌」。武宗怒，命劉瑾掌司禮監，馬永成、谷大用掌東、西廠，各據要津。劉健、李東陽、謝遷請求辭職，劉瑾

矯旨許可劉、謝致仕，獨留李東陽。自此，劉瑾更大肆刁難朝臣，杖貶日多，且開廷上脫衣杖責之始。

十一月 劉瑾恨戶部尚書韓文，日伺其過，適有假銀輸入內庫之事，加罪韓文，詔降一級致仕。劉瑾又恨李夢陽曾代韓文草擬請誅劉瑾疏，將其謫往山西，後勒令致仕。

一五〇七年 丁卯 明正德二年

正月 劉瑾欲更竊朝權，每日安排諸多遊戲，待武宗玩興正濃時，取各司章奏呈上。武宗曰：「用爾何為？乃以此一一煩我？」自此，劉瑾不復奏請，事無大小，任意剖斷傳旨而行。武宗多不知。

三月 總制三邊右都御史楊一清，因忤逆劉瑾，託疾告老還鄉，其修邊牆事亦停。劉瑾宣佈劉健、謝遷、韓文等五十三人為「奸黨」，矯詔榜示朝堂，召群臣跪金水橋南聽宣。並因謝遷故，不許其家鄉浙江餘姚人做京官。又令諸臣日後上朝，寅時入，酉時出，以困苦之。

四月 劉瑾勢傾朝廷內外，公侯勳戚莫敢不敬。朝廷諸臣，更相率對其私謁跪拜。劉瑾不學無術，批答奏章持歸私第，與妹婿孫聰及松江市儈張文冕相參決，詞極鄙冗，再交亦粗鄙無學的吏部尚書焦芳，代為潤色。凡內外所進章奏，先具紅揭呈劉瑾，謂之「紅本」，後經通政司轉皇帝，稱「白本」。

五月 剃度京師內外僧道四萬人，徒耗民財，大臣諫而不從。

七月 《歷代通鑑纂要》告成。

八月 於西華門外別築宮院，造密室於兩廂，勾連櫛列，命曰「豹房」。初，武宗命宦官仿設市肆，在此營造民間生活諸相，以供朝夕混跡其中，自得其樂。武宗以為這裡即是民間，若見哪位婦人貌美，往往醉宿其處。久之，京城及全國各地，無賴宵小見倖者，麇集於此。

一五〇八年 戊辰 明正德三年

正月 翰林學士吳儼，御史楊南金，皆因不肯阿諛行賄劉瑾及其黨羽，罷官為民。

六月 有匿名書信出在宮內御道旁，歷數劉瑾罪惡。劉瑾矯旨，召百官跪於奉天門下自首，及日暮，下三百餘人入錦衣衛獄，主事何釴等三人中暑死。次日，劉瑾獲知此信係某太監所為，方將人放出。

八月 時東廠、西廠橫行，官民皆為之側目。劉瑾復立內廠，自領之，殘暴酷烈尤甚。凡被施刑者，難得全屍，一家犯事，鄰里皆坐。劉瑾還矯旨悉逐京師外來人口，命寡婦盡嫁，以致京師人心惶惶。劉瑾創「罰米法」，凡忤己者，罰米二百石至一千石，被罰者一百四十餘人。御史彭程為官清廉，罄盡家產，不足贖罪，將唯一孫女賣掉，時人為之流涕。

九月 逮前兵部尚書劉大夏入獄，欲論死，因證據不足，戍之極邊酒泉。劉大夏年已七十三，徒步荷戈，至大明門下叩首而去，觀者歎息泣下。

一五〇九年 己巳 明正德四年

正月 劉瑾盤查各省錢糧，以掩己劣跡。外臣朝覲至京，畏劉瑾虐焰，各斂金賄劉瑾，多至二萬餘兩。諸官先向京師富戶借貸，回任後加倍償

明武宗朱厚照喜歡外出巡遊，先派太監吳經去四處搜尋美女，選中者肆行奪占，連貌美寡婦也不放過。

還，名曰「京債」。

二月 黜前大學士劉健、謝遷為民。

三月 《孝宗實錄》告成。

四月 罷大學士王鏊。

六月 以吏部尚書劉宇兼文淵閣大學士，吏部侍郎張綵為吏部尚書，二人皆行賄劉瑾最勤，公然為劉瑾效命。公卿每見張綵，如見劉瑾般施禮。張綵好色，霸佔某知府之妾。

十二月 劉瑾令追奪前致仕大學士劉健、謝遷及尚書馬文升、劉大夏、韓文、許進等六百七十五人誥命、玉帶、服物。

一五一〇年 庚午 明正德五年

二月 以太監張永總管神機營。

四月 安化王朱寘鐇以討劉瑾為名，據寧夏謀反。武宗命右都御史楊一清率師討之，襲執朱寘鐇。詔太監張永，總制寧夏軍務。

六月 武宗自稱「大慶法王西天覺道圓明自在大定慧佛」。

八月 劉瑾於「八虎」中尤為蠻橫。其統攬大權，其餘七人有所請，皆不應允，咸怒之。劉瑾欲逐張永去南京，張永不忿，當武宗痛毆劉瑾。武宗命谷大用置酒勸解，劉張二人益不合。楊一清知張永與劉瑾有隙，遂勸張永除掉劉瑾。張永密奏劉瑾欲謀反，武宗此刻亦有疑於劉瑾，命將其捉拿，謫往鳳陽閒住，猶未欲誅之。及籍其家，得金銀數百萬，珠玉寶玩無算，及袞衣、玉帶、甲仗、弓弩諸違禁物，又日常所持扇內藏匕首，始令入獄。滿朝文武請亟除之，都給事中李憲為劉瑾爪牙，此時亦彈劾劉瑾。劉瑾聞知，笑曰：「憲亦劾我耶？」審訊之日，刑部尚書劉璟見劉瑾，猶噤口不敢發聲。劉瑾大聲曰：「公卿多出我門，誰敢問我？」駙馬都尉蔡震曰：「某國戚，得問汝。」使人抽劉瑾耳光，問：「公卿皆朝廷用，何云由汝？汝何藏甲？」劉瑾答：「以衛上（武宗）。」蔡震曰：「何藏之密室？」劉瑾語塞。磔劉瑾於市，族人逆黨皆誅貶。張綵斃命於獄，磔其屍。

一五一一年 辛未 明正德六年

二月 朱寘鐇伏誅。

明武宗豹房官軍勇士銅牌

一五一二年 壬申 明正德七年

九月 賜義子一百二十七人國姓朱。所謂「義子」，皆武宗所悅宦官、奴卒及亡虜。如太監錢寧曾依附劉瑾，得賜國姓為義子後，掌錦衣衛，名刺竟稱皇庶子。

十一月 召都指揮僉事江彬入京師，充為義子。江彬出入豹房，與武宗同遊，左右皆畏之。太監張永失寵。

一五一三年 癸酉 明正德八年

十月 以錢寧掌錦衣衛，太監張銳掌東廠，威勢與錢寧相等，號稱「廠衛」。

一五一四年 甲戌 明正德九年

正月 南京十三道御史，請旨裁抑寧王朱宸濠，武宗不理。乾清宮火災，武宗正欲往豹房玩耍，回顧光焰燭天，笑謂左右曰：「此是一棚大煙火也。」

二月 近倖錢寧、張銳、張雄每日誘導武宗亂逛，夜至教坊淫樂。

九月 武宗和老虎嬉鬧時受傷，逾月未上朝。

十二月 乾清宮火後，重建費用需銀百萬兩，加天下田賦，令一年內徵齊。

是歲 皇莊共占地三萬七千五百多頃，遍佈京畿。

一五一五年 乙亥 明正德十年

是歲 皇帝無大事可敍。

一五一六年 丙子 明正德十一年

正月 元旦武宗受賀，百官終日空腹，散朝夜已深，競相回家用餐，以致前仆後跌，互相踐踏，

右將軍趙朗竟死禁門，其他臣僚或失簪笏，或毀衣裳。午門左右，吏覓其官，子呼其父，僕求其主，喧若鬧市。御史程啓充將此情據實奏報，武宗不理。

二月 給事中及御史上奏，言武宗近倖錢寧等在西安門外私建皇店、酒肆、義子府，請予禁止。武宗不理。

六月 遣太監往蘇杭等處織造紗羅紵絲一萬六千七百餘匹，工部以該地連年荒亂，請減其數，武宗不聽。

七月 鎮守河南太監假進貢為名，肆意科取百姓。當地官員奏報，武宗未理。

八月 大學士楊一清受錢寧、江彬輩誣陷，致仕。

一五一七年 丁丑 明正德十二年

八月 江彬忌妒錢寧，欲導武宗外出巡幸，使其脫離錢寧控制，一再鼓吹宣府樂工中多美婦人，且可由此遠觀韃靼馳騁，瞬息馳騁千里，何必總居大內鬱鬱不樂，為廷臣所制。武宗認為主意甚好，與其微服遛出宮門，經昌平，至居庸關。巡關御史張欽見之大驚，將其勸回。幾日後，乘張欽巡白羊口（今山西天鎮西北），二人乃疾馳出居庸關，並命太監谷大用守關，以阻廷臣追諫。

九月 武宗跟隨江彬來到宣府，時常夜入百姓家，索取貌美女子，樂而忘歸，稱所到之處是「家裡」。一路擾民，毀民房以供炊，以致市肆蕭然，白晝閉戶。武宗抵陽和（今山西陽高），自封「總督軍務威武大將軍總兵官」，命戶部發銀一百萬兩輸宣府，以備賞勞。戶部尚書石玠哭笑不得，未發此筆銀兩。武宗改口，說可以減半發來。

十月 韃靼兵五萬犯邊，明軍赴應州（今山西應縣）阻敵。武宗率太監張永、魏彬、張忠、都督江彬等自陽和來援，追敵至朔州邊，斬首十六級，所率官軍死五十二人，重傷五百六十三人，以獲大捷報向京師。武宗自稱「威武大將軍朱壽」，駐蹕處稱「軍門」，還至大同。廷臣苦諫武宗回京，武宗不睬。

十一月 武宗還至宣府，並於該地過年，備戲劇

女優，樂不思歸。

一五一八年 戊寅 明正德十三年

正月 武宗自宣府還京，未過幾日，又要去宣府，並至大同。

二月 武宗因太皇太后王氏死，自宣府還。

四月 武宗至昌平祭陵，遂至密雲，下詔稱「威武大將軍總兵官朱壽統率六軍」，命江彬為威武副將軍，又想出京。

五月 武宗至喜峰口，欲召朵顏三衛將領來此赴宴，被廷臣諫止，始自喜峰口還宮。

七月 敘去年十月「應州大捷」之功，封江彬平虜伯。

九月 江彬又導武宗至大同，武宗自封鎮國公，歲支祿米五千石，令吏部執行，立即發給自己。

十月 經陝西榆林至綏德，宿總兵官戴欽家，妒納其女。然後，由西安折往山西偏關。

十二月 抵太原，車駕所至，掠良家婦女數十車以隨，途中日有死者，遠近騷動，民皆逃匿。又大徵女樂，納太原府樂工楊騰妻劉氏而歸。江彬與諸太監，對劉氏皆視之以母，稱其「劉娘娘」。延綏總兵馬昂之妹善歌，能騎射，懂外國語，已有孕在身，被召入豹房，馬昂因此升右都督。武宗至馬昂家，又見其妾杜氏貌美，欲帶走。馬昂面有難色，武宗怒，馬昂急忙送上。武宗亦投桃報李，升其弟馬炅為都指揮、馬昶為守備。馬昂大喜過望，再進美女四人謝恩。

一五一九年 己卯 明正德十四年

正月 武宗自太原至宣府。

二月 武宗還京，加封自己為「總督軍務威武大將軍太師鎮國公」。將南巡，廷臣諫阻，下錦衣衛獄六人。群臣跪於午門外五日者，多達一百零七人，皆遭杖貶。武宗無奈，只得暫罷南巡。

六月 寧王朱宸濠襲封南昌，見武宗終年遊幸，又無太子，乘間謀反，集兵十萬從南昌出鄱陽湖，下九江、南康等地，欲攻佔南京即帝位。武宗發兵平叛，僅四十三日便拿獲寧王。

十一月 武宗過山東濟寧，經徐州順流而下，至淮安清江浦。途中，江彬告發錢寧曾與朱宸濠勾結，武宗遂籍其家。搜出玉帶二千五百束，金十

餘萬兩，銀三千箱，胡椒數千石，其他珍玩財貨不可勝計。

十二月 武宗至南京。

是歲 淮揚大饑，人相食。

一五二〇年 庚辰 明正德十五年

三月 先是以「豬」音同國姓「朱」，禁養豬。大學士楊廷和請罷此禁，不理。不久，太常寺又奏，祭陵豕為必用之物，請弛其禁，從之。

閏八月 平定朱宸濠謀反，武宗欲自以為功，與眾太監在南京身著戎裝，樹大旗，整軍容，出城數十里，命將朱宸濠身上桎梏去掉，伐鼓鳴金再擒之，以示為己所俘。行獻俘禮畢，始起駕北還。

九月 武宗自揚州至淮安清江浦，釣魚時舟覆落水，左右將其撈出，自此得病。

十月 懲治朱宸濠餘黨，逮繫多人。

十二月 武宗回京，朱宸濠伏誅。是日，大耀軍容，將所俘朱宸濠部屬數千人列道兩旁，皆頭懸白幟，數里不絕。

一五二一年 辛巳 明正德十六年

三月 武宗朱厚照死於豹房淫樂，年三十一，無子。皇太后張氏與楊廷和議，依兄終弟及祖訓，迎興王世子、憲宗之孫、孝宗之姪朱厚熜於安陸（今湖北鐘祥）。興王朱祐杭，為憲宗第四子，正德十四年死，諡曰獻，故又稱興獻王。罷武宗荒淫之政多項，下江彬等武宗寵幸之人於獄。

四月 朱厚熜自安陸至北京即位，是為世宗肅皇帝，改明年為嘉靖元年。楊廷和乘朱厚熜未至京師，革除先朝弊政，佞幸得官者一半斥去。世宗即位第六日，就要為生父興獻王朱祐杭上太上皇尊號，群臣認為不合禮儀，哭闕力爭。因此下獄者一百三十四人，廷杖致死者十餘人，另有謫戍及致仕而去者。

五月 世宗剛即位，即安排舊臣興王府長史袁宗皋，為禮部尚書兼文淵閣大學士，參預機務。錢寧伏誅。

六月 江彬伏誅，革錦衣衛三萬餘人。

九月 葬武宗毅皇帝朱厚照於康陵。追尊興獻王為興獻帝，並多方尋找解釋。諸臣心中不服。

明世宗嘉靖帝朱厚熜（西元一五二二～一五六六年）

一五二二年 壬午 明嘉靖元年

六月 禁宦官弟姪世襲錦衣衛官職。

一五二三年 癸未 明嘉靖二年

二月 世宗欲追尊生父興獻王為興獻皇帝，遣宦官向毛澄長跪稽首，送上禮金，求其贊襄此舉。毛澄憤然曰：「老臣悖耄，不能隳典禮，獨有一去不與議耳。」遂致仕離朝。

四月 世宗崇道士，用太監崔文之言，建齋醮於宮中，道士勢力漸盛。楊廷和等大臣諫止，不聽。

十二月 派太監往蘇杭五府提督織造。大學士楊廷和等奏，各地水旱異常，百里之內斷絕炊煙，百姓賣兒鬻女，若更遣官織造，恐激成他變。世宗不聽。楊廷和等，亦不奉命。

一五二四年 甲申 明嘉靖三年

二月 英宗時，太皇太后委託內閣大學士等，對諸臣題奏本章擬出處理意見，交由皇帝裁定，開創明朝「票擬」制度。皇帝最後裁決意見，

由司禮監秉筆太監以紅筆批寫於奏章上，稱「批紅」。秉筆太監成為皇帝代言人，甚至可以利用職權，改動內閣票擬。世宗鑑於武宗時宦官為禍，提高內閣地位，使閣臣朝位班次列於六部之上，首輔（首揆）大學士有票擬權，為實際上的丞相。由於首輔權重位尊，各派官僚無不呼朋引類，明爭暗鬥，謀取首輔位置。嘉靖朝大禮儀之爭，即為此種爭奪之重大事件，實為世宗派新貴與武宗舊臣之間權勢之爭。世宗由藩王即帝位，出現繼統（皇統繼承）與繼嗣（家系繼承）的矛盾。世宗欲尊生父興獻王朱祐杬為帝，首輔楊廷和認為繼統的同時要繼嗣，應尊孝宗（武宗父）為皇考，生父興獻王為皇叔父。正德十六年七月，進士張璁迎合世宗心意，上言：「繼統不繼嗣，請尊崇所生。」世宗命群臣商議，楊廷和等皆不從，認為張璁之議是邪說。嘉靖元年正月末，世宗不得已，勉從眾議，稱孝宗為皇考，本生父母不稱皇。此時，張璁等人揣摩帝意，又挑起大禮儀之爭，上疏請改孝宗為皇伯考，興獻帝為皇考，重新立廟於大內。楊廷和以禮儀不合，累疏乞致仕。世宗正求之不得，許之。眾臣忍無可忍，紛紛不懼下錦衣衛獄，大哭朝堂。世宗怒，杖死十六人，將一百三十四人繫獄。至此，朝臣已基本換成世宗嫡系班底，遂明定孝宗為皇伯考，興獻帝為皇考，詔告天下。

十一月 先前所裁革錦衣官校等人十餘萬，求復職者日眾，不允。

一五二五年 乙酉 明嘉靖四年

三月 皇伯母、孝宗皇后、昭聖皇太后所居仁壽宮火災。

六月 《武宗毅皇帝實錄》告成。

十二月 《大禮集議》告成。

一五二六年 丙戌 明嘉靖五年

六月 《恭穆獻皇帝實錄》告成。

七月 大禮儀之爭，凡未附和世宗心意者，或貶，或囚，或殺。

八月 以宗室繁衍，祿米日增，歲徵不足用，減少供給。

一五二七年 丁亥 明嘉靖六年

二月 兵部尚書張璁，忌恨正德朝尚存遺臣費弘時、楊廷和等，逼其致仕離朝。

十月 以張璁為禮部尚書兼文淵閣大學士，參預機務。諸翰林恥與其為伍，張璁深恨之，將翰林改官及罷黜者二十二人，致使翰林院幾空。

十二月 因太監張永正德朝有功，置之閒散，誠為可惜，詔張永提督團營，兼管神機營操練。

一五二八年 戊子 明嘉靖七年

正月 考覈天下巡撫官員。

二月 下詔重修長城，九邊軍鎮告成。

三月 重新增訂《大明會典》。

六月 《明倫大典》告成。

一五二九年 己丑 明嘉靖八年

八月 禮部給事中王準彈劾首輔張璁引用私人，天下畏之，莫敢訟言。世宗將張璁罷之。

十月 廢除外戚封爵世襲之制。

一五三〇年 庚寅 明嘉靖九年

七月 兵部主事趙時春，因上言「今之務最大者有四，即崇治本，信號令，廣延訪，厲廉恥，最急者有三，即惜人才，固邊圉，正治教」，被世宗下獄，黜為民。

一五三一年 辛卯 明嘉靖十年

是歲 皇帝無大事可敘。

一五三二年 壬辰 明嘉靖十一年

是歲 皇帝無大事可敘。

一五三三年 癸巳 明嘉靖十二年

正月 復召張璁入閣。

一五三四年 甲午 明嘉靖十三年

正月 廢皇后張氏，立德妃方氏為皇后。

五月 世宗稱病，久不視朝。

一五三五年 乙未 明嘉靖十四年

七月 費弘時復入內閣，三月後卒。費曾三入內閣，佐武宗、世宗兩朝十年，世宗賜銀章曰「舊輔元臣」。

一五三六年 丙申 明嘉靖十五年

五月 折宮中元朝時所建宮殿。世宗視佛牙佛骨為污穢之物，命焚之，並燒毀金銀佛像一百六十九座，佛門函物一萬三千餘斤。

閏十二月 上月皇子生，喜道士邵元節禱祀有功，遂命邵元節為禮部尚書。嚴嵩此月入閣。

一五三七年 丁酉 明嘉靖十六年

十一月 下原昌國公張鶴齡入獄。

一五三八年 戊戌 明嘉靖十七年

四月 恢復各處鎮守太監。有臣奏曰：「前此罷革內官，中外臣民，一時稱快。因取礦一

明世宗出警圖

事，而欲並復鎮守，誠恐黷貨殃民，自此無已也。」世宗認為有理，卻未予採納。

一五三九年 己亥 明嘉靖十八年

二月 立皇子朱載壑為皇太子，皇子朱載垕為裕王，朱載圳為景王。

五月 世宗責首輔夏言「怠慢不恭」，令致仕。越數日，怒氣消後，又諭留之。

一五四〇年 庚子 明嘉靖十九年

六月 邊儲國用大窘，皆因戶部尚書梁材不肯亂用公帑，深遭奸佞及世宗厭惡，迫其去職所致。嘉靖朝中期，大臣多諛帝取寵，惟梁材不肯俯就。

八月 世宗好神仙方術，有方士段朝用，以所煉白金器獻上，稱：「以盛食物，供齋醮，神仙可致也。」世宗召見晤談，段朝用又說「不死藥可得」，世宗益悅。諭群臣：朕已令太子監國，己則專事奉道。舉朝愕不敢言。太僕卿楊最力諫，杖死於廷。自此，太子監國之議雖罷，世宗終日與道士來往，無敢諫者。

十一月 以道士陶仲文祈禱有功，進少保兼禮部尚書。

一五四一年 辛丑 明嘉靖二十年

二月 世宗經年不視朝，日事齋醮，大興土木。嚴嵩等只顧詭諛，監察御史楊爵上疏諫之，世宗怒，下楊爵錦衣衛獄，拷打屢瀕於死。以方士段朝用之術未能靈驗，將其下獄。

九月 曾在大禮儀之爭中出力最多，深得世宗寵幸的權臣郭勛，被群臣抓住把柄，誘迫世宗將其下獄。是歲冬日，郭勛死獄中。

一五四二年 壬寅 明嘉靖二十一年

六月 嚴嵩忌恨夏言，謀代其首輔位置。

七月 夏言罷官。

八月 以禮部尚書嚴嵩為武英殿大學士，入內閣參預機務。嚴嵩無他才略，唯知一意媚世宗，竊權罔利。世宗極自信，刑戮果決。嚴嵩遂常因事激世宗怒，戕害他人，以成其私，遭其誅斥者難以勝計。

十月 世宗夜宿端妃曹氏處，宮女楊金英趁其熟睡，以絲帶縊其頸上，誤成死結，未能勒死。

宮女張金蓮知事不就，走告皇后。皇后趕來，解開絲帶，世宗得甦。皇后命磔端妃曹氏、寧嬪王氏、宮女楊金英、徐菊花、鄧金香、張春景、王玉蓮等於市。史稱「壬寅宮變」，或「宮婢之變」。自此，世宗移住西苑，不復還大內。

一五四三年 癸卯 明嘉靖二十二年

二月 段朝用法術屢不靈驗，已遭世宗厭惡，後怒其怙惡不悛，擅以私事殺人，遂下獄論死。

一五四四年 甲辰 明嘉靖二十三年

八月 嚴嵩妒翟鑾在內閣位居其上，令人彈劾翟鑾為子考進士作弊，勸世宗罷之。

十一月 韃靼自萬全侵入，掠蔚州，至於完縣，京師戒嚴。韃靼兵退，世宗以為是陶仲文引神仙護佑。自去年宮婢之變，世宗日求長生，君臣不相見，惟見道士陶仲文，稱其為師而不呼名，加封為少師、少傅、少保。

一五四五年 乙巳 明嘉靖二十四年

二月 總督宣大兵部侍郎張漢下獄，謫戍遠地。張漢曾上疏條陳選將、練兵、信賞、必罰四事，且請「申嚴軍令，大將得專殺偏裨，而總督亦得斬大將。如此，則人知退卻必死，自爭赴敵」。世宗不欲臣下自用，更不願其有如此行事之權，聽後反感。

六月 新太廟告成。

十一月 大學士許瓚懾嚴嵩勢焰不敢抗，又恥於不能參預票擬，乞致仕。

一五四六年 丙午 明嘉靖二十五年

是歲 皇帝無大事可敘。

一五四七年 丁未 明嘉靖二十六年

是歲 皇帝無大事可敘。

一五四八年 戊申 明嘉靖二十七年

三月 嚴嵩誣告總督陝西三邊侍郎曾銑「掩敗不聞，侵剋軍餉巨萬」，曾銑被斬。死後，家無餘資，妻子遠徙，天下冤之。

四月 原首輔夏言，被嚴嵩讒殺。

一五四九年 己酉 明嘉靖二十八年

是歲 皇帝無大事可敘。

一五五〇年 庚戌 明嘉靖二十九年

五月 重修《大明會典》告成。

十月 刑部郎中徐學詩彈劾嚴嵩父子納賄亂國等罪，陶仲文則向世宗稱嚴嵩「孤立盡忠」，遂下徐學詩入獄，籍其家。

一五五一年 辛亥 明嘉靖三十年
正月 錦衣衛官員沈煉，揭發嚴嵩十大罪，杖殺。

一五五二年 壬子 明嘉靖三十一年
是歲 皇帝無大事可敘。

一五五三年 癸丑 明嘉靖三十二年
是歲 皇帝無大事可敘。

一五五四年 甲寅 明嘉靖三十三年
正月 以元旦賀表中失抬「萬歲」二字，杖六科給事中張思靜等於廷。世宗實則借此以怵人心，並鉗人口。

一五五五年 乙卯 明嘉靖三十四年
是歲 皇帝無大事可敘。

一五五六年 丙辰 明嘉靖三十五年
是歲 皇帝無大事可敘。

一五五七年 丁巳 明嘉靖三十六年
是歲 皇帝無大事可敘。

一五五八年 戊午 明嘉靖三十七年
三月 給事中吳時來等彈劾嚴嵩父子，發配煙瘴衛所遠戍。

一五五九年 己未 明嘉靖三十八年
是歲 皇帝無大事可敘。

一五六〇年 庚申 明嘉靖三十九年
是歲 皇帝無大事可敘。

一五六一年 辛酉 明嘉靖四十年
是歲 皇帝無大事可敘。

一五六二年 壬戌 明嘉靖四十一年
五月 嚴嵩專權二十年，吞沒軍餉，使戰備懈弛，東南倭寇、北方韃靼侵擾嚴重。文武官吏與之不合者，如主張收復河套之夏言、曾銑，抗倭有功之張經等，皆遭其殺害。嚴嵩年老，朝事盡歸其子嚴世蕃（官至工部左侍郎）掌握，代嚴嵩票擬，賣官鬻爵，日縱淫樂。嚴嵩握權年久，遍插私人居位要地，世宗亦厭之。世宗後漸親近大學士徐階。徐階與嚴嵩同朝共事十餘年，因善於迎合世宗心意，得以久安於位。此時，徐階見

明嘉靖帝本與皇位無緣，幸虧堂兄朱厚照及早死去，他才當上皇帝，而且在位四十五年，是明朝實際統治時間最長的君主。他個性極強，認定的事大多難以改易，若有敢於進言勸諫者，輕則削職為民，或枷禁獄中，重則當場杖死。

有隙可乘，使御史鄒應龍上表彈劾嚴世蕃。世宗命嚴嵩致仕，下嚴世蕃入獄。

八月 重錄《永樂大典》。

九月 改奉天殿曰皇極殿，華蓋殿曰中極殿，謹身殿曰建極殿。

十一月 世宗求方士方術益急，冀得長生，命御史等分行天下訪之。

一五六三年 癸亥 明嘉靖四十二年
是歲 皇帝無大事可敘。

一五六四年 甲子 明嘉靖四十三年
是歲 皇帝無大事可敘。

一五六五年 乙丑 明嘉靖四十四年
三月 嚴世蕃伏誅。嚴嵩老病，寄食墓舍等死。

一五六六年 丙寅 明嘉靖四十五年
二月 戶部主事海瑞因世宗二十餘年不視朝，深居西苑，專意齋醮，廷臣無人敢諫，乃訣別妻子，抬一棺木，獨上疏論之，下錦衣衛獄。修《承天大志》成。

十二月 世宗服方士所進金石藥，藥性燥烈而死，年六十。皇三子朱載垕嗣位，是為穆宗莊皇帝，改明年為隆慶元年。釋海瑞出獄。下方士王金等入獄。釋前因建言得罪世宗諸臣三十二人。大學士徐階草擬遺詔，切中時弊，朝野感念。

明穆宗隆慶帝朱載垕（西元一五六七～一五七二年）

一五六七年 丁卯 明隆慶元年

正月 葬世宗於永陵。撫恤前朝因建言已死諸臣。

二月 以吏部侍郎陳以勤為禮部尚書兼文淵閣大學士，禮部侍郎張居正為禮部左侍郎兼東閣大學士，預機務。陳以勤、張居正，皆裕王府舊人。

四月 重錄《永樂大典》告成。

明穆宗隆慶帝御筆

一五六八年 戊辰 明隆慶二年

是歲 皇帝無大事可敘。

一五六九年 己巳 明隆慶三年

二月 罷宦官閱視京營舊例。

十二月 命東廠、錦衣衛刺部院事。

一五七〇年 庚午 明隆慶四年

是歲 皇帝無大事可敘。

一五七一年 辛未 明隆慶五年

是歲 皇帝無大事可敘。

一五七二年 壬申 明隆慶六年

五月 穆宗死，年三十六。死之日，斥司禮監秉筆太監孟沖，而以馮保代之。

六月 太子朱翊鈞即皇帝位，時年十歲，是為神宗顯皇帝，改明年為萬曆元年。馮保既掌司禮監，又督東廠，總理內外，權勢益張。神宗登極時，馮保立御坐旁不下，舉朝大駭。首輔高拱見帝年幼，宦官專權，奏請將司禮權還於內閣，使人報張居正。張居正認同此議，私下卻告知馮保，馮保訴與太后，謂高拱擅權，蔑視幼君。太后頒佈懿旨，驅逐高拱。高拱既去，張居正為首輔。

七月 尊穆宗皇后為仁聖皇太后，神宗生母李貴妃為慈聖皇太后，後者徙居乾清宮，撫視幼帝。內由馮保主事，朝政悉委張居正。

九月葬穆宗於昭陵。

十二月 張居正進《帝鑑圖說》，言前史所載興亡之跡，如聽言納諫，節用愛人，親賢臣，遠小人，憂勤惕厲，無不治者，反之則亂。並囑講官，稽古代天下之君撮其善可法者八十一事，惡可戒者三十六事，每事之前繪一圖，取唐太宗「以古鑑之」之意為書名。

明神宗萬曆帝朱翊鈞（西元一五七三～一六二〇年）

一五七三年 癸酉 明萬曆元年

正月　馮保指使混入宮禁的假太監王大臣，誣陷已罷官的高拱「謀大逆」，未能得逞。舉朝多厭惡馮保恣肆，而不肖者因之日進。

十一月　張居正立章奏考成法，加強中央集權，群臣一時不敢飾非，政體為肅。

一五七四年 甲戌 明萬曆二年

四月　詔內外官員行久任之法，知縣必歷官六年乃升知府，依此類推。

一五七五年 乙亥 明萬曆三年

是歲　皇帝無大事可敘。

一五七六年 丙子 明萬曆四年

是歲　皇帝無大事可敘。

一五七七年 丁丑 明萬曆五年

九月　張居正父喪，恐一旦離朝，會遭人算計，故未奔父喪。眾官彈劾張居正「謀官忘親」，多被杖貶。

是歲　皇帝無大事可敘。

一五七八年 戊寅 明萬曆六年

三月　張居正葬父歸。

是歲　皇帝無大事可敘。

一五七九年 己卯 明萬曆七年

是歲　皇帝無大事可敘。

一五八〇年 庚辰 明萬曆八年

是歲　皇帝無大事可敘。

一五八一年 辛巳 明萬曆九年

二月　張居正進《列朝寶訓》、《列朝寶錄》。

是歲　皇帝無大事可敘。

一五八二年 壬午 明萬曆十年

六月　張居正卒。當年穆宗死，張居正與宦官馮保合謀驅逐高拱，代為首輔，因神宗年幼，國事由其主持，前後當國十年。他清查全國土地，推行一條鞭法，使財政狀況改善，裁減冗員，減少支出，用名將戚繼光練兵，加強對韃靼侵擾的防禦，用潘季馴治理黃淮水患，均卓有政績。

十二月　馮保內倚太后，外倚張居正，專擅威福。神宗曾稱其為「大伴」，頗憚之，有所賞罰，非經馮保首肯，不敢決定。神宗因被太后和張居正壓制，心懷憤懣，及太后歸政，張居正死去，馮保失所倚，猶肆橫如故，神宗大怒，列其十二款大罪，謫往南京安置。張居正死後，朝中追劾其罪過之風潮，亦在醞釀之中。

一五八三年 癸未 明萬曆十一年

三月　詔奪張居正生前上柱國、太師等官階，再奪謚，斥其子為民，其所器重信任者，斥削殆盡。

一五八四年 甲申 明萬曆十二年

二月　釋建文帝諸臣外親謫戍者後裔，詔除齊泰、黃子澄外，凡連坐方孝孺等建文帝舊臣而獲罪者之後裔，俱免其罪，得還鄉者三千餘人。

四月　抄沒張居正家。神宗好財貨，專事聚斂。當時策劃如何治馮保、張居正罪，惟言其家多藏金一事，最動帝聽。命司禮監張誠往湖北江陵籍張居正家，先錄人口，後封其門，得黃金一萬兩，白銀十餘萬兩。張居正長子張敬修不勝拷掠，自縊死，其他十餘人餓死。

一五八五年 乙酉 明萬曆十三年

正月　清官海瑞被高拱、張居正迫害，革職閒居十六年，以七十二歲高齡召為南京僉都御史。

三月　神宗欲集宦官三千人，授以戈甲，操演宮

中，謂之「內操」。因大臣力諫，罷之。

一五八六年 丙戌 明萬曆十四年

二月　皇三子朱常洵生，冊封其母鄭貴妃為皇貴妃。

一五八七年 丁亥 明萬曆十五年

十月　大學士申時行請發留中章奏。皇帝把臣下之章奏留於宮禁，不交部議，也不批答，稱「留中」。

一五八八年 戊子 明萬曆十六年

三月　詔改正《景皇帝實錄》，削郕戾王謚號。

八月　神宗至天壽山閱壽宮，時年二十五歲。

一五八九年 己丑 明萬曆十七年

三月　神宗視朝日少。

十二月　大理寺評事雒於仁疏獻《四箴》，以規神宗之過，即嗜酒、戀色、貪財、尚氣。神宗怒，留中十日。

一五九〇年 庚寅 明萬曆十八年

正月　神宗欲置雒於仁重典，閣臣申時行曰：「此疏不可外發，恐外人信以為真，令雒於仁去位可也。」自是，章奏留中，遂成慣例。召

中國古代有「太子者，國之根本」之說，明神宗朱翊鈞在這個問題上傷透腦筋，想改變祖制，結果非但未遂，反造成朝廷分裂。

申時行等至毓德宮，與皇長子見面，申時行請早定大計。神宗猶豫：「當以後年冊立，否則，俟皇長子十五歲舉行。」

二月　神宗每遇講期，多傳免。自後，講筵遂永罷。

一五九一年 辛卯 明萬曆十九年

七月　諭廷臣，國事紛紜，致大臣爭欲乞身求去，此後有相互肆行誣蟻者，重治。

九月　首輔申時行屢被彈劾，政令務求迎合帝意，不能有所匡正，致使法紀漸至不振。

一五九二年 壬辰 明萬曆二十年

正月　諸臣上疏請立儲，神宗顧左右而言他。給事中孟養浩以言建儲，杖一百，除其名。同時斥諫官十一人，而諫者仍不斷，各予奪職、謫邊、削籍、停俸處分。

一五九三年 癸巳 明萬曆二十一年

正月　詔封皇長子及皇三子、皇五子為王，舉朝大嘩，廷臣力言不可。

一五九四年 甲午 明萬曆二十二年

二月　神宗寵鄭貴妃，欲立鄭貴妃於萬曆十四年所生皇子朱常洵為太子。內閣大學士申時行、王錫爵、王家屏等，皆請早立皇長子朱常洛為太子，朝廷出現「國本」之爭。由於皇后無子，朱常洛與朱常洵皆為庶出，吏部郎中顧憲成為爭「無嫡立長」，觸犯神宗，革職還鄉。

一五九五年 乙未 明萬曆二十三年

十二月　大學士趙志皋極言章奏留中之弊，請盡付有司議行。神宗不理。

一五九六年 丙申 明萬曆二十四年

三月　乾清、坤寧兩宮火災。

閏八月　大學士趙志皋請「視朝，發章奏，罷採礦」，神宗不理。

十二月　大學士陳於陛因不能補救國事，積憂成疾而卒。

一五九七年 丁酉 明萬曆二十五年

六月　歸極門起火，殃及皇極、中極、建極三殿，以及文昭、武成二閣。

是歲　皇帝無大事可敘。

一五九八年 戊戌 明萬曆二十六年

是歲 皇帝無大事可敘。

一五九九年 己亥 明萬曆二十七年
四月 御午門受獻倭俘之禮。

閏四月 因諸皇子婚事，詔取太倉銀二千四百萬兩，戶部告匱，令嚴覈天下積儲，由是外帑日耗。

一六〇〇年 庚子 明萬曆二十八年
是歲 皇帝無大事可敘。

一六〇一年 辛丑 明萬曆二十九年
十月 立長子朱常洛為皇太子，時年二十。同日，封諸子朱常洵為福王，朱常浩為瑞王，朱常潤為惠王，朱常瀛為桂王。

一六〇二年 壬寅 明萬曆三十年
二月 神宗暴病，撤礦監稅監，病癒又悔，稅收殘虐如故。重建乾清、坤寧二宮。

十二月 朝廷內外缺在編官員近兩百人，吏部一再請求遞補，神宗不理。

一六〇三年 癸卯 明萬曆三十一年
三月 吏部奏天下郡守缺位者幾達一半，請予追補，神宗不理。大學士沈一貫奏，多年來大量章疏留中，致使政務荒怠，請盡速發還，神宗不理。

十二月 神宗召見皇太子，曰：「近有捏造妖書者，離間我父子，動搖天下，已有嚴旨緝捕正法。」

一六〇四年 甲辰 明萬曆三十二年
二月 閣臣請補司道郡守及派遣巡按御史，神宗不理。

八月 滿朝文武奏請「修舉時政」，神宗降旨切責。

一六〇五年 乙巳 明萬曆三十三年
九月 昭和殿火災，治官官罪。

十一月 皇長孫朱由校生。

一六〇六年 丙午 明萬曆三十四年
是歲 皇帝無大事可敘。

一六〇七年 丁未 明萬曆三十五年
是歲 皇帝無大事可敘。

一六〇八年 戊申 明萬曆三十六年
是歲 皇帝無大事可敘。

一六〇九年 己酉 明萬曆三十七年
是歲 皇帝無大事可敘。

一六一〇年 庚戌 明萬曆三十八年
十一月 廷臣交攻，漸成朋黨。神宗久未視朝，內外章奏悉留中不發，聽之任之。

一六一一年辛 亥明 萬曆三十九年
五月 首輔葉向高上疏，稱閣臣至九卿臺省曹署六部各司皆空，南京九卿亦僅存其二，封疆大吏去秋至今未補任一人，而神宗萬事不理，天下長久如此，恐禍端一發不可收。神宗仍不理。

十月 戶部尚書趙世卿請去職，連寫十餘份奏章，神宗不理。又上疏，並出城候命一年，仍未得命，逕自返鄉。神宗知，亦不罪。

一六一二年 壬子 明萬曆四十年
正月 兵部請考選各地軍政，不理。

二月 吏部尚書孫丕揚久懷去志，累疏至二十餘通，既不得命，遂自行離朝。

三月 葉向高屢勸神宗力行新政，不理。葉向高無計可施，一再向神宗請求離職，神宗置若罔聞。

四月 南京各道御史聯合上奏，稱朝廷及地方大員缺位甚多，諸務廢弛，皇帝深居宮中二十餘載，未嘗接見大臣，天下將有陸沉之憂。

一六一三年 癸丑 明萬曆四十一年
二月 葉向高主持會試，時內閣只剩葉向高一人，屢請增委閣臣，神宗仍不理。

一六一四年 甲寅 明萬曆四十二年
八月 葉向高因建言多不用，乞致仕六十餘次，至此方得離職歸鄉。

一六一五年 乙卯 明萬曆四十三年
五月 「梃擊案」發生。薊州男子張差，持梃（棗木棍）入皇太子朱常洛所居慈慶宮，傷守門太監李鑑。被執後，供係鄭貴妃手下宦官龐保、劉成指使，時人遂懷疑鄭貴妃與其兄鄭國泰欲謀殺太子。神宗乃於慈慶宮召大學士方從哲、吳道南及文武諸臣入覲，言不得離間朕及皇太子，時神宗不見群臣已二十五年。神宗與皇太子不願深究此事，以瘋癲奸徒之罪殺張差於市，斃龐保、劉成於內廷了事。

一六一六年 丙辰 明萬曆四十四年

是歲　愛新覺羅努爾哈赤於赫圖阿拉（今遼寧新賓西）即大汗位，建元天命，國號大金，史稱後金。神宗無大事可敘。

一六一七年　丁巳　明萬曆四十五年

是歲　北京、山東、河南、陝西、湖廣、福建、廣東先後告災，有司請賑，神宗不理。

一六一八年　戊午　明萬曆四十六年

三月　努爾哈赤征明，臨行書七大恨告天，率步騎圍撫順城。

是歲　神宗無大事可敘。

一六一九年　己未　明萬曆四十七年

六月　努爾哈赤攻陷遼東重鎮開原，神宗怠事如故。

九月　百官跪伏文華門外，請神宗臨朝「召見廷臣，而商戰守方略」。抵暮，遣宦官諭諸臣退，軍機要務廢弛如故。

一六二〇年　庚申　明萬曆四十八年

七月　神宗死，年五十八。

八月　朱常洛即位，是為光宗貞皇帝，詔改明年為泰昌元年，光宗在位僅一月即死，後遂以萬曆四十八年八月以後，為泰昌元年。

九月　神宗死後，鄭貴妃恐光宗恨己，進珠玉及美姬八人討好光宗，請朱常洛冊立宮中女官李選侍為皇后，李選侍亦為鄭貴妃求封皇太后。光宗以為皆係先帝遺命，詔閣部議之。群臣皆表反對。此後，與「挺擊案」、「移宮案」並稱晚明三大案的「紅丸案」發生。光宗病重，司禮監秉筆兼掌御藥房太監崔文昇下瀉藥，病益劇，晝夜三四十起。鴻臚寺丞李可灼進紅丸，稱仙藥。光宗服二丸即死，年三十九。廷臣大嘩，疑鄭貴妃指使下毒。光宗死，皇長子朱由校當立。李選侍仍居乾清宮，與心腹宦官魏進忠（魏忠賢原名）勾結，利用朱由校年幼之際，圖專大權。朝臣楊漣、左光斗等知其有詐，迫使李選侍移居宮妃養老之處噦鸞宮，是為「移宮案」。朱由校即帝位，是為熹宗哲皇帝，以明年為天啟元年。封乳母客氏為奉聖夫人，其子亦授官位。魏忠賢兄授錦衣衛千戶職。

十月　葬神宗於定陵。

明光宗泰昌帝朱常洛（西元一六二〇年）

泰昌帝史稱「一月天子」，事蹟見明萬曆四十八年八九月間記敘。

明光宗朱常洛生母王氏像

明熹宗天啓帝朱由校（西元一六二一～一六二七年）

一六二一年 辛酉 明天啓元年

正月 賜乳母客氏田二十頃，為護墳香火費。

二月 言官請究「梃擊」、「紅丸」、「移宮」三案，魏忠賢忌之。

閏二月 除齊泰、黃子澄戚屬戍籍。

五月 魏忠賢本不識字，不得為司禮監秉筆太監，因勾結客氏，謀得此職。熹宗對其深信不疑。熹宗喜操斧鋸鑿髹之事，每引繩削墨做木工活計，魏忠賢便來奏事。熹宗厭之，曰「朕已悉矣，汝輩好為之」，魏忠賢遂得擅作威福。

九月 葬光宗於慶陵。

十月 葉向高遷朝，入閣為首輔。

十二月 吏部尚書周嘉謨，被魏忠賢排擠罷官。

一六二二年 壬戌 明天啓二年

三月 大學士劉一燝遭魏忠賢搆陷，罷去。魏忠賢勸熹宗選武閹，在宮內練火器，又日引熹宗，沉溺倡優聲伎、狗馬射獵。不久，宮內武裝太監已達萬人，鉦砲之聲喧震不絕。

五月 為張居正昭雪，撫恤方孝孺遺嗣。

一六二三年 癸未 明天啓三年

正月 詔禮部尚書顧秉謙、侍郎朱國禎及魏廣徵俱為禮部尚書、東閣大學士，參預機務。顧魏二人庸劣無恥，魏忠賢得為羽翼，勢益張。二人曲事討好魏忠賢，儼然如魏奴僕，為魏控攬政柄開道。

四月 刑部尚書王紀為魏忠賢所逐，大學士朱國祚上疏相救，魏忠賢不悅，朱國祚遂致仕。

五月 魏忠賢與客氏肆惡多端，慮被后妃告發，矯旨令光宗選侍趙氏自盡。幽囚裕妃張氏於別室，絕其飲食。天雨，裕妃匍伏屋簷，求水活命，不得而死。皇后張氏有孕，因曾向熹宗告發客魏二人，客氏密佈心腹宮人，以計使之墮胎。又乘熹宗郊遊，殺其所寵馮貴妃。慧妃范氏，遭客魏搆陷失寵，成妃李氏為之乞憐，客魏幽囚成妃於別宮。成妃為免亦飢渴而死，預備食物於壁間，半月未死，被斥為宮女。

七月 《光宗實錄》告成。

十二月 魏忠賢以司禮監秉筆太監領東廠事，嚴刑殘酷，廠衛之毒造極。

一六二四年 甲子 明天啓四年

六月 左副都御史楊漣彈劾魏忠賢二十四罪，魏懼甚，求助於韓爌，韓爌不應，遂趨熹宗前泣訴。熹宗懵然莫解，安慰魏忠賢，斥責楊漣。御史黃尊素、李應昇、給事中魏大中、兵部尚書趙彥等七十餘人，亦交相彈劾魏忠賢不法，且劾及客氏。國子監祭酒蔡毅中，率師生千餘人，亦請追究魏忠賢罪。熹宗皆不納。魏忠賢雖怒，此時尚不敢遽興大獄，因畏廷臣知綱紀者尚多，僅請熹宗傳旨切責。唯欲借工部郎中萬燝立威，矯旨廷杖一百，斥為民。魏忠賢並令眾太監先至萬燝家中，捽而毆之，及至闕下，氣息奄奄，杖畢絕而復甦，群閹又復踐踩。四日後，萬燝辛。

七月 葉向高屢與魏忠賢抗爭，被閹黨指為東林黨魁，私宅遭閹黨聚圍，大肆詬辱。葉向高遂乞歸。

十月 御史崔呈秀巡按淮揚貪污嚴重，左都御史高攀龍揭發之，吏部尚書趙南星議戍之，崔呈秀夜走魏忠賢處，叩頭乞哀，願為養子。魏忠賢被廷臣交攻，正思得外廷援助，對其相見恨晚，遂合謀矯旨責趙南星等朋謀結黨，趙南星、高攀龍被迫引退。

十一月 吏部侍郎陳於廷，左都御史楊漣，皆

因反對魏忠賢，削職為民。魏忠賢還因楊漣劾己，韓爌不援，欲奪其首輔秉筆之權，韓爌遂致仕。魏忠賢見大學士孫承宗安邊功高，欲引為同黨，命宦官前去拉攏，孫承宗未理。孫承宗還以賀聖壽為名，請入朝面奏，欲痛陳魏忠賢之罪。魏懼孫承宗擁兵在外，將清君側，繞御床哭，求熹宗下旨，阻孫承宗來京。孫承宗至通州，被熹宗止返。

一六二五年 乙丑 明天啓五年

二月 翰林院檢討丁乾學等八人，因譏魏忠賢事發，削職為民。

三月 魏忠賢興大獄，矯旨逮捕楊漣等六人下獄，趙南星等十五人削籍，嚴刑拷打。楊漣之死，土囊壓身，鐵釘貫耳，最為慘毒。左光斗、魏大中，亦皆體無完膚。越數日，始報熹宗，三人屍體俱已潰爛，不可辨識。其後，袁化中、周朝瑞、顧大章等，亦慘死獄中。

四月 重修《光宗實錄》。削大學士劉一燝職。

七月 原大學士韓爌削籍。遼東經略熊廷弼，因閹黨向其索取遼東軍餉不得，被誣告冤殺，傳首九邊。

九月 賜魏忠賢金印，印文為「顧命重臣」，賜客氏金印，印文為「欽賜奉聖夫人」，金印各重二百兩。

十月 孫承宗因忤魏忠賢去職。中書舍人吳懷賢，因贊同楊漣彈劾魏忠賢二十四大罪疏，下獄拷打致死。揚州知府劉鐸書扇贈遊僧，因扇上有句「陰霾國是非」，魏忠賢認為謗訕時政，將劉鐸下獄杖殺。

十二月 榜東林黨人姓名於天下。前吏部尚書趙南星謫戍代州。

一六二六年 丙寅 明天啓六年

正月 修《三朝會典》。該書為魏忠賢黨羽顧秉謙、黃立極、馮銓等編撰，計二十四卷，輯萬曆、泰昌、天啓三朝關於梃擊、紅丸、移宮三案之示諭、奏疏、檔冊加按語而成。旨在阿諛魏忠賢，誣陷東林黨人，作一網打盡之用。

二月 魏忠賢復起大獄，逮前應天巡撫周起元、吏部主事周順昌、左都御史高攀龍、御史李應

昇、周宗建、黃尊素等東林黨人。高攀龍聞訊投水死，周起元等死獄中。魏忠賢派緹騎赴蘇州逮捕周順昌，激起當地民變，民變首領佩韋、馬杰、沈揚、楊念如、周文元五人為保護百姓，挺身投案被殺。當地民眾將五人合葬於虎丘山旁，稱「五人之墓」。

三月 設各邊鎮監軍太監，以太監劉應坤鎮守山海關。

閏六月 始建魏忠賢生祠，務求精巧，仿宮殿九楹，儀如王者，幾遍天下。魏忠賢雕像以沉香木為之，腹中俱以金玉珠寶充填，凡疏醮一如頌聖。督餉尚書黃運泰，為迎魏忠賢像，五拜五稽首，稱其「九千歲」。許多朝臣公開拜魏忠賢為父，一時坊間有「五虎」、「五彪」、「十狗」、「十孩兒」、「四十孫」之稱。

八月 努爾哈赤死，皇太極嗣大汗位，改明年為天聰元年。

十月 進魏忠賢爵為上公，賜誥券。

一六二七年 丁卯 明天啓七年

四月 前刑部侍郎王之案忤魏忠賢，下獄瘐死。

七月 魏忠賢忌在遼東苦戰的巡撫袁崇煥，罷其職。

八月 熹宗死，年二十三。信王朱由檢嗣位，改明年為崇禎元年。

十月 罷崔呈秀。以浙江巡撫潘汝禎首創建魏忠賢生祠，革職。

十一月 安置魏忠賢於鳳陽，尋命逮治。魏忠賢聞訊，自縊死。崔呈秀聞之，亦自縊死。罷各邊鎮守太監。免天啓年間被難諸臣罪，釋其家屬。

十二月 誅客氏及魏忠賢姪魏良卿，其親屬無問老少皆斬。下曾助魏為虐之人於獄，命毀各地魏忠賢生祠。

明熹宗朱由校親手製作的核桃雕

明思宗崇禎帝朱由檢（西元一六二八～一六四四年）

一六二八年 戊辰 明崇禎元年

正月 鑑於魏忠賢之禍，詔「中官非奉命不得出禁門」。磔魏忠賢及其死黨崔呈秀屍。

二月 禁章奏冗蔓囉嗦。

三月 葬熹宗於德陵。恤天啓朝被冤陷諸臣楊漣、左光門、魏大中、周順昌等。

四月 以袁崇煥為兵部尚書，督師薊遼。

五月 毀《三朝會典》。

六月 閹黨許顯純伏誅，馮銓、魏廣微削籍。

十二月 前大學士韓爌還朝，復職仍為首輔。

一六二九年 己巳 明崇禎二年

正月 定魏忠賢逆案，閹黨自崔呈秀以下分為六等：一曰「首逆同謀」，立斬；二曰「交結近侍」，秋後處決；三曰「交結近侍次等」，充軍；四曰「詔附擁戴」，充軍；五曰「交結近侍又次等」，坐徒三年，貶為民；六曰「交結近侍減等」，革職閒住。

五月 議改曆法，以徐光啓、李光藻主持，徵天主教耶穌會傳教士義大利人龍華民、德意志人湯若望參與，採取西法，後編成《崇禎曆書》。

十一月 京師戒嚴，山海關總兵趙率教疾馳三畫夜回救京師，至遵化戰死。大同總兵滿桂入援。詔前大學士孫承宗為兵部尚書視師通州。袁崇煥回援京師解圍。

十二月 思宗中皇太極反間計，下袁崇煥於錦衣衛獄。大學士成基請慎重處理。總兵祖大壽在旁股慄，懼並誅，率兵返回遼東。

一六三〇年 庚午 明崇禎三年

正月 大學士韓爌為袁崇煥恩師，因袁崇煥下獄，亦罷官。

八月 殺袁崇煥，兄弟妻子流放三千里外，籍其家，無餘資，天下冤之。自袁氏死，邊事無人，危亡之徵已見。

一六三一年 辛未 明崇禎四年

正月 賑陝西延綏飢民，以緩解高迎祥、李自成起義之勢。

九月 陝北形成人人思亂、揭竿斬木、處處皆兵之局面。總督陝西三邊軍務侍郎楊鶴主張「剿撫並用」，被劾「主撫誤國」，下獄論戍。復遣太監監察邊鎮。

十一月 思宗重用太監張彝憲，張彝憲勢焰踞尚書之上，又故扣邊鎮軍器不發。眾官彈劾張彝憲，被斥。

一六三二年 壬申 明崇禎五年

七月 命太監曹化淳提督京營戎政。

一六三三年 癸酉 明崇禎六年

正月 詔曹文詔節制山陝諸將，討伐義軍。

二月 山東登州遊擊孔有德，投降後金。

六月 命太監高起潛監視遼東兵餉。太監張彝憲請催天下欠賦一千七百餘萬石，給事中范淑泰諫言民貧盜起，欠賦勿再督追，思宗不聽。

一六三四年 甲戌 明崇禎七年

正月 遼東廣鹿島副將尚可喜，投降後金。

七月 後金兵至宣府，趨應州，掠大同，京師戒嚴。

是歲 京師饑荒嚴重，御史龔廷獻繪《飢民圖》奉上。

一六三五年 乙亥 明崇禎八年

正月 高迎祥、李自成集義軍十三家七十二軍首

領於河南滎陽，共商戰略，兵威大振。

十月 皇太極掠山西多處，致書恫嚇喜峰等口明軍守將。

是歲 明廷派洪承疇、盧象昇率部剿高迎祥、李自成，戰況酷烈。

一六三六年 丙子 明崇禎九年

三月 張獻忠部縱橫湖北。

四月 皇太極改後金國號為清，改後金天聰十年為清崇德元年。

六月 清兵入喜峰口，又至居庸關，連陷昌平等十六城，逾月退走。

七月 以兵部尚書張鳳翼督師，太監高起潛監軍。唐王朱聿鍵聞清兵入犯，欲起兵勤王，勒令其退回原地，廢為庶人。

十月 宣大總兵楊嗣昌為兵部尚書。

一六三七年 丁丑 明崇禎十年

正月 張獻忠入安徽、湖廣等地。

閏四月 任熊文燦為兵部尚書。

五月 李自成入川。

一六三八年 戊寅 明崇禎十一年

八月 清軍攻北京，下畿輔四十八縣，會於通州。洪承疇入衛京師，時清軍已入山東。

十二月 清軍大舉入攻內地，兵部尚書楊嗣昌、監軍高起潛掣肘總督宣大山西軍務盧象昇，既不應援，又不供餉，一再貽誤軍機。盧象昇率五千殘卒，在鉅鹿與清軍激戰，全軍盡沒。

一六三九年 己卯 明崇禎十二年

正月 清軍破濟南。

五月 張獻忠入湖廣、四川界。

六月 明廷向各地增賦一千六百七十萬石，民不聊生，紛紛加入義軍。

一六四〇年 庚辰 明崇禎十三年

三月 罷各鎮監軍太監。

是歲 李自成軍已到百萬之眾。

一六四一年 辛巳 明崇禎十四年

正月 李自成破洛陽，殺福王。

二月 張獻忠破襄陽，殺襄王。

三月 楊嗣昌畏罪自殺。清軍攻錦州，遼東重鎮皆失。

明思宗殉國處的舊碑古樹，以及碑後的衣冠塚，見證著明末崇禎帝朱由檢面對當時內憂外患、交相煎迫的危殆局面，萬念俱灰，對自己也只能做出「朕不能守社稷，然能死社稷」的無奈選擇。

六月 兩畿、山東、河南、浙江、湖廣旱蝗嚴重，飢民紛紛舉事。

八月 明軍松山之戰慘敗，死五萬三千餘人。

十一月 李自成破南陽，殺唐王。

一六四二年 壬午 明崇禎十五年

二月 洪承疇降清。

三月 祖大壽降清。

四月 思宗遣使與清議和，未果。

九月 李自成掘黃河，灌開封城。

十一月 清軍分道入塞，奪占河北、山東、江蘇多地。

一六四三年 癸未 明崇禎十六年

正月 李自成在襄陽建政，亦設吏、戶、禮、兵、工、刑六部，並建府州縣等地方政權。

四月 清軍逼近京師，首輔周延儒不得已，自請督師，至通州不敢戰，罷官賜死。

五月 張獻忠在武昌稱大西王。

七月 京師大疫流行，死者無數。

十月 李自成破西安，改名長安，號「西京」。

一六四四年 甲申 明崇禎十七年

三月 李自成經大同，歷宣府，破居庸，至都下，攻入北京。思宗自縊死。

是歲 其他大事，見《清世祖順治帝愛新覺羅福臨大事掠影》之元年所敘。

清朝皇帝大事掠影

清太祖武皇帝努爾哈赤（西元一六一六年～一六二六年）

一六一八年 戊午

後金天命三年 明萬曆四十六年

三月　努爾哈赤征明，臨行書七大恨告天，率步騎圍撫順城。

十月　東海虎爾哈部來降。

十二月　明遼東經略楊鎬遣使，打探努爾哈赤虛實。

一六一九年 己未

後金天命四年 明萬曆四十七年

三月　薩爾滸之戰，後金大獲全勝，戰略上從防禦轉入進攻。

六月　努爾哈赤率兵六萬攻陷開原。

七月　後金克鐵嶺。

八月　後金滅葉赫。

一六二〇年 庚申

後金天命五年 明萬曆四十八年

八月　努爾哈赤征明，抵瀋陽北門。

一六二一年 辛酉

後金天命六年 明天啓元年

三月　明遼陽、瀋陽陷於後金。

一六一六　丙辰

後金天命元年 明萬曆四十四年

正月　努爾哈赤於赫圖阿拉（今遼寧新賓）即大汗位，時年五十八。建元天命元年，國號大金，史稱後金。後金後改為清，是為清太祖武皇帝。七月努爾哈赤遣扈爾汗、費揚古征東海薩哈連部，招降其各路首領。

一六一七年 丁巳

後金天命二年 明萬曆四十五年

是歲　後金招降東海沿邊諸部。

努爾哈赤最早建立的都城——赫圖阿拉城。

努爾哈赤率部征戰圖

一六二二年 壬戌
後金天命七年 明天啓二年
正月 後金廣寧之戰重創明軍，奪占廣寧、義州
四十餘城。
三月 努爾哈赤命皇子八人俱為和碩貝勒，共議
國政。
一六二三年 癸未
後金天命八年 明天啓三年
正月 蒙古喀爾喀五部歸順努爾哈赤。
一六二四年 甲子
後金天命九年 明天啓四年
二月 後金與科爾沁蒙古結盟。
一六二五年 乙丑
後金天命十年 明天啓五年
三月 努爾哈赤初都遼陽，稱東京，遷都瀋陽，
後稱盛京。
一六二六年 丙寅
後金天命十一年 明天啓六年
正月 努爾哈赤率軍十餘萬攻寧遠，明寧遠軍民
誓死固守孤城，以紅夷巨砲擊退之。努爾哈赤負
重傷，退往瀋陽，於是年病死。
八月 努爾哈赤死後，第八子皇太極嗣汗位，改
明年為天聰元年，是為太宗文皇帝。

清太祖努爾哈赤，為其遠祖孟特穆、曾祖福滿、祖父
覺昌安、父塔克世及伯父禮敦、叔父塔察篇古修建的
陵墓永陵，位於遼寧新賓縣啓運山南麓。

清太宗文皇帝皇太極（西元一六二七～一六四三年）

一六二七年 丁卯
後金天聰元年 明天啓七年
正月　皇太極遣使致書袁崇煥，言修好事，索欲甚奢。袁崇煥回書責之。
四月　皇太極致書袁崇煥，辭多恫嚇。
六月　後金兵圍錦州，損失甚重。
一六二八年 戊辰
後金天聰二年 明崇禎元年
五月　後金攻掠明邊，並致書明將，言修好事。
九月　皇太極親率大軍攻察哈爾，大掠而還。
一六二九年 己巳
後金天聰三年 明崇禎二年
正月　皇太極命四大貝勒按月分值，掌理機務。
四月　後金命史官記注本朝政事。
十月　後金兵分三路攻明，皇太極親征。
一六三〇年 庚午
後金天聰四年 明崇禎三年
正月　皇太極喀喇沁部上奏明思宗，請仍修好。
一六三一年 辛未
後金天聰五年 明崇禎四年

正月　後金紅衣大砲製成。
七月　後金設六部，每部以貝勒分領。
八月　皇太極親攻大淩城。
一六三二年 壬申
後金天聰六年 明崇禎五年
三月　後金定儀仗制度。
四月　皇太極親攻察哈爾。
一六三三年 癸酉
後金天聰七年 明崇禎六年
八月　後金攻山海關。
十月　皇太極遣使，宣佈法令於外藩諸國。
一六三四年
甲戌後金天聰八年 明崇禎七年
二月　後金定喪葬法。
四月　後金改漢世職官名為國語（滿語）。錄取滿、蒙、漢軍舉人，共十六名。
七月　皇太極率軍攻至宣府、應州，明京師戒嚴。
一六三五年 乙亥
後金天聰九年 明崇禎八年
二月　後金重編蒙古諸旗，亦為八旗，兵一萬六千八百四十人。
十月　皇太極致書明喜峰等口守將，再恫嚇之。
一六三六年 丙子
後金天聰十年 清崇德元年 明崇禎九年
二月　後金定帽頂制，以示級別。

皇太極使用過的腰刀

三月　後金改文館為內三院，即內國史院、內祕書院、內宏文院。

四月　皇太極建國號為清，改後金天聰十年為清崇德元年。

十一月　《清太祖武皇帝實錄》告成。

十二月　皇太極率軍親征朝鮮。

一三六七年 丁丑

清崇德二年 明崇禎十年

正月　朝鮮降清。

七月　清頒滿、蒙、漢字曆。

一六三八年 戊寅

清崇德三年 明崇禎十一年

二月　皇太極親征喀爾喀蒙古。

五月　修盛京。

六月　清改蒙古衙門為理藩院。皇太極諭禮部：「有效他國衣冠束髮裹足者，重治其罪。」

八月　清攻明，至通州。

一六三九年 己卯

清崇德四年 明崇禎十二年

正月　清軍破濟南。

六月　清分設漢軍八旗，兵數二萬四千零五十人，皆為降清之明軍。

一六四○年 庚辰

清崇德五年 明崇禎十三年

清太宗皇太極陵

四月　皇太極視師義州，今遼寧義縣。

一六四一年 辛巳

清崇德六年 明崇禎十四年

三月　清軍攻錦州。

八月　松山之戰，清軍大勝明軍。

一六四二年 壬午

清崇德七年 明崇禎十五年

二月　洪承疇降清。

三月　祖大壽降清。

四月　與明議和。

十一月　清軍分道入塞。

一六四三年 癸未

清崇德八年 明崇禎十六年

三月　皇太極責朝鮮助明。

八月　皇太極死，子福臨嗣位，是為世祖章皇帝。睿親王多爾袞、鄭親王濟爾哈朗輔政。改明年為順治元年。

《清太宗文皇帝聖訓》，皇太極生前訓諭結集，共六卷。書中反映皇太極致力於八旗制度的建構與完善，接受漢族先進文化的薰陶，使滿族的社會發展和準備入主中原的努力，都出現突飛猛進的勢頭。

清世祖順治帝福臨（西元一六四四～一六六一年）

一六四四年 甲申
清順治元年 明崇禎十七年

正月 順治帝福臨在盛京（今遼寧瀋陽）御殿受賀，時年六歲，以鄭親王濟爾哈朗和睿親王多爾袞輔政。

二月 李自成攻陷太原，明廷頒詔天下勤王。

三月 明朝臣奏請遷都南京，崇禎帝稱「國君死社稷」，嚴拒遷都之議。李自成軍攻佔外城，崇禎帝出玄武門（今神武門），登煤山（今景山），遙望烽火遍城郊，回乾清宮。是日晚，崇禎帝逼周皇后自縊，劍砍長女樂安公主臂，又殺妃嬪數人。次日晨，李自成軍攻破內城，崇禎帝於煤山自縊死。

五月 清軍進北京，原明朝文武官員出城五里外跪迎。多爾袞命兵部傳檄天下：剃髮降順者，地方官各升一級；故明諸王歸順者，不奪其爵；各衙門官員等，俱照舊錄用。初四日，多爾袞命官

民等為明崇禎帝服喪。後造陵墓，葬之以禮，是為思陵。

六月 多爾袞與諸王貝勒大臣等議，以「燕京勢踞形勝，自古興王之地，有明建都之所」，議定遷都北京。

十月 福臨在紫禁城太和門告祭天地宗社，即皇帝位，「號曰大清，定鼎燕京，紀元順治」。

一六四五年 乙酉 清順治二年

五月 紫禁城太和殿、中和殿、保和殿重建工程動工，乾清宮竣工。

六月 嚴諭軍民剃髮令頒佈。

一六四六年 丙戌 清順治三年

十月 紫禁城太和殿、中和殿、體仁閣等重建告成。

一六四七年 丁亥 清順治四年

十一月 紫禁城午門五鳳樓告成。

一六四八年 戊子 清順治五年

三月 降濟爾哈朗為郡王，幽繫皇太極長子和碩肅親王豪格。

七月 初設六部漢尚書職。

八月 禁民間養馬及收藏兵器，允滿漢官民聯姻嫁娶。

一六四九年 己丑 清順治六年

六月 禁諸王及滿洲大臣干預各衙門政事。

一六五〇年 庚寅 清順治七年

七月 多爾袞以京師「夏月溽暑難堪」，議在塞外建城避暑。

十二月 多爾袞病死於喀喇城，追尊為成宗義皇帝。

一六五一年 辛卯 清順治八年

正月 多爾袞死後，其同母弟英親王阿濟格圖謀攝政，被幽禁削爵賜死。福臨御太和殿受賀，始親問政。

二月 清廷暴多爾袞罪於天下。

八月 順治帝娶蒙古科爾沁吳克善親王女博爾濟錦氏為皇后。

九月 承天門重建工程竣工，改名為天安門。

一六五二年 壬辰 清順治九年

正月 改訂宗室王公封爵制：宗室王公子年至十五歲以上者，和碩親王一子襲封親王，其餘俱封郡王；郡王一子襲封郡王，其餘俱封貝勒；貝勒以下不准襲封，貝勒之子封貝子等。

十二月 順治帝在南苑行宮，接見西藏達賴五世阿旺羅桑嘉措。

一六五三年 癸巳 清順治十年

二月 少詹事李呈祥因奏「部院衙門，應裁去滿官，尚任漢人」一疏，以攻擊滿官罪，流放尚陽堡。

三月 命八旗各設宗學，隸宗人府，選滿洲生員為師。凡未封宗室子弟十歲以上者，俱入學，習滿文。

八月 順治帝廢皇后博爾濟錦氏，貶為靜妃。

一六五四年 甲午 清順治十一年

三月 吏部尚書、大學士陳名夏，以阿附攝政王多爾袞，懷奸結黨，曾言「留髮復衣冠，天下即太平」等罪，處絞。順治帝第三子玄燁生，母佟佳氏。

九月 設十三衙門，復設尚方司，共為十四衙門。

一六五五年 乙未 清順治十二年

正月 諭吏部：「惟賢才難得，政事需人，必捨短以取長，宜計功而忘過。」

六月 詔紫禁城後山名為景山，西華門外臺名為瀛臺。嚴申海禁，「沿海省分，應立嚴禁，無許片帆入海，違者立置重典」。立十三衙門鐵牌，禁宦官干政。

十二月 頒行《滿文大清律》。

一六五六年 丙申 清順治十三年

閏五月 順治帝先是在位育宮（保和殿）居住十年，乾清宮等自順治十年秋始修。該月，乾清宮、乾清門、坤寧宮、坤寧門、交泰殿及景仁、永壽、承乾、翊坤、鐘粹、儲秀諸宮成。福臨遂於七月初六日移居乾清宮，並祭告天地，頒詔天下。

九月 諭今後大學士不得參與議政王大臣會議。

十二月 冊封內大臣鄂碩女董鄂氏為皇貴妃。

一六五七年 丁酉 清順治十四年

三月 命直省學臣搜求遺書。

一六五八年 戊戌 清順治十五年

三月 內監吳良輔因交結官員伏誅，原大學士陳之遴因賄結吳良輔革職流徙。

七月 設殿閣大學士數名，官階僅為正五品。

一六五九年 己亥 清順治十六年

閏三月 定懲治貪官例，凡貪污贓銀至十兩者，杖責四十板，流徙，不准折贖。

一六六〇年 庚子 清順治十七年

五月 俄國使臣佩爾菲利耶夫和阿布林至京，順治帝因其「表文矜誇」，未予接見。

八月 皇貴妃董鄂氏死，追封為皇后。

一六六一年 辛丑 清順治十八年

正月 順治帝死於養心殿，在位十八年，年二十四歲。下遺詔十四條罪己，以子玄燁嗣位，明年改元康熙，遺命內大臣索尼、蘇克薩哈、遏必隆、鼇拜輔政。後諡章皇帝，廟號世祖，康熙二年六月初三日葬於孝陵。

二月 清廷以順治帝遺詔，歷數委用太監之過，革去十三衙門，重申宦官永不許干政。

順治七年（1650年），攝政王多爾袞病逝，不滿十三歲的幼帝福臨得以親政，在太和殿舉行隆重的親政大典，從此真正行使皇權。

清聖祖康熙帝玄燁（西元一六六二～一七二二年）

一六六二年 壬寅 清康熙元年

是歲 皇帝無大事可敘。

一六六三年 癸卯 清康熙二年

是歲 皇帝無大事可敘。

一六六四年 甲辰 清康熙三年

四月 輔臣鼇拜與內大臣費揚古有隙，以費揚古為太祖守陵怨望，其子倭赫衝撞御馬罪，矯旨將費揚古及其子倭赫、尼堪、薩哈連俱絞死，房屋籍入鼇拜弟穆里瑪家。

是歲 皇帝無大事可敘。

一六六五年 乙巳 清康熙四年

是歲 皇帝無大事可敘。

一六六六年 丙午 清康熙五年

八月 給事中張維赤疏請玄燁親政，報聞。

十二月 康熙帝未允所奏，鼇拜矯旨擅殺大學士蘇納海、總督朱昌祚、巡撫王登聯。

一六六七年 丁未 清康熙六年

七月 玄燁御太和殿受賀，宣恩詔十七條。始御乾清門聽政，後日以為常。鼇拜奏輔臣蘇克薩哈二十四罪，應凌遲處死，康熙帝不允所請。鼇拜攘臂御前，強奏累日，竟坐蘇克薩哈處絞，其子內大臣查克旦凌遲，叔弟姪無論成年

未成年皆斬決，家產籍沒，妻孥入官。

九月 命纂修《清世祖章皇帝實錄》。

一六六八年 戊申 清康熙七年

三月 諭吏部，「今在京各部院滿漢官員，俱論資俸升轉，雖係見行之例，但才能出眾者，常以較量資俸，超擢無期。此後遇有緊要員缺，著不論資俸，將才能之員，選擇補用。」停止叩閽之例，內外官民果有冤抑，照例於通政使司登聞鼓衙門告理。

九月 祕書院侍讀學士熊賜履，聞車駕將巡邊，疏請收回成命。康熙帝諭：「今覽諸臣前後各疏，稱今歲災變甚多，不宜出邊，以致兵民困苦。朕思諸臣抒陳忠悃，直言進諫，深為可嘉，已允所請，停止邊外之行。以後國家緊要重大事情，如有未當，務將所見直陳，朕不憚更改。」

一六六九年 己酉 清康熙八年

五月 輔臣鼇拜多年結黨擅權，勢焰囂張，恣意妄為，貪聚賄賂，且以康熙帝年幼，獨攬國事，肆行無忌。康熙帝得太皇太后懿旨，與輔臣索額圖謀劃，伺鼇拜入見時，命衛侍將其擒獲，交付議政王等勘審。議將鼇拜革職、籍沒、拘禁，鼇拜子那摩佛免死拘禁，鼇拜弟穆里瑪、姪塞本得及鼇拜黨羽大學士班布爾善、吏部尚書阿思哈、兵部尚書噶褚哈等立斬，輔臣遏必隆因諂附鼇拜罪，削去太師、公爵封號，餘俱降革有差。

六月 鼇拜弟內大臣巴哈革職為民。

七月 准蘇克薩哈案內文武被謫官員恢復原職。為蘇納海、朱昌祚、王登聯昭雪。

十一月 太和殿、乾清宮告成，玄燁御殿行慶賀禮，由武英殿移居乾清宮，並頒恩詔十五款。

一六七〇年 庚戌 清康熙九年

三月 先是滿大學士、尚書、左都御史俱係一品，漢大學士原係五品，諭將滿漢官員品級劃一，滿漢大學士、尚書俱定為二品。

九月 以天文關係重大，必選擇得人，專心學習，方能通曉精微，命各旗選取十人，交欽天監，與漢天文生一同學習。嚴禁內外官員餽送。

十月 以圖海、巴泰為中和殿大學士兼吏部尚

書，索額圖、李蔚為保和殿大學士兼戶部尚書，杜立德為保和殿大學士兼禮部尚書，對喀納為文華殿大學士兼刑部尚書，折庫納、熊賜履為翰林院掌院學士。

一六七一年 辛亥 清康熙十年

正月 審計直省官員，計貪酷官十員，貪官一百一十九員，酷官四員，疲軟官八十五員，不謹官一百二十一員，年老官二百三十五員，有疾官一百三十八員，才力不及官一百四十員，浮躁官五十六員，俱處分如例。先是因滿官不通漢語，內外各衙門俱設通事，此時滿洲官員已懂漢語，將通事悉罷之。

九月 康熙帝東巡，自京起行，謁福陵昭陵，御盛京清寧宮。尋自盛京東巡，召見寧古塔將軍巴海，諭曰「羅剎（俄羅斯）雖云投誠，尤當加意防禦，操練士馬，整備器械，毋墮狡計」。十一月回京。

一六七二年 壬子 清康熙十一年

正月 新疆準噶爾蒙古首領噶爾丹遣使進貢。

四月 命侍衛吳丹、學士郭廷祚閱視河工，繪圖進覽。

十二月 允裕親王福全奏請辭職，又允莊親王博果鐸、惠郡王博翁果諾、溫郡王孟峨奏請辭職。諭講官等曰「從來與民休息，道在不擾。與其多一事，不如省一事。朕觀前代君臣，每多好大喜功，勞民傷財，紊亂舊章，虛耗元氣，上下訌囂，民生日蹙，深為可鑑。」

一六七三年 癸丑 清康熙十二年

正月 康熙帝於南苑大閱八旗官兵。

二月 削湖廣總督張長庚太子少保銜，以其任巡撫時捏報墾荒政績。

三月 康熙帝見時雨未足，親往城外查看麥禾。

五月 考察直省督撫，浙江總督劉兆麒、兩江總督麻勒吉、湖廣巡撫徐化成等，俱降二級調他處。

六月 康熙帝賜諸王、貝勒、大學士、六部院司寺監科道等官員宴，並賞荷泛舟。禁止八旗佐領下奴僕，隨主殉葬。

七月 平西王吳三桂、靖南王耿精忠，上疏請求撤藩。康熙帝命戶、兵二部確議。

八月 遣官察看地方，考慮如何安插吳三桂、耿精忠及早就請求撤藩的平南王尚可喜。

十一月 時平西王吳三桂鎮雲南，平南王尚可喜鎮廣東，靖南王耿精忠鎮福建，稱之為三藩。三藩各擁重兵，自雄一方，橫徵暴斂，尾大不掉。上疏請求撤藩，實乃虛情假意，以探朝廷態度而已，見正中康熙帝下懷，遂舉兵反叛。吳三桂殺雲南巡撫朱國治，拘禮部侍郎折爾肯，傳檄遠近，自稱天下都招討兵馬大元帥，以明年為周王元年，改元紹武，蓄髮易衣冠，旗幟皆白。貴州巡撫曹申吉、提督李本深，雲南提督張國柱，皆從之。報聞京師，舉朝震動。楊起隆佯稱故明皇室朱三太子，召集明遺老遺少，約於京城內外放火舉事，建元廣德，事洩被捕。時京城九門晝閉，四處嚴緝，百姓驚恐，紛避西山。康熙帝削吳三桂爵封，停撤尚、耿二藩，宣示天下，發兵討逆。

一六七四年 甲寅 清康熙十三年

二月 廣西將軍孫廷齡叛清。

康熙十二年（1673年）正月，康熙帝身著這身盔甲，大閱八旗軍陣於南苑，顯示其準備平定吳三桂叛亂、鞏固統一打擊分裂的決心。

康熙帝戎裝像

三月 耿精忠叛清。

五月 康熙帝次子允礽出生，其母皇后何舍里氏產後死。

九月 詔雖當此多事之秋，仍當每日進講，學經莫輟。

十二月 陝西提督王輔臣叛清。

一六七五年 乙卯 清康熙十四年

三月 察哈爾蒙古和碩親王布爾尼叛清，敗死。

十二月 立允礽為皇太子，時年二歲，是為清立皇太子之始。

一六七六年 丙辰 清康熙十五年

二月 諭曰：「嗣後經筵講章，稱頌之處，不得過為溢辭，但取切要，有裨實學。」尚可喜長子尚之信叛清，投靠吳三桂。

五月 康熙帝兩度接見俄國來使尼果賴，拒絕其無理要求，要俄方勿擾邊陲，交還叛將根特木爾。

六月 王輔臣降，命復其原官，加太子太保，擢靖寇將軍，立功贖罪。

七月 大學士熊賜履票擬疏誤，革職。

九月 廣西提督馬雄叛清，後又歸降。

十月 耿精忠降，留其靖南王爵，命從征鄭成功之子鄭經，圖功贖罪。

十二月 詔許尚之信降，赦免其罪，令立功自效。

一六七七年 丁巳 清康熙十六年

五月 讀《孟子》，諭曰：「君子進，則小人退，小人進，則君子退，君子小人，勢不兩立。」

十月 敗明宗室朱統錩起事於福建。

一六七八年 戊午 清康熙十七年

正月 詔舉博學鴻儒，諭凡有學行兼優、文詞卓越之人，不論已仕未仕，在京三品以上及科道官員，在外督撫布按，各舉所知。一時因此獲薦者，七十七人。

三月 吳三桂稱帝於衡州。

閏三月 鄭經踞廈門，不時犯擾瀕海地方，嚴申海禁。命內大臣喀代、尚書馬喇，往科爾沁等四十九旗會盟。

六月 因大旱，康熙帝步禱天壇祈雨。

八月 吳三桂病死，孫吳世璠於雲南嗣立。

十月 康熙帝第十一子（序齒為皇四子）胤禛出生，母烏雅氏。

一六七九年 己未 清康熙十八年

三月 召試內外諸臣薦舉博學鴻儒一百四十三人，於體仁閣，取彭孫遹等五十人，授翰林職，命皆入史館，纂修《明史》。

四月 旱甚，康熙帝步禱天壇祈雨。

五月 命內閣學士徐元文為監修總裁官，翰林院掌院學士葉方靄、右庶子張玉書為總裁，編修《明史》。

十二月 太和殿火災，正殿被毀。

一六八〇年 庚申 清康熙十九年

八月 賜尚之信死。

十一月 以貽誤軍機罪，懲治滿洲文武官員多人。

一六八一年 辛酉 清康熙二十年

二月 直隸巡撫于成龍至京陛見，康熙帝召至懋勤殿，稱其為「清官第一」。

九月 康熙帝巡視近畿，詢問災情，又召于成龍

至行宮，密詢百姓生業及地方事宜。

十月 清軍攻佔昆明，吳世璠自殺，傳首京師，將吳三桂骸骨分發各省。至此，三藩之亂平定。

十一月 琉球國中山王，遣使入貢請封。

一六八二年 壬戌 清康熙二十一年

正月 詔將耿精忠革去王爵，凌遲處死。其子耿顯祚處斬，部將白顯忠、曾養性、劉進忠俱凌遲，祖宏勳處斬。

四月 康熙帝因雲南平定，謁陵祭告祖先，啓鑾東巡。先至盛京，祭福陵昭陵，旋出撫順，至吉林烏喇，泛舟松花江上，賜烏喇將軍巴海等宴，兵丁皆賜銀兩。以製造火砲精堅之功，加封南懷仁工部侍郎銜。遣使往封尚貞為琉球國中山王。尚陽堡流犯王廷試之子王德麟叩閽，乞以身代父受刑，詔其父子俱係讀書人，一併發回原籍。

八月 俄國侵擾黑龍江一帶，恃雅克薩（今俄羅斯阿爾巴津）為據點，殺掠不已。遣副都統郎談等前去巡察。

九月 詔每日御朝聽政，春夏在辰初時刻，秋冬在辰正時刻。

十二月 考察直省官員，定貪酷官四十員，不謹官五十一員，疲軟官一百五十一員，年老官一百二十九員，有疾官六十一員，不及官一百六十三員等，分別處分如例。定三親王貽誤軍機罪，大將軍安親王岳樂罰俸一年，大將軍康親王傑書削去軍功罰俸一年，大將軍簡親王喇布削去王爵。增強黑龍江邊防守禦。

一六八三年 癸亥 清康熙二十二年

正月 遣使冊封黎維正為安南國王。

五月 割據臺灣的鄭成功孫鄭克塽遣官至京，請照琉球、高麗等外國例稱臣入貢，髮服依舊。康熙帝詔「臺灣賊，皆閩人，不得與琉球、高麗比，如果悔罪，剃髮歸誠」，命施琅盡速進兵臺灣。

六月 施琅率水師克澎湖。

七月 鄭克塽遣官呈降表。

八月 施琅抵達臺灣鹿耳門，鄭克塽等剃髮受詔，繳冊印降。自鄭成功入臺，至此二十二年，清終於統一臺灣。

康熙帝鑒於沙俄居心叵測，曾借北巡之際，親赴遼吉邊界視察防務，部署戰策。

一六八四年 甲子 清康熙二十三年

三月 清查各省錢糧。

四月 臺灣設一府三縣。先是施琅疏奏：「臺灣地數千里，人民數十萬，棄之必為外國所據，請設鎮守官弁。」朝臣李光地，則主張「遷其人，棄其地」。康熙帝採納施琅奏議。

五月 命纂修《大清會典》。推舉清廉官員，如直隸巡撫格爾古德、靈壽知縣陸隴其等七人。

六月 暹羅國遣使入貢，准在廣東登岸貿易。

十月 康熙帝首次南巡，至濟南，登泰山，閱河工，與河道總督靳輔論治河方略。臨視天妃閘，次高郵湖，登岸巡堤，問民疾苦。又渡揚子江，至焦山、金山，駐蘇州，至虎丘。翌年初一日至江寧，遣官祭祀明孝陵。初四日迴鑾，過曲阜，書「萬世師表」額。二十九日，還至京師。開海禁，違禁將硝黃、軍器等物私載出洋貿易者，仍照例處分。

十二月 命都統瓦山往黑龍江，與當地守將詳議攻取雅克薩事宜。授鄭克塽公銜，隸上三旗，並

康熙帝御筆

撥給房田。命于成龍經理黃河入海口，浚疏年久沙淤遂至壅塞的黃河故道。

一六八五年 乙丑 清康熙二十四年

正月 命都統彭春領兵，攻取雅克薩。

三月 詔修《賦役全書》。

四月 命滿漢人民皆可出洋貿易。

五月 收復被俄國侵佔二十年之久的雅克薩城。

一六八六年 丙寅 清康熙二十五年

二月 清軍撤離雅克薩後，俄軍又盤踞這裡，命黑龍江將軍薩布素再予往征。重修《清太祖高皇帝實錄》告成。

三月 命纂修《大清一統志》。

九月 歷時兩年之久的雅克薩之戰，以清軍獲全勝告終。

一六八七年 丁卯 清康熙二十六年

十二月 康熙帝祖母、太皇太后博爾濟錦氏（孝莊）死。

是歲 康熙帝主要關注於兩事，治理黃淮河務，掌控喀爾喀蒙古各部息爭。

一六八八年 戊辰 清康熙二十七年

二月 大學士明珠因「指麾票擬，市恩立威，連結黨羽，販鬻官爵，任意派缺，交結靳輔，牽制言官，意毒謀險」等八款罪，革職。比利時人、欽天監監正兼工部右侍郎南懷仁死，予以祭葬。原親王以下、奉恩將軍以上官員，子年十五概予襲封，改為年至二十，且須係文藝騎射優者。

三月 遣使同俄國勘定邊界。處罰治黃不力官員。

七月 召見收復臺灣有功之臣施琅，囑「自此宜益加敬慎，以保功名，從來功高者，往往不克保全始終，皆由未能敬慎之故」。

一六八九年 己巳 清康熙二十八年

正月 康熙帝第二次南巡，駐平原，免山東明年地丁額賦，閱中河，免江南積欠地丁錢糧二百二十餘萬兩，渡錢塘江，至會稽山，往江寧，閱高家堰河工，三月十九日還京師。

四月 遣使諭噶爾丹曰「戰爭非美事，展轉報復，將無已時，仇敵愈多，亦不能保其常勝，是以朕欲爾等解釋前仇，互市貿易，安居輯睦，永息戰爭」。遣使往尼布楚，與俄使談判劃界，行前授意，清廷底線為「以額爾古納為界」。

七月 《中俄尼布楚條約》簽訂。

一六九〇年 庚午 清康熙二十九年

二月 京師八旗役僕四、五千人，因未得朝廷給米一石的賞賜，齊集天安門外長跪請願。及聞康熙帝在御花園中散步，有人闖至御花園門外高喊，幾釀大變。為首者斬，餘眾驅散。

四月 《大清會典》告成。

七月 康熙帝初征噶爾丹，因其以追擊土謝圖汗和哲卜尊丹巴為名，入犯內地。

八月 烏蘭布通一役，噶爾丹兵敗遠遁。

一六九一年 辛未 清康熙三十年

三月 滿譯《通鑑綱目》告成。

五月 康熙帝親往多倫諾爾，與喀爾喀蒙古各部汗會盟，使之降附於清。諭曰：「昔秦興土石之工，修築長城。我朝施恩於喀爾喀，使之防備朔方，較長城更為堅固。」

是歲 審計全國人丁戶口二千零三十六萬

三千五百六十八人，田地五百九十三萬餘頃，徵銀二千七百三十七萬餘兩，米豆麥六百九十五萬餘石，草二百零八萬餘束，茶十五萬餘引，行鹽四百三十三萬餘引，徵課銀二百六十九萬餘兩，鑄錢二億八千九百九十二萬。

一六九二年 壬申 清康熙三十一年

正月 發生日蝕，欽天監占驗，未據實以報。諭曰：「自古帝王於不肖大臣正法者頗多，今設有貪污之臣，朕得其實，亦必置之重典。此皆悉於人事，凡占候當直書其占語，今欽天監往往揣度時勢，附會陳說，可傳諭之。」

四月 召近臣入瀛臺內豐澤園，觀看所種御稻長勢。

八月 清廷使者在哈密被噶爾丹部屬殺害，諭曰：「噶爾丹陽奉陰違，全棄誓言，生事起釁，彰彰明矣。」

十二月 命于成龍為河道總督。

一六九三年 癸酉 清康熙三十二年

二月 以貴州巡撫衛既齊妄殺苗民，虛報功績，啟釁邊疆，發往黑龍江為民。

八月 因廣西、四川、貴州、雲南四省俱屬邊地，土壤磽瘠，民生艱苦，蠲免明年應徵地丁銀米。

十月 俄使入貢。諭曰：「外藩朝貢，雖屬盛事，恐傳至後世，未必不因此反生事端。總之，中國安寧，則外釁不作，故當以培養元氣為根本要務耳。」

一六九四年 甲戌 清康熙三十三年

正月 嫌于成龍於河工事妄行陳奏，前後互異，命革職留任，戴罪圖功。修陝西延綏至甘肅嘉峪關三邊長城。

五月 察噶爾丹遣二千餘人進貢請安，陽為修好，潛作窺探，令止於歸化城（今內蒙古呼和浩特）。康熙帝巡閱畿輔河堤。

十二月 閩浙總督朱宏祚上奏，有「閩省地瘠民佻」之語。諭責曰：「豈福建全省之人，盡皆佻薄乎？」以其謬言陳奏，命降四級調用。

一六九五年 乙亥 清康熙三十四年

正月 總漕興永朝奏請丈量湖南土地。恐州縣官

乘機加賦，因諭曰「治國之道，莫要於安民」。

二月 詔責噶爾丹，「嗣後若仍怙非不悛，蔑視前諭，爾永勿上疏、遣使、貿易」。

五月 為八旗無房兵丁建房。

八月 密諭蒙古科爾沁土謝圖親王沙律，設誘殲噶爾丹之計。

一六九六年 丙子 清康熙三十五年

二月 康熙帝再次親征噶爾丹。

四月 康熙帝駐西巴爾臺，調集後續大軍。

五月 昭莫多之戰，清軍大捷。

六月 康熙帝還京。

七月 命修《平定朔漠方略》。

十一月 噶爾丹使人納款請降，康熙帝令其親身來降，否則繼續征討。

一六九七年 丁丑 清康熙三十六年

正月 諭明代史事：「觀《明史》洪武、永樂所行之事，遠邁前王。我朝現行事例，因之而行者甚多。且明代無女后預政、以臣凌君等事，但其末季壞於宦官耳。且元人譏宋，明復譏元，朕並不似前人，輒譏亡國也，惟從公論耳。」

二月 康熙帝三征噶爾丹。

三月 詔許達賴喇嘛六世倉央嘉措坐床。

閏三月 噶爾丹敗死。

五月 康熙帝回京師。

七月 重修太和殿告成。

一六九八年 戊寅 清康熙三十七年

三月 以湖廣、江西、江南、浙江、廣東、廣西、福建、陝西、山西米價騰貴，詔禁造酒。康熙帝行經渾河（永定河）災區，見百姓以水藻為食，親嘗後知百姓艱苦，命于成龍浚河築堤，繪圖呈覽。

是歲 懲治多起暴斂貪婪案。

一六九九年 己卯 清康熙三十八年

二月 康熙帝第三次南巡，閱高家堰，察歸仁堤，又巡黃河堤，用水平儀親作測量，復渡黃河，閱新埽，於五月十七日還宮。

五月 黑龍江將軍薩布素逢迎康熙帝近侍，命降五級調用。

六月 諭大學士等：「原任左都御史郭琇，前為

吳江知縣，居官甚善，百姓至今稱頌。其人亦有膽量，無朋比。」因補授湖廣總督。

十月 康熙帝閱視永定河工。

一七〇〇年 庚辰 清康熙三十九年

正月 湖南、湖北錢多價低，命暫停鑄錢。

三月 陝西多名官員貪污賑濟災民銀兩，或斬監候，或革職降級。四川巡撫于養志與提督岳升龍互相訐告，俱革職。

四月 康熙帝再巡視永定河，命皇長子允禔總領王公貝勒及八旗兵丁，前往挑浚下椿。

七月 策妄阿喇布坦派兵往青海，理藩院以為無關宏旨。諭曰：「此事目前觀之，雖屬甚小，將來大有關係。」

九月 諭興修水利不可太驟，須因地制宜。

十月 命各級官吏以風聞關係民生者入奏，「倘懷私怨，互相朋比，受囑託者，國法自在」。

一七〇一年 辛巳 清康熙四十年

三月 總督河工大臣張鵬翮，請將康熙帝治河敕諭纂集成書，永遠遵守。禮部議允。康熙帝諭大學士：「朕以河工緊要，凡前代有關河務之書，無不披閱。大約泛論則易，而實行則難。河性無定，豈可執一法以治之？惟委任得人，相其機宜，而變通行之，方有益耳。今不計所言所行，後果有效與否，即編輯成書，欲令後人遵守，不但後人難以倣行，揆之己心亦難自信。……今河工尚未告竣，遽纂成書可乎？」

四月 大臣王新命監修永定河誤工，冒領銀兩，

康熙帝南巡途中，多次親臨河堤，視察河工，處理河務。這是臣民恭迎康熙帝駕臨邳州查看水荒的場面，取自《康熙帝南巡圖》第四卷。

斬監候。

五月 毀西山碧雲寺前明太監魏忠賢墓碑。

七月 領侍衛內大臣費揚古患病，康熙帝親往視疾。

十二月 靖海侯施琅之子施世綸，居官聰毅果決，摧抑豪猾，「百姓與生員訟，彼必庇護百姓，生員與縉紳訟，彼必庇護生員」，由淮揚道升任湖南布政使。

一七〇二年 壬午 清康熙四十一年

正月 詔修國子監。諭大學士等：「朕觀諸臣任科道時多有敢言，沽直聲，以得升遷者。及為大僚，輒不敢言，問以小事，皆云不知，前後頓不相符。」

閏六月 限外任官所帶家口額數，多帶者降一級調用。

八月 擢浙江布政使趙申喬為浙江巡撫。諭大學士曰：「浙江布政使趙申喬居官甚清，所有家人僅十三人，並無幕客，辦事皆躬親，火耗分厘不肯取，其陛辭奏云『到任不做好官，請置重典』，今觀其居官若此，真能踐其言矣。」

九月 康熙帝第四次南巡啓行，因皇太子允礽染疾，自德州回京。

一七〇三年 癸未 清康熙四十二年

正月 康熙帝第四次南巡啓行，三月回京。

三月 張鵬翮治河有功，康熙帝閱後稱讚。

五月 大學士索額圖不顧康熙帝警告，私議國政，結黨妄行，欲助皇太子允礽潛謀大事。允礽漸失父意，索額圖交宗人府拘禁，並死於幽所。餘黨亦俱幽禁。

七月 詔截漕米五十萬石，賑濟山東災民。

九月 甘肅巡撫齊世武，勒令地方為己立德政碑。諭曰：「凡居官果優，縱慾禁止百姓立碑，亦不能止，如劣跡昭著，雖強令建碑，後必毀壞。聞昔日屈盡美為廣西巡撫，回京時百姓怨恨，持鍬钁鋤其跡，庶民之心，豈能強致耶！」命齊世武降五級留用。

一七〇四年 甲申 清康熙四十三年

六月 統一全國量器。

九月 遣侍衛拉錫等赴青海探察黃河源頭，繪圖

呈覽。

十一月 嚴禁各地濫造御書樓、御書亭等，以其「殊屬糜費」，「致重民累」，不肖官員藉機「加倍私派，科斂肥己」。

十二月 准湖廣各府州縣苗人通文義者，與漢民一體應試。

是歲 始修《佩文韻府》。

一七〇五年 乙酉 清康熙四十四年

二月 康熙帝第五次南巡。行前諭工部，此行仍以察驗河工為重，「至於山東省荒饑之民，並於沿途親行周覽焉」。後於閏四月二十九日回宮。

十一月 新修國子監告成。

是歲 懲治挾私誣劾者多人，以及贖賣私鹽獲贓者。

一七〇六年 丙戌 清康熙四十五年

三月 以臺灣旱災，錢糧全行蠲免。命各省建育嬰堂。

六月 詔修太祖、太宗、世祖三朝《功臣傳》。

九月 昆明人李天極偽稱前明桂王之孫，謀劫省城，事洩被殺。

十月 諭武英殿殿試讀卷官等：「今天下太平日久，曾經戰陣大臣已少，知海上用兵之法者益稀，日後臺灣不無可慮。」

一七〇七年 丁亥 清康熙四十六年

正月 康熙帝第六次南巡，舟泊清河運口，閱武家墩及溜淮套，次江寧，歷蘇州，駐杭州，五月二十二日還京。

五月 弛限大船出洋之禁。

七月 諭曰：「今巡行邊外，見各處皆有山東人，或行商，或力田，至數十萬人之多。」

十一月 免江浙等地旱災錢糧。

是歲 《全唐詩》成書。

一七〇八年 戊子 清康熙四十七年

六月 《清文鑑》告成。《清文鑑》為滿文分類辭典，三十六部，二百八十類，二十一卷，共一萬二千餘條。

七月 《平定朔漠方略》成書。

九月 康熙帝行圍布爾哈蘇臺，召皇太子，集諸

康熙帝南巡途中

王大臣諭曰：「允礽不法祖德，不遵朕訓，惟肆惡虐眾，暴戾淫亂，難出諸口，朕包容二十年矣。乃其惡愈張，儌辱在廷諸王、貝勒、大臣、官員，專擅威權，鳩聚黨與、窺伺朕躬，起居動作，無不探聽。朕思國唯一主，允礽何得將諸王、貝勒、大臣、官員，任意凌虐，恣行捶撻耶？……更可異者，伊每夜逼近布城，裂縫向內竊視。從前索額圖助伊潛謀大事，朕悉知其情，將索額圖處死。今允礽欲為索額圖復仇，結成黨羽，令朕未卜今日被鴆，明日遇害，晝夜戒慎不寧。似此之人，豈可付以祖宗弘業？」康熙帝且諭且泣，諭畢痛哭仆地。當日即執允礽，命誅索額圖之子格爾芬、阿爾吉善及允礽親信多人。康熙帝廢太子後，猶憤懣不已，六夕不安寢。及還京，在上駟院旁設氈帳，命允礽居之，後幽禁於咸安宮。並以廢太子事，告天地、太廟、社稷，宣示天下。

十月 朱三太子案結，此人實名王士元，凌遲處死。

十一月 允礽被廢後，諭「諸阿哥中如有鑽營謀為皇太子者，即國之賊，法斷不容」。皇長子允禔不知好歹，奏稱皇八子允禩甚好，康熙帝以為係允禩指使，將其鎖拿。皇十四子允禵願保允禩，康熙帝震怒，出所佩刀欲誅允禵，眾皇子跪抱勸止，遂命諸皇子齊撻允禵。又疑允禔希冀皇

康熙帝為曲阜孔廟題寫的匾額

太子位，革其王爵，幽繫府內。康熙帝廢皇太子後，無一日不流涕，召滿漢文武諸臣齊集暢春園，命舉奏皇太子。阿靈阿、鄂倫岱、揆敍、王鴻緒等私相計議，與諸大臣暗通消息，書「八阿哥（允禩）」三字於紙，交內侍轉奏。內侍傳旨稱：「爾等其各出所見，各書一紙，尾署姓名，奏呈朕覽，將裁定之。」不久，釋廢太子允礽於禁所，復允禩貝勒銜。

一七〇九年 己丑 清康熙四十八年

正月 以大學士馬齊暗中聚眾、舉奏允禩為皇太子，命嚴行拘禁。諭責佟國維荒誕之言：「舅舅（佟國維）年老之人，屢向朕所遣人云：『我夫妻每日祝天求佛，願皇上萬壽。』朕思自五帝以至今日，尚未有萬載，朕何敢侈望及此？此皆以荒誕不實之言欺朕，朕不信也。……嗣後舅舅及大臣等，惟篤念朕躬，不於諸王阿哥中結為黨羽，謂皆係吾君之子，一體看視，不有所依附，而陷害其餘，即俾朕躬。」

三月 自上年九月廢皇太子允礽之後，康熙帝愧憤憂疾，諸皇子謀爭儲貳，眾大臣結黨依附。康熙帝遂決定，允礽復立為皇太子，允祉、允禎、允祺等皇子封為親王，允佑、允䄉為郡王，允䄔、允祹、允禵為貝子。革職浙江布政使黃明，以其詐財殃民，絞監候。

十一月 諭明季宮廷荒唐事蹟，認為「總由生於深宮，長於阿保（太監乳母）之手，不知人情物理故也」。

一七一〇年 庚寅 清康熙四十九年

三月 再封達賴六世。

九月 戶部歷任尚書、侍郎一百餘人，共侵蝕草豆銀六十餘萬兩，命俱勒限賠完。

一七一一年 辛卯 清康熙五十年

正月 康熙帝巡視京師通州河堤，親操儀盤度量。

八月 雍親王第四子弘曆生，母鈕祜祿氏，後為清高宗乾隆帝。

一七一二年 壬辰 清康熙五十一年

二月 兩江總督噶禮與江蘇巡撫張伯行互參，二人皆被解職。諭滋生人丁永不加賦。

四月 原刑部尚書齊世武受賄三千兩，原步軍統領托合齊受賄二千四百兩，原兵部尚書耿額受賄一千兩，俱絞監候。

五月 禁山東民眾往返口外。

九月 上諭：「皇太子允礽，自復立以來，狂疾未除，大失人心，祖宗宏業，斷不可託付此人。朕已奏聞皇太后，著將允礽拘執看守。」

一七一三年 癸巳 清康熙五十二年

正月 江南科場案結，作弊貪瀆官員或斬立決、或絞監候、或枷責革職。冊封班禪五世羅桑意希為「班禪額爾多尼」。

二月 順天鄉試又有人作弊，事發論死。

一七一四年 甲午 清康熙五十三年

三月 王鴻緒進《明史列傳》，爾後《明史》，即以此為底本。

四月 兩江總督噶禮淫奢無度，其母曾向康熙帝面陳噶禮之貪狀，噶禮竟謀殺其母，其母報康熙帝，令噶禮自盡。

一七一五年 乙未 清康熙五十四年

三月 策妄阿喇布坦兵犯哈密，康熙帝命肅州總兵路振聲往救。

十月 諭大學士等：「各處奏摺所批硃筆諭旨，皆出朕手，無代書之人。此番出巡，朕右手病，不能寫字，用左手執筆批旨，斷不假手於人。」

山西太原知府趙鳳詔，受贓銀十七萬四千餘兩，斬立決。

一七一六年 丙申 清康熙五十五年

十月 限制出海貿易，諭曰：「海外如西洋等國，千百年後，中國恐受其累。此朕逆料之言。」

是歲 《康熙字典》成書，共收字四萬七千零三十五個。

一七一七年 丁酉 清康熙五十六年

三月 分兵攻策妄阿喇布坦。

四月 廣東碣石總兵陳昂上奏：「天主一教，設自西洋，今各省設堂，招集匪類。此輩居心叵測，目下廣州城，設立教堂，內外佈滿，加以同類洋船叢集，安知不交通生事？乞敕早為禁絕，毋使滋蔓。」從之。

十一月 嚴查白蓮教徒。

一七一八年 戊戌 清康熙五十七年

正月 翰林院檢討朱天保，奏請復立允礽為皇太子，嚴審後斬。

三月 修築浙江海寧等處海塘。

十月 命固山貝子允禵為撫遠大將軍，征討策妄阿喇布坦。升年羹堯為四川總督。命皇七子允祐、皇十二子允祹、皇十八子允祄分理正藍旗、正白旗、正黃旗三旗事。

一七一九年 己亥 清康熙五十八年

二月 冊封黎維裪為安南國王。《皇輿全覽圖》成書，歷時三十餘年，經大規模全面實測後，採用經緯圖法，梯形投影繪成，是首部用新法測繪的中國地圖集。

是歲 《駢字類編》成書。

一七二〇年 庚子 清康熙五十九年

八月 清軍入拉薩。

十一月 冊封李昀為朝鮮國王。以隆科多為理藩院尚書，仍管步軍統領事務。

十二月 群臣以康熙帝御極六十年，恭請行慶賀典禮，不許。

一七二一年 辛丑 清康熙六十年

三月 諸臣請上尊號，諭曰：「從來所上尊號，不過將字面上下轉換，此乃歷代相沿舊習，特以欺誑不學之人主。以為尊稱，其實何尊之有！……本朝受命以來，惟以受養萬民為務……朕每念及此，惟當修省圖治，加惠黎元，有何慶賀？」

五月 直隸、山東、河南、山西等地旱災，發四省常年倉儲米穀一千二百四十八萬餘石，遣官平糶分賑。

一七二二年 壬寅 清康熙六十一年

正月 舉行千叟宴，召滿漢文武官員及致仕斥退人員年滿六十五歲以上者，共一千零二十人，宴於乾清宮前。

十一月 康熙帝不豫，自南苑回駐暢春園。初九日，命皇四子雍親王胤禛恭代祀天。十三日丑刻，康熙帝病危，命貝勒允祀、十三阿哥允祥、大學士馬齊、尚書隆科多總理事務，召撫遠大將軍十四阿哥允禵與允祀之子弘曙二人馳驛來京。戌刻，死。康熙帝在位六十一年，享年六十九，後諡仁皇帝，廟號聖祖。雍正元年九月初一日，葬於景陵。二十日，胤禛御太和殿，昭告天地、宗廟、社稷，佈告天下，以明年為雍正元年。

十二月 封貝勒八阿哥允祀為和碩廉親王，十三阿哥允祥為和碩怡親王等，允祥總理戶部三庫事務。以輔國公延信為西安將軍，仍署撫遠大將軍印務。限各省三年補足所欠虧空。

北京福祐寺內陳放的康熙帝神牌

清世宗雍正帝胤禛（西元一七二三～一七三五年）

一七二三年 癸卯 清雍正元年

正月 雍正帝連頒十一道諭旨，嚴飭文武各官不得逢迎意指、暗通賄賂、侵漁剋扣、營伍廢弛、庫銀虧空、貪利廢法。

二月 河道總督陳鵬年居官廉幹，素得民心，積勞成疾，歿於工所，命予諡典。其葬歸時，繞棺哭者數萬人。命各科道官每日一人上一密摺，一摺只言一事，其所言果是，命即施行，如未甚切當，則留中不發。命在京部院衙門，復行三年考察之例。

三月 撤回駐藏官兵。定各省督撫兼銜例。

四月 諭戶部：「惟開墾一事，於百姓最有裨益。嗣後各省凡有可墾之處，聽民相度地宜，自墾自報，地方官不得勒索，胥吏亦不得阻撓。」命各省總兵俱以摺子奏事。

五月 諭斥貝子允䄉：「貝子允䄉原屬無知狂悖，氣傲心高，朕惟欲慰我皇妣太后之心，著晉封允䄉為郡王。伊從此若知悔改，朕自疊沛恩澤，若怙惡不悛，則國法具在，朕不得不治其罪。」

六月 命整飭畿甸地方，諭直隸巡撫李維鈞曰：「畿甸之內，旗民雜處，向日所在旗人橫暴，小民受累。地方官雖知之，莫敢誰何，朕所稔悉。爾當奮勉整飭，不必忌旗漢冰炭之形跡，不可畏懼王公勳戚之評論，即皇莊內有擾害地方者，毋得姑容，皆密奏以聞。」

七月 命隆科多、王頊齡等監修《明史》。康熙帝時，每於萬壽聖節，京師及各省均設道場，誦經祝壽。諭曰：「於朕誕日，毋得建立祝壽道場。」

八月 雍正帝御乾清宮西暖閣，召王大臣及文武諸臣入，面諭：「今躬膺聖祖付託神器之重，安可怠忽，不為長久之慮乎？當日聖祖因二阿哥之事，身心憂悴，不可殫述。今朕諸子尚幼，建儲一事，必須詳慎，此時安可舉行？然聖祖既將大事付託於朕，朕身為宗社之主，不得不預為之計。今朕特將此事親寫密封，藏於匣內，置之乾清宮正中，世祖章皇帝御書『正大光明』匾額之後，乃宮中最高之處，以備不虞。諸王大臣咸宜知之。」命諸臣退，仍留總理事務王大臣，將密封錦匣置於「正大光明」匾後。

十月 派兵征青海羅卜丹藏津，以年羹堯為撫遠大將軍。

十二月 復禁天主教。冊立嫡福晉那拉氏為皇后。

一七二四年 甲辰 清雍正二年

正月 授岳鍾琪為奮威將軍。

二月 以前明藩裔直隸真定知府朱之璉，為一等侯世襲，回京居住，令其每年春秋二季往祭明陵。

四月 敦郡王允䄉被削爵拘禁。

閏四月 續修《清會典》。

五月 永禁外省文武大臣來京陛見時帶食物進

獻。定青海善後事宜十三條。

六月 命八旗不得擅自毆死奴僕，違者治罪。設井田安置無業旗人。

七月 命郡王允禮，往遵化居守景陵。

九月 准山西攤丁入畝。禁毀回教清真寺。

十一月 命追補戶部虧空。

一七二五年 乙巳 清雍正三年

三月 發銀二十九萬餘兩，興修浙江、江南海塘。

四月 從雲貴總督高其倬疏請，在雲南苗人聚居之處改土歸流。

六月 升雍親王府為宮殿，賜名雍和宮。

十二月 降黜年羹堯為杭州將軍，其子年富、年興俱褫職。又羅織其大逆之罪五，欺罔之罪九，僭越之罪十六，狂悖之罪十三，專擅之罪六，貪黷之罪十八，侵蝕之罪十五，忌刻之罪六，殘忍之罪四，共九十二款，命年羹堯自裁，其父年遐齡、兄年希堯奪官免罪，子年富立斬，諸子年十五以上者戍邊，族中文武官員俱革職，幕客皆坐斬。修直隸河防水利。

一七二六年 丙午 清雍正四年

正月 諭斥廉親王允禩「希冀非望，狂悖已極」，命革去黃帶子，賜名「阿其那」，圈禁高牆。允禩對此早有準備，封廉親王之日，曾向道賀者云「何喜之有，我頭不知落於何日」，並焚毀皇考御批等。

五月 禁錮允禵於壽皇殿，其黨鄂倫岱、阿爾松阿俱立斬。改允禟名為「塞思黑」，拘於保定。因允禟在給允禵的書札內，有「機會已失，悔之無及」等語。

九月 內閣學士兼禮部侍郎查嗣庭，向來趨附隆科多，典試江西出題譏刺時事，日記中有抨擊文字之禍等字眼，革職死於獄，命戮屍梟示，其子坐死，家屬流放。

十一月 因以文字獲罪之汪景祺、查嗣庭皆浙江人，命將浙江鄉試、會試停止，「俟風俗漸趨淳樸，再降諭旨」。

一七二七年 丁未 清雍正五年

七月 查有人誣謗岳鍾琪案，認為「其罪可勝誅乎」。已革貝勒蘇努讓其子信從天主教，諭令悛

改。蘇努稱「願甘正法，不肯改易」，斬立決。

九月 令嗣後唯一品官員之家，許用黃銅器皿，餘者一概禁止。

十月 列隆科多大罪四十一款，永遠禁錮。隆科多於翌年六月，死於禁所。

十一月 復鰲拜一等公爵，令其孫達福承襲。

十二月 斥大將軍延信為阿其那黨羽，與隆科多一處監禁。

一七二八年 戊申 清雍正六年

二月 定四川苗疆善後事宜。

三月 諭割肝救母死者，不加旌表。

五月 定中俄《恰克圖條約》。

七月 河南孟津農民翟世友，路拾陝西三原人秦泰買棉花遺銀一百七十兩，後遇原主奉還，並不受謝。命給七品頂戴，賞銀一百兩，並給區立碑，以正人心、厚風俗。

八月 命自明年起，恢復浙江鄉試會試。

十一月 命各省修志。

十二月 召民赴寧夏墾田。

一七二九年 己酉 清雍正七年

正月 命各省州縣歲舉老農，給以頂戴榮身，以勸民務本力田。命修整自京師至江南大道。

二月 命徹查江南蘇、松兩地歷年所欠錢糧，達一千六百餘萬兩。

三月 命傅爾丹率師往征準噶爾汗噶爾丹策零。

四月 諭回民雖「留遺家風土俗」，亦應「從俗從宜」。

五月 浙江人呂留良圖謀復明，有《呂用晦文集》傳世。湖南人曾靜科試不第，心懷怨恨，讀呂留良遺著受其影響，遣學生張熙致書川陝總督岳鍾琪，勸其同謀舉事。岳鍾琪密招奏聞，詔曾靜、張熙解京。朝廷以大逆之罪，將呂留良戮屍梟示，其子呂毅中斬首，曾靜、張熙釋放，以做反面教材。

六月 始設軍機處。諭曰：「兩路軍機，朕籌算者久矣。其軍需一應事宜，交與怡親王、大學士張廷玉、蔣廷錫密為辦理。」工部主事陸生枏作《通鑑論》十七篇，其論君主曰「人愈尊，權愈重，則身愈危，禍愈烈，蓋可以生人、殺人、賞

人、罰人，則我志必疏，而人畏之者必愈甚，人雖怒之而不敢洩，欲報之而不敢輕，故其蓄必深，其發必毒」，並有論及建儲、兵制、相臣等語，因之被殺。

九月 頒行《大義覺迷錄》，將呂留良、嚴鴻逵等言論，曾靜、張熙等口供，刊刻成書，頒行天下，令每學宮各貯一冊。康熙帝《治河方略》一書，編成。

十一月 發戶部帑銀一百萬兩，修高家堰堤工。

一七三〇年 庚戌 清雍正八年

四月 命改定大學士為正一品，尚書為從一品。

五月 怡親王允祥死。不准禁回教，諭曰：「回民之在中國，其來已久。伊既為國家編氓，即皆為國家赤子也。……至回民之自為一教，乃其先代相沿之土俗，亦猶中國之大，五方風氣不齊，習尚因之各異，其來久矣。歷觀前代，亦未通行禁約，強其劃一也。」

十月 庶吉士徐駿詩文有譏訕語，斬立決，文稿盡焚。

十一月 戶部錢糧虧空二百五十餘萬兩，至此俱已補足。

一七三一年 辛亥 清雍正九年

二月 大將軍岳鍾琪奏準噶爾軍機事十六條，雍正帝諭曰：「岳鍾琪所奏十六條，朕詳細披覽，竟無一可採之處。」

十二月 嚴禁鐵器出洋。《清聖祖仁皇帝實錄》告成。

一七三二年 壬子 清雍正十年

正月 命雲貴、廣西總督鄂爾泰為保和殿大學士兼兵部尚書。

三月 鑄「辦理軍機印信」，並通知各省及西、北兩處軍營。

四月 興辦雲南水利。

十月 命將岳鍾琪革職，交兵部拘禁。

是歲 會計全國各省丁口田地數，人丁戶口二千五百四十四萬二千六百六十四戶，田地八百八十一萬餘頃，征銀三千零八萬餘兩，鑄錢九億一千零一十七萬餘。

一七三三年 癸丑 清雍正十一年

二月 封皇四子弘曆為和碩寶親王。

四月 命在京三品以上官員及外省督撫，薦舉博學鴻詞，召試授職，循康熙十七年故事。

五月 續修《清會典》告成。

九月 總兵曹勷領兵哈密，縱敵失機，命於軍前梟示。

一七三四年 甲寅 清雍正十二年

二月 遣使封黎維祜為安南國王。

三月 工部尚書范時鐸，以溺職革退。

十一月 允禵死於禁所。

一七三五年 乙卯 清雍正十三年

四月 《清聖祖仁皇帝御製文集》書成。

八月 二十一日，雍正帝不豫，二十二日大漸，二十三日死。遺命皇四子寶親王弘曆嗣位，莊親王允祿、果親王允禮、大學士鄂爾泰和張廷玉四人輔政。雍正帝在位十三年，享年五十八，謚憲皇帝，廟號世宗，乾隆二年三月葬於泰陵，遺詔張廷玉、鄂爾泰將來配享太廟。

九月 弘曆御太和殿，告天地、宗廟、社稷，宣示天下，以明年為乾隆元年

十月 釋圈禁宗室。命收回《大義覺迷錄》，將曾靜、張熙鎖拿解京，磔於市。大將軍傅爾丹、岳鍾琪、石雲倬、馬蘭泰以失誤軍機罪，斬監候。

十一月 賞已革宗室阿其那（允禩）、塞思黑（允禟）子孫紅帶子，收入《玉牒》。

十二月 命纂修《八旗氏族通譜》。諭審案不許株連婦女。《明史》告成。

清雍正帝寫在兵部尚書田文鏡奏摺上的硃批——「朕就是這樣漢子！就是這樣秉性！就是這樣皇帝！爾等大臣若不負朕，朕亦不負爾等也。勉之！」胤禎此人什麼個性，可見一斑。

清高宗乾隆帝弘曆（西元一七三六～一七九五年）

一七三六年　丙辰　清乾隆元年

正月　準噶爾汗噶爾丹策零遣使入覲。

二月　命原吏部尚書楊名時入宮，教皇子讀書，侍值南書房。

三月　釋汪景祺、查嗣庭兄弟族屬回籍。頒《十三經》、《廿一史》於各省府學、書院及府州縣學。兵部尚書傅鼐奏稱，今科會試各省年老舉人，八十歲以上劉起振等三人，七十五歲以上馮應龍等五人，七十歲以上李琬等三十五人。

六月　禁各州縣鄉村私造鳥槍。定江南水利歲修章程。原甘肅巡撫許容以隱匿災荒等罪，革職解京。以京師為輦轂之地，五方之人雲集輻輳，命於外城街巷各設柵欄，以司啓閉，並由步軍統領分派兵役看守。

七月　乾隆帝於乾清宮西暖閣，召總理事務王大臣及九卿等，宣諭密書建儲諭旨，藏於「正大光明」匾後。追諡明建文帝為恭閔惠皇帝。先是，雍正帝因康熙後期法網漸弛，加意振飭綱紀，但政令竣屬，中外騷然。乾隆帝即位後，欲拯其

弊。四川巡撫王士俊密摺言：「近日條陳，惟在翻駁前案。」甚至對眾揚言：「只須將世宗時事翻案，即繫好條陳。」乾隆帝聞奏震怒，命將王士俊斬監候，後釋。

九月　御試博學鴻詞一百七十六人於保和殿，授劉綸等十五人官。

一七三七年　丁巳　清乾隆二年

四月　疏浚清口及江南運河。免直隸、山東災民地丁錢糧。裁革廣東加徵雜稅。

六月　免江南未完民欠。

八月　永定河決口，命大學士鄂爾泰往勘。

十月　已致仕安西鎮總兵張嘉翰，坐剝削軍需罪，斬監候。

十一月　命仍設軍機處，以大學士鄂爾泰、張廷玉、尚書訥親、海望等為軍機大臣。

一七三八年　戊午　清乾隆三年

二月　挑浚江南淮揚運河告成。

四月　停止各省督撫向來進貢方物之例。

八月　修川陝間南北棧道，以便行人。

十月　皇次子永璉死，因其曾被祕密建儲，將密藏匾後之旨取出。

十二月　《八旗通志》書成。

一七三九年　己未　清乾隆四年

三月　以直隸、江蘇、安徽三省遭災，免賦銀二百五十萬兩。

十月　宗人府議奏莊親王允祿與弘晰、弘升、弘

乾隆帝所佩「出雲」劍

乾隆帝御筆

昌、弘皎等結黨營私，往來詭祕，命將諸人免去親王、貝勒、貝子爵封。

一七四〇年 庚申 清乾隆五年

二月 四川道御史褚泰坐收賄銀五百兩，絞監候。

五月 定蒙古王、貝勒、貝子、公、台吉等源流檔冊家譜，每五年繕寫進呈一次。

七月 乾隆帝召問江蘇布政使徐士林：「何以用人？」奏曰：「工獻納者，雖敏非才，昧是非者，雖廉實蠹。」授徐士林江蘇巡撫。

十一月 重修《大清律例》告成。《大清一統志》成書。

一七四一年 辛酉 清乾隆六年

正月 諭在京官員，三年考察一次，「舉一人，使眾知所勸，退一人，使眾知所做」，用以澄清吏治，整飭官方。

三月 兵部尚書兼九門提督鄂善受賄銀一千兩，乾隆帝親訊之，垂淚頒諭，令其自裁。

五月 禮部侍郎吳家騏告假回籍收受盤費銀，革職。

七月 山西學政喀爾欽以賄賣生童等罪，處斬。乾隆帝初舉木蘭秋獮，自圓明園啓鑾，至熱河避暑山莊。此後每年如此。

十二月 《清世宗憲皇帝實錄》告成。《蒙古律例》書成。

一七四二年 壬戌 清乾隆七年

二月 以拔貢六年一舉，為期太近，人愈多而缺愈少，改十二年舉行一次。

十一月 諭禁兵丁與民會盟結黨。

一七四三年 癸亥 清乾隆八年

二月 考選御史，試以時務策。杭世駿策稱：「意見不可先設，畛域不可太分，滿洲賢才雖多，較之漢人僅十之三四。天下巡撫，尚滿漢參半，總督則漢人無一焉。何內滿而外漢也？三江兩浙，天下人才淵藪，邊隅之士，間出者無幾。今則果於用邊省之人，不計其才，不計其操履，不計其資俸，而十年不調者，皆江浙之人，豈非有意見畛域？」乾隆帝降旨詰問，杭世駿被革職。

六月 以種菸耗農功、妨地利，諭除城堡間隙之地和近城畸零菜圃地外，其野外土田阡陌相連之處，概不准種菸。

七月 乾隆帝自熱河往盛京，至十月還京師。

十月 定大臣乞休舉賢自代例，諭：「昔蕭何相漢，終舉曹參，羊祜佐晉，亦進杜預。薦賢自代，青史稱焉。……以明歲為始，凡大臣自陳乞罷者，令各舉德行才能堪以自代之人，隨疏奏聞。」

一七四四年 甲子 清乾隆九年

是歲 皇帝無大事可敘。《八旗滿洲氏族通譜》書成。

一七四五年 乙丑 清乾隆十年

八月 乾隆帝行圍至塞外烏里雅蘇臺，賜蒙古親王、額駙、台吉宴，九月還京師。

九月 命禁用非法刑具。

一七四六年 丙寅 清乾隆十一年

是歲 皇帝無大事可敘。

一七四七年 丁卯 清乾隆十二年

七月 禁年少宗室等乘轎，以戒希圖安逸。

一七四八年 戊辰 清乾隆十三年

正月 封十四皇叔允禵為郡王，上朝如故。

二月 乾隆帝東巡起行，歷曲阜，過泰安，駐濟南，三月還京師。

三月 乾隆帝東巡迴駐德州，於舟中宴飲逸樂。皇后富察氏激切進諫，乾隆帝加以詬評，皇后羞憤投水死。皇太后得聞臨視，悲慟良久。

四月 命大學士訥親為經略大臣，馳往四川大金川軍營，平定當地土司莎羅奔作亂。

七月 浙江巡撫常安，貪婪索財論絞。

九月 湖廣總督塞楞額，違制在皇后喪期剃頭，令其自盡。命採集西洋、緬甸、暹羅及海外諸國書籍，繕寫進呈，交四譯館校勘。

十二月 定三殿三閣大學士滿漢各二員，三殿即保和殿、文華殿、武英殿，三閣即體仁閣、文淵閣、東閣。川陝總督張廣泗貽誤軍機，斬之。大學士訥親，亦因征剿無方，被用其祖遏必隆遺刀，於營門當眾斬之。

一七四九年 己巳 清乾隆十四年

正月 金川事平，封傅恆忠勇公，岳鍾琪三等公並加兵部尚書銜。

十二月 《五朝本紀》書成。

一七五〇年 庚午 清乾隆十五年

二月 策凌病故，褒以「王奮身血戰，再挫天驕，震威絕徼，為國家長城」。策凌乃蒙古喀爾喀部人，成吉思汗直系後裔，娶康熙帝女和碩純愨公主，出征準噶爾立有戰功，生前授親王。

四月 雍正帝遺言張廷玉死後配享太廟，為漢人僅有。乾隆帝覺張廷玉對己不恭，命罷其配享太廟。

六月 禁蒙古人與漢人通婚。

一七五一年 辛未 清乾隆十六年

正月 乾隆帝首次南巡，南至杭州，五月初四日還京。免江蘇、安徽、河南、甘肅額賦，共銀三百四十七萬二千餘兩，糧一百餘萬石。

三月 以駐藏大臣紀山失職，對珠爾默特那木札勒曲意逢迎，任其恣肆亂謀，賜自裁。

閏五月命繪苗、瑤、黎、僮等族衣冠、形貌圖，呈覽存備。

七月 改天壇祈穀壇大饗殿名，為祈年殿。

十月 復各省督撫提鎮冬季行圍例。

一七五二年 壬申清乾隆十七年

十二月 命福建巡撫陳宏謀勿究捕天主教民。

一七五三年 癸酉清乾隆十八年

三月 改八旗軍器每年查驗一次，為三年查驗一次。

四月 西班牙國遣使奉表，並貢方物。

五月 裁欽天監滿漢監副各一員，增西洋監副一員。

七月 禁將《水滸傳》、《西廂記》等漢文話本譯成滿文。

十一月 江西生員劉震宇所著《治平策》中，有「更易衣服制度」之語，命斬之。

十二月 寵臣孫嘉淦死。孫為山西興縣人，幼家貧，耕且讀。後成進士，官任吏部尚書，直言不阿。其居官，素以八約自戒：「事君篤而不顯，與人共而不驕，勢避其所爭，功藏於無名，事止於能去，言刪其無用，以守獨避人，以清費廉

乾隆通寶

取。」

一七五四年 甲戌 清乾隆十九年

十一月 厄魯特蒙古阿睦爾撒納兵敗內附，乾隆帝賜宴撫慰，封其為親王。

十二月 兩路出兵，征準噶爾達瓦齊部。

一七五五年 乙亥 清乾隆二十年

三月 已故大學士鄂爾泰門生、曾任翰林學士兼廣西學政胡中藻，著《堅磨生詩鈔》。諭曰：「『一把心腸論濁清』，加『濁』字於國號之上，是何肺腑？」「至其所出試題內，考經義有『乾三爻不像龍』說，……乾隆乃朕年號，龍與隆同音，其詆毀之意可見！」胡中藻以悖逆譏訕罪，下獄棄市。將鄂爾泰撤出賢良祠。鄂爾泰之姪巡撫鄂昌，以胡中藻為世誼，往來唱和，在詩中稱蒙古為胡兒，令其自盡。自胡中藻詩獄興，訐告詩文之事紛起。

四月 致仕大學士張廷玉遺疏報聞，仍命配享太廟。

五月 準噶爾達瓦齊和羅卜藏丹津被押解至京，乾隆帝午門受獻俘禮，皆赦其死。

六月 以準噶爾蒙古業已平定，大軍撤回。

八月 阿睦爾撒納逃歸準噶爾作亂，乾隆帝命再征討。

一七五六年 丙子 清乾隆二十一年

二月 准八旗家奴出旗為民。

八月 乾隆帝木蘭秋獮至波羅河屯行殿，宴賞準噶爾杜爾伯特部台吉伯什噶什。

九月 乾隆帝在熱河宴見土爾扈特部貢使吹紮布。

一七五七年 丁丑 清乾隆二十二年

正月 乾隆帝第二次南巡，南至杭州，五月回京。

九月 原任湖南布政使楊灝侵扣銀三千兩，斬首。

一七五八年 戊寅 清乾隆二十三年

正月 發兵赴新疆，征討集眾為亂的大小和卓。

是歲 全國各省綠營兵丁，共置六十四萬三千三百四十五人。

一七五九年 己卯 清乾隆二十四年

五月 修浚京城內外河渠。

七月 清軍撫定喀什噶爾和葉爾羌，大小和卓經營之「巴都爾汗國」亡。

八月 回疆事悉平。

一七六〇年 庚辰 清乾隆二十五年

三月 移民實邊，主要為新疆方向。

乾隆帝狩獵圖

十月 皇十五子顒琰生，即後之嘉慶帝，母魏佳氏。

十二月 乾隆帝在瀛臺宴見回疆葉爾羌、喀什噶爾、阿克蘇、和闐、烏什、庫車、沙雅爾、賽里木、拜城等地入覲貴族。

一七六一年 辛巳 清乾隆二十六年

正月 紫光閣落成，命畫大學士傅恆等人功臣像於內，前後凡三舉，共一百三十五人。

一七六二年 壬午 清乾隆二十七年

正月 乾隆帝第三次南巡，至杭州、江寧，五月還京師。

一七六三年 癸未 清乾隆二十八年

正月 乾隆帝宴見愛烏罕、巴達克山、霍罕、哈薩克、奇奇玉斯諸部使臣於紫光閣。

五月 圓明園失火。以果親王弘曕開設煤窯、占奪民產、販賣人參、干預朝政等罪，命革去王爵，永遠停俸，以觀後效。

是歲 官修《皇清職貢圖》書成。

一七六四年 甲申 清乾隆二十九年

十一月 協辦大學士兼戶部尚書兆惠死，乾隆帝親臨其府賜祭。命配享太廟。

一七六五年 乙酉 清乾隆三十年

正月 乾隆帝第四次南巡。

八月 定巡查與俄疆界條例。

十一月 命各省修理城垣，定期五年，一律告竣。

一七六六年 丙戌 清乾隆三十一年

四月 蘇州同知段成功，在山西陽曲縣任內侵貪庫銀一萬兩，處斬。

七月 上年南巡至杭州，宴遊縱歡，皇后那拉氏勸止，至泣下，怒而剪髮。乾隆帝不快，令其先程回京。那拉氏十四日死，命以妃禮葬之。

十二月 刊刻《清會典》告成。

是歲 會計全國民數穀數，共大小男婦二億零八百零九萬五千七百九十六口，存倉米穀一千六百九十六萬餘石。

一七六七年 丁亥 清乾隆三十二年

三月 雲貴總督楊應琚，剿緬孤軍深入受挫，令自盡。

乾隆帝戎裝像

四月 再禁將軍、大臣調任時擅帶兵弁。

七月 命軍前奏事仍用滿文。

九月 以福建巡撫李因培辦理馮其柘虧空一事徇庇回護，賜自盡。

一七六八年 戊子 清乾隆三十三年

正月 《御批歷代通鑑輯覽》告成。

四月 參贊大臣額勒登額征緬失機，處死。

七月 以翰林院侍讀學士紀昀（曉嵐）向前鹽運使盧見曾私通消息，致其寄頓貲財，將紀昀發往烏魯木齊效力。

八月 同俄恢復恰克圖互市。

九月 各地喧傳有人偷割髮辮，命將兩江總督高晉、江蘇巡撫明德、山西巡撫彰寶、安徽巡撫馮鈐、浙江巡撫永德和原浙江巡撫熊學鵬，交部嚴加議處。

一七六九年 己丑 清乾隆三十四年

六月 以錢謙益所著《初學集》、《有學集》中

清乾隆帝御賞書畫用章

有詆謗語，命將其書版及印行之書悉數匯齊，送京銷毀，違者治罪。

一七七〇年 庚寅 清乾隆三十五年

正月 《平定準噶爾方略》書成。

二月 貴州巡撫良卿受賄，致倉銀累年虧空二十八萬餘兩，命於省城正法。

一七七一年 辛卯 清乾隆三十六年

九月 土爾扈特台吉渥巴錫回歸入覲，乾隆帝撰《御製土爾扈特全部歸順記》，封渥巴錫為卓里克圖汗。

十月 紀昀被宥，授翰林院編修。

十二月 以遼、金、元三史所載人名、地名多承訛襲謬，輾轉失真，命將三史中人名、地名、職官、氏族等譯音，釐正劃一。

一七七二年 壬辰 清乾隆三十七年

正月 建烏魯木齊城，以索諾木策凌為烏魯木齊參贊大臣，德雲為領隊大臣，俱受伊犁將軍節制。

五月 兵敗小金川墨壟溝，命將四川總督桂林褫職逮問。命戶部尚書福康安，軍機處學習行走。

七月 雲南布政使錢度貪贓，被斬。

一七七三年 癸巳 清乾隆三十八年

正月 以阿爾泰於小金川之事措置不當，貽誤軍機，令其自盡。

二月 開四庫全書館，命各省督撫會同學政，搜輯古今群書，將各書敘列、目錄、朝代、作者、提要等具奏，以便閱覽。派軍機大臣為總裁，揀選翰林官三十員專司纂輯，開館纂修。命將漢文、蒙古文《大藏經》悉心校核，譯成滿文。

六月 命編《日下舊聞考》，輯有關北京史料，分星土、世紀、形勝、宮室、城市、郊坰、京畿、僑治、邊障、戶版、風俗、物產、雜綴十三門，四十二卷。

一七七四年 甲午 清乾隆三十九年

正月 詔凡異姓人歃血為盟、焚表結拜兄弟者，照謀叛叛未行律，為首者絞監候，為從者減一等，若聚至二十人以上，為首者絞立決，為從者發極邊充軍。

四月 命名武英殿《四庫全書》活字版，為武英殿聚珍版，簡稱殿版。

六月 以浙江寧波天一閣范懋柱家所進之書最多，命賞《古今圖書集成》一部。

八月 命各省督撫加緊採訪遺書。諭云：「並不見奏及稍有忌諱之書，豈有哀集如許遺書，竟無一違礙字跡之理？況明季末，造野史者甚多，其間毀譽任意，傳聞異詞，必有牴觸本朝之語。正當及此一番查辦，盡行銷毀，杜遏邪言，以正人心，而厚風俗。」

一七七五年 乙未 清乾隆四十年

十月 定以後巡察盛京、黑龍江、吉林等處，每五年一次。

閏十月 以廣東東莞人陳建所著《皇明實紀》一書，「內多悖逆字句，應行銷毀」。

十一月 命盛京、吉林、黑龍江將軍，將三省名山大川、古人遺跡、城名變更、道里遠近等，詳對滿洲檔冊、志書和實錄，逐一詳查，繪圖呈覽。後將該書定名為《盛京吉林黑龍江等處標注戰跡輿圖》。定官員失察流民嚴懲例。

一七七六年 丙申 清乾隆四十一年

正月 追諡明末殉難諸臣，如史可法、劉宗周、黃道周等。又命追諡明靖難之時為建文帝仗節死者。將副都統和珅一族，抬入滿洲正黃旗。

三月 命戶部侍郎和珅在軍機處行走。

十一月 命銷刪「牴觸本朝」書籍。對明末劉宗周、黃道周、熊廷弼、葉向高、楊漣、左光斗等人書籍，諭曰「所有觸礙字樣，固不可存，然只須刪去數卷，或刪去數篇，或改定字句，亦不必因一二卷帙，遂廢全部」。實際上，當時全國各

地大肆焚刪明末書籍。

十二月 命國史館編列《貳臣傳》諭：「蓋崇獎忠節，即所以風勵臣節也。因思我朝開創之初，明末諸臣，望風歸附。如洪承疇以經略喪師，俘擒投順；祖大壽以鎮將罹咎，帶城來投。及定鼎時，若馮銓、王鐸、宋權、謝升、金之俊、黨崇雅等，在明俱曾躋顯秩，入本朝仍忝為閣臣。至若天戈所指，解甲乞降，如左夢庚、田雄等，不可勝數。蓋開創大一統之規模，自不得不加之錄用，以靖人心而明順逆。今事後平情而論，此等人者，皆以勝國臣僚，乃遭際時艱，不能為其主臨危授命，輒復畏死幸生，靦顏降附，豈得復謂之完人？即或稍有片長足錄，其瑕疵自不能掩。……朕思此等大節有虧之人，不能念其建有勳績，諒於生前，亦不因其尚有後人，原於既死。今為準情酌理，自應於國史內，另立《貳臣傳》一門，將諸臣仕明及仕本朝各事蹟，據實直書，使不能纖微隱飾。」

一七七七年 丁酉 清乾隆四十二年

八月 命大學士滿桂、于敏中等纂修《滿洲源流考》。

一七七八年 戊戌 清乾隆四十三年

正月 乾隆帝閱《實錄》，感睿親王多爾袞於開國之時，統眾入關，成一統之業，厥功最著，而身後蒙不白之冤，削奪封號，於心不忍。命追復睿親王封爵，補入《玉牒》，後人襲封。並復豫親王多鐸原封，又以禮親王代善後改封康親王，鄭親王濟爾哈朗後改封簡親王，肅親王豪格後改封顯親王，克勤郡王岳托後改封平郡王，俱配享太廟。

九月 准西洋人進京效力。乾隆帝北巡盛京謁陵還，有生員於興隆道旁進遞呈詞，陳請建儲、立后、納諫、施德四事，將其斬首。宣諭至乾隆六十年內禪：「朕歷覽諸史，今古異宜，知立儲之不可行。蓋一立太子，眾見神器有屬，幻起百端。弟兄既多所猜嫌，宵小且從而揣測。其懦者，獻媚逢迎，以陷於非；其強者，設機媒孽，以誣享其過。往往釀成禍變，遂至父子之間，慈孝兩虧，家國大計，轉滋罅隙。且太子之名，蓋自周始，《禮記》因有《文王世子》之篇，其後遂

相沿襲。然至幽王時，太子宜臼即以讒廢。後世若漢武帝立太子據，致有巫蠱之禍，唐太宗立太子承乾，竟以謀逆廢黜。即明洪熙為太子時，漢王高煦百計相傾，東宮諸臣接踵下獄，幸而洪熙謹慎，得以保全，然以憂讒畏譏成疾，在位不克永年。至於立嫡立長，尤非確論。漢文帝最賢，並非嫡出，使漢高祖令其嗣位，何至有呂氏之禍？唐太宗為群雄所附，使唐高祖不立建成而立太宗，則無玄武門之變。明永樂以勇略著聞，使明太祖不立建文而立永樂，則亦無金川門之難。我朝家法，皆未豫定儲位。皇祖時曾立理密親王為皇太子，後以怙終廢，遂不復建儲，而屬意於我皇考。雍正元年，皇考親書朕名，緘藏於乾清宮『正大光明』匾內，而不豫宣示。及朕纘承洪緒，效法前徽。昔皇祖御極六十一年，予不敢相比。若邀穹蒼眷佑，至乾隆六十年，予壽八十有五，即當傳位皇子，歸政退閒。昔唐宣宗聞裴休立儲之請，曰『若立太子，則朕為閒人』，又宋仁宗儲位既定，鬱鬱不樂，宋英宗立太子後，泫然泣下，皆朕所嗤鄙。曾於批閱《通鑑輯覽》時，評斥其非，安肯蹈其庸陋之見乎？」

十一月惇妃將宮內使女毒毆致死，著降為嬪，並罰銀給死者父母殮埋。已故江蘇東臺舉人徐述夔，遺詩中有「明朝期振翮，一舉去清都」、「大明天子重相見，且把壺兒擱半邊」句，以其影射譏刺，將徐述夔及其子徐述祖（已死）裁屍，其孫徐食田論斬。失察之江蘇布政使陶易斬監候，已故禮部尚書沈德潛亦與此事牽連，命將其御賜碑移除，磨毀碑文，撤出鄉賢祠。

一七七九年 己亥 清乾隆四十四年

二月 命輯錄《明季奏疏》，永為殷鑑。

八月 命和珅在御前大臣任上學習行走。寧壽宮成，預為乾隆帝歸政後，退閒頤養之所。

十一月 原吉林將軍富椿調補杭州將軍後，不訓練兵丁，反自求逸樂，每日嗜酒、聽曲、看戲，命革職。

一七八〇年 庚子 清乾隆四十五年

正月 乾隆帝第五次南巡，五月回京。

二月 命大小金川「番眾概行剃髮」。

三月 文華殿大學士、雲貴總督李侍堯納賄勒索，侍郎和珅查辦得實。諭曰：「李侍堯身為大學士，歷任總督，乃負恩婪索，盈千累萬，甚至向屬員變賣珠子，贓款狼藉，如此不堪，實朕夢想不到。」和珅奏請斬監候，廷議改斬立決，詔定斬監候。以和珅為戶部尚書。

五月 和珅之子賜名豐紳殷德，指為十公主額駙。

七月 班禪額爾德尼六世入覲。

十二月 先是鼇拜被康熙帝宣示二十四款大罪拘禁，後雍正帝復其一等公世襲罔替，今乾隆帝再宣示鼇拜罪狀，停其爵號，以令大臣擅權弄法者戒。

一七八一年 辛丑 清乾隆四十六年

二月 《四庫全書總目提要》繕進。

三月 《平定兩金川方略》書成。

四月 休致大理寺卿尹嘉淦，派子為其父尹會一請諡，並請從祀文廟。以其狂妄，交部議罪，後絞立決。

七月 暹羅求買銅器，未許。

一七八二年 壬寅 清乾隆四十七年

正月 撥庫銀七萬兩，於盛京建文溯閣，以貯藏《四庫全書》。

七月 編輯《河源紀略》，但誤以星宿海西南阿勒坦噶達素齊老上之天池為黃河源。

九月 建杭州文瀾閣，為貯藏《四庫全書》之所。

是歲 官修《皇輿西域圖志》成書。

一七八三年 癸卯 清乾隆四十八年

三月 黃河新開河竣工。

五月 予袁崇煥裔孫官職。諭曰：「朕披閱《明史》，袁崇煥督師薊遼，尚能忠於所事。而其時主闇政昏，不能罄其忱悃，以致身罹重辟，深可憫惻。」令將其入繼為嗣之五世孫袁炳，照熊廷弼裔孫之例，酌授官職。福康安與其弟福隆安、福長安同值軍機處，佔軍機大臣六人之半，兼領兵、工、戶三部，勢炎傾朝。

七月 乾隆帝第四次東巡盛京。

十月 詔將歷代冊立太子事蹟有可鑑戒者，輯成《古今儲貳金鑑》一書。依《貳臣傳》例，編寫《逆臣傳》，如將吳三桂等概行編入。

一七八四年 甲辰 清乾隆四十九年

正月 乾隆帝第六次南巡，歷泰安，經曲阜，至杭州，駐江寧。四月二十三日回京。

三月 福建欽賜進士郭鍾岳年屆一百零四歲，至浙迎鑾，賞給國子監司業職銜。

一七八五年 乙巳 清乾隆五十年

正月 乾隆帝御極五十年慶典，舉行千叟宴，宴親王以下暨士商兵民等年六十以上者三千人。

十月 命釋李侍堯出獄，旋命署湖廣總督。

十二月 續修《清一統志》告成。

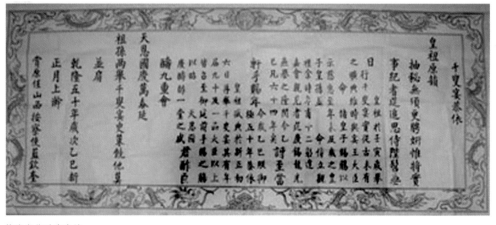

乾隆帝作千叟宴詩

一七八六年 丙午 清乾隆五十一年

六月 御史曹錫寶參劾和珅家人不法，和珅巧為掩飾。曹錫寶以妄奏罪，革職留任。

七月 命和珅為文華殿大學士，管戶、吏兩部事務，仍兼步軍統領。

一七八七年 丁未 清乾隆五十二年

六月 准漢人娶蒙古婦女為妻。

一七八八年 戊申 清乾隆五十三年

七月 廓爾喀舉兵侵藏，命遣軍擊之。

一七八九年 己酉 清乾隆五十四年

二月 新疆和闐領隊大臣格繃額受賄，處斬。

六月 封阮光平為安南國王。

十一月 封皇六子永瑢為質親王，皇十一子永瑆為成親王，皇十五子顒琰為嘉親王。

一七九〇年 庚戌 清乾隆五十五年

正月 以乾隆帝年屆八旬，命普免全國錢糧。

五月 准士子閱鈔《四庫全書》。

六月 冊封孟隕為緬甸國王。

八月 十三日，乾隆帝八十歲生日，御太和殿受賀。

一七九一年 辛亥 清乾隆五十六年

二月 禮部侍郎尹壯圖奏各省督撫聲名狼藉，吏治廢弛。乾隆帝覽奏大怒，認為此乃妄言，將尹壯圖革職留用。

一七九二年 壬子 清乾隆五十七年

十月 乾隆帝作《十全武功記》，命以滿、漢、蒙、藏四種文體，建碑勒文。「十功者，平準噶爾為二，定回部為一，掃金川為二，靖臺灣為一，降緬甸、安南各一，即今二次受廓爾喀降，合為十。」

十一月 頒金賁巴瓶制，抽籤以定達賴喇嘛轉世人選。

一七九三年 癸丑 清乾隆五十八年

正月 頒《欽定西藏章程》。

二月 兩江總督福崧被劾婪索銀兩，命逮至京師，後於途中正法。或謂福崧封疆有政聲，忤和珅，為其所陷，和珅以蜚語激乾隆帝怒。

八月 乾隆帝在熱河避暑山莊接見英使馬戛爾尼一行。馬戛爾尼要求允英在北京駐員照顧商務，並設立商館，在寧波、天津、廣東等地停泊交易，聽任英人傳教等。乾隆帝以其不識天朝體制，妄行乞請，嚴加拒絕。賜馬戛爾尼等筵宴及優加賞賚後，讓其回國。

十一月 令永遠停止捐納，即不能再拿錢買官，朝廷也不再賣官。諭憂「生之者寡，食之者眾」，稱「康熙四十九年，民數二千三百三十一萬二千二百餘名口，因查上年各省奏報，民數共三萬七百四十六萬七千二百餘名口。較之康熙年間，計增十五倍有奇。……以一人耕種，而供十數人之食，蓋藏已不能如前充裕。且民戶既日益繁多，則廬舍所佔田土，不啻倍蓰。生之者寡，食之者眾，於閭閻生計，誠有關係。若再因歲事屢豐，粒米狼戾，民情遊惰，田畝荒蕪，勢必至日食不繼，益形拮据。朕甚憂之。

一七九四年 甲寅 清乾隆五十九年

八月 乾隆帝以明年御極六十年，命普免各省錢糧。

一七九五年 乙卯 清乾隆六十年

九月 乾隆帝御勤政殿，召見皇子皇孫及王公大臣，詔立皇十五子嘉親王顒琰為皇太子，以明年為嗣皇帝嘉慶元年，屆期歸政。

乾隆朝青花瓷極品

清仁宗嘉慶帝顒琰（西元一七九六～一八二○年）

一七九六年 丙辰 清嘉慶元年

正月 乾隆帝御太和殿，舉行內禪禮，授璽。顒琰即皇帝位，尊弘曆為太上皇訓政，頒詔天下。白蓮教多處起事，命湖廣總督畢沅、湖北巡撫惠齡率軍往擊之。

二月 嘉慶帝御乾清門聽政，居圓明園則御勤政殿。

十一月 撥庫銀四百萬兩，分解湖北、湖南，以備軍需。江西巡撫陳淮居官貪黷，串通舞弊，革職逮問。

一七九七年 丁巳 清嘉慶二年

四月 自白蓮教起義以來，撥解各省軍餉達三千餘萬兩。

十月 乾清宮失火，革罰太監多名。

一七九八年 戊午 清嘉慶三年

正月 以剿除白蓮教無力，革除額勒登保等多位官員爵封。

一七九九年 己未 清嘉慶四年

正月 太上皇弘曆死，享年八十九，在位六十年，太上皇訓政三年，諡純皇帝，廟號高宗，葬於裕陵。自此，嘉慶帝顒琰始親政。嘉慶帝在潛邸時，即知和珅弄權，積怨滿朝野，即位後以太上皇尚在，不便遽發。及弘曆死，宣布和珅罪狀曰：「朕於乾隆六十年九月初三日，蒙皇考冊封皇太子，尚未宣佈諭旨，和珅於初二日在朕前先遞如意，以擁戴自居，大罪一……」歷數和珅大罪，共計二十款。此後又查出，另有大罪兩款。命和珅獄中自盡。大學士福長安阿附和珅，命其詣和珅死所跪視，並革職下獄籍家。宣諭廷臣：「凡為和珅薦舉及奔走其門者，悉不深究，勉其悛改，咸與自新。」

二月 諭軍機大臣等：「自剿辦（白蓮教）以來，時日已閱三年，經費則數逾七千萬。」以查抄和珅家人呼什圖糧食一萬一千餘石，分賑文安、大城二縣災民。

四月 京師城內戲園，一概永遠禁止，不准復行開設。

六月 遣使冊封尚溫襲琉球國中山王。江蘇巡撫宜興任性驕秀，聽任家人勒索屬員，解任查審。經略大臣勒保剿匪無功，奪職斬監候。

八月 翰林院編修洪亮吉，奏請「今日皇上當法憲皇帝之嚴明，使吏治肅而民樂生」，被斥為「妄測高深，意存軒輊，狂謬已極」，革職遣戍伊犁。

一八○○年 庚申 清嘉慶五年

九月 遣使往封李玜為朝鮮國王。

一八○一年 辛酉 清嘉慶六年

正月 自嘉慶元年以來，軍餉撥解銀至一億兩，命清釐稽核軍需。

三月 詔嗣後挑選八旗秀女，公主之女，著停挑選。

九月 命續修《大清會典》。

一八○二年 壬戌 清嘉慶七年

三月 英吉利船泊廣州口外零丁洋，欲登澳門借房居住。諭曰「有犯必懲，切勿姑息，無陳莫

攙，亦勿輕率」，不許其登岸居住。

四月 諭今後在京部院大臣簡放督撫者，除有兵差、案差外，不准請帶所屬官員，違例交部議處，以肅政體，而杜弊端。

十一月 江西巡撫張誠基冒功邀恩，絞監候。

一八○三年 癸亥 清嘉慶八年

閏二月 民人陳德混入東華門，繞至神武門，潛匿順貞門。嘉慶帝進宮齋戒，將入順貞門時，陳德持小刀突前行刺，傷定親王綿恩及御前侍衛丹巴多爾濟，為侍衛擒捕。御前其他百餘人，皆袖手旁觀。經審訊，陳德未吐露其主使及同謀者，陳德及其子，後被斬首。

四月 改安南為越南。

是歲 除湖北、陝西、福建三省未經查報，其他各省共計男婦三億零二百二十五萬零六百七十三名口，存倉米穀三千零五十四萬餘石。

一八○四年 甲子 清嘉慶九年

二月 查鑲黃旗漢軍秀女內，有十九人纏足，並穿寬大衣袖，命永遵祖制，勿得任意改裝。

九月 白蓮教失敗，其餘部仍堅持鬥爭多年。

一八○五年 乙丑 清嘉慶十年

二月 英吉利商船進表貢物，伴有兵船四艘。

四月 禁西洋人刻書傳教。

七月 嘉慶帝往盛京、興京謁陵。

十一月 禁西洋教士赴各地傳教。

一八○六年 丙寅 清嘉慶十一年

正月 越南擅將永隸中國版圖之雲南臨安府屬六猛地方劃去，命照會越南國王阮福映，嚴行懲辦之。

四月 命在康熙、乾隆兩朝編纂《皇清文穎》的基礎上，續編該書。

九月 直隸官員私刻假印，重領冒支，挖改庫收，銷毀借案，虛收虛抵，侵虧帑銀三十一萬餘兩，直隸總督、藩司等降革有差，侵銀萬兩以上者斬首，萬兩以下者遣戍黑龍江。

一八○七年 丁卯 清嘉慶十二年

二月 申禁朝臣與諸王交接往來。

三月 《清高宗純皇帝實錄》告成，共一千五百卷。

九月 禁八旗抱養民子為嗣，以防紊亂旗籍。

一八○八年 戊辰 清嘉慶十三年

七月 英吉利商船帶兵駛入廣東香山雞頸洋面，公然登岸，侵踞澳門東西砲臺，要求在澳門屯駐。諭守將對其嚴加詰責，令其駛出。

十二月 欽差大臣廣興受命赴河南、山東、廣東辦案，婪賄釀獄，威嚇取索，奢靡浪費，革職伏

清嘉慶帝射箭圖

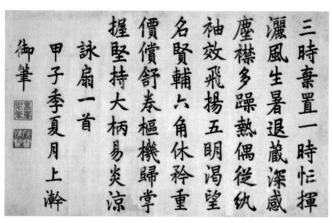

三時棄置一時忙揮
灑風生暑退藏深感
塵襟多躁熱偶從紈
袖效飛揚五明渴望
名賢輔六角休矜重
價償舒卷樞機歸掌
握堅持大柄易炎涼
詠扇一首
甲子季夏月上澣
御筆

清嘉慶帝御筆

法。行賄者巡撫長齡、阮元及布政使齊布森等，俱降職有差。

一八〇九年 己巳 清嘉慶十四年

五月 以官員遣人呈端陽節請安摺，命嗣後各省將軍、副都統等，惟當實心任事，黜浮華而歸淳樸，似此無謂之折，永行禁止。定《民夷交易章程》，嗣後各國護貨兵船，俱不許駛入內港，洋商銷貨後，即依限回國，澳門不許西洋人再行添造房屋等。

一八一〇年 庚午 清嘉慶十五年

正月 諭各部院堂官將其行走人員，三年期滿，覈實甄別，分別去留，無涉冒濫。

三月 查禁鴉片，諭內閣：「鴉片煙性最酷烈，食此者能驟長精神，恣其所欲，久之遂致戕賊軀命，大為風俗人心之害，本干例禁。……著督撫關差查禁，斷其來源，勿得視為具文，任其偷漏。」

五月 籌辦直隸水利。

七月 直隸永定河溢，河道王念孫革職嚴議。吉林將軍秀林侵蝕參銀三萬餘兩，革職賜死。

十二月 《剿平三省邪匪方略》書成。

一八一一年 辛未 清嘉慶十六年

二月 以軍機處為樞密重地，大員子弟不准充補軍機章京。

七月 禁西洋人潛往內地，並禁止民人私習天主教。

一八一二年 壬申 清嘉慶十七年

三月 嘉慶帝御南苑晾鷹臺，大閱八旗官兵。

一八一三年 癸酉 清嘉慶十八年

六月 禁覺羅宗室與漢人聯姻。

七月 嚴禁販食鴉片。

九月 天理教首領林清，得內監策應，派數十人衝入紫禁城東西華門。其中一部攻隆宗門，入內右門，至御膳房，並攻至養心門外。時嘉慶帝木蘭秋獮回至燕郊，不在宮內。皇次子旻寧聞警，令緊閉宮門。王大臣等，率健銳營、火器營軍入神武門。天理教徒寡不敵眾，相繼被殺。林清後在宋家莊就擒，碟死。嘉慶帝見變生肘腋，詔曰：「然變起一時，禍積有日。當今大弊，在因循怠玩，以至釀成漢唐宋明未有之事。」命將步軍統領玉麟等，以懈弛門禁罪奪職。封旻寧為智親王。

一八一四年 甲戌 清嘉慶十九年

正月 因軍事、河工等項費用均超出常年經費之外，支出浩繁，財政竭絀，命暫復開捐納例。禁私運銀兩出洋。

閏二月 纂輯《全唐文》告成。

十二月 訂整飭洋行規程。

一八一五年 乙亥 清嘉慶二十年

三月 定禁鴉片令。

十月 西洋人蘭月旺違禁潛入內地，遠歷數省，收徒傳教，於湖南耒陽緝獲，處死。

十二月 查禁聞香教，將其教首凌遲處死。

一八一六年 丙子 清嘉慶二十一年

正月 禁內監呈遞諸王奏事，以防宦官與外廷交接。

五月 嚴申保甲制，命全國遍行保甲，十家為牌，互相稽查，遇有可疑，即行首報，窩匿不告，同牌連坐。

七月 責令英使回國，以其不行三跪九叩禮。

清嘉慶年間所鑄鐵炮

一八一七年 丁丑 清嘉慶二十二年

正月 令白蓮教徒交出經卷，具結呈悔，天主教徒交出十字架、圖像等，具結投悔，免其治罪。

三月 以天津為畿輔左腋，拱衛京師，東接盛京，形勢緊要，設天津水師。

九月 宗室海康和奉恩將軍慶遙習天主教，約於嘉慶十八年九月十五日起事。舊案敗露，諭曰「自開國以來，從未有如海康、慶遙之自外生成者」，著將海康、慶遙各帶往其祖父墳前絞死。

一八一八年 戊寅 清嘉慶二十三年

四月 詔投匿名文書者絞死。惟關係國家重大事務者，密行奏聞，候旨待辦。

七月 嘉慶帝巡盛京，十月回京師。

一八一九年 己卯 清嘉慶二十四年

正月 嘉慶帝以本年六十生辰，頒詔天下，普免各省積欠。封皇四子綿忻為瑞親王。

閏四月 貝子、二等侍衛德麟（福康安子），御

清嘉慶通寶

殿時值班遲到，並服食鴉片，革職爵，責四十板，在家管押。民人成德征乘值班官兵睡覺時，入神武門，進景運門，至內右門，被盤獲，命將有關官兵議處。

五月 申禁旗人抱漢人及戶下人之子為嗣。宗室犯事先摘頂戴，與平民一體長跪聽審。

七月 查各在職及閒散之王公貝勒等，每日差人偵探公事，如召見起數、人名等，以便趨奉鑽營。著將禮親王麟趾、肅親王永錫、慶郡王永璘等，俱各罰俸。

一八二〇年 庚辰 清嘉慶二十五年

正月 以盛京官兵演圍弄虛作假事，諭飭之。

三月 上年八月木蘭秋獮時，隨營攜帶鈐用之兵部行印，在巴克什營帳房中因書吏俞輝庭熟睡而被竊。行印遺失後，俞輝庭用備匣加封頂充，並賄兵部堂書鮑幹含混接受。當月，司官未開匣驗視即入庫，鮑幹又裝點似在庫被竊，以圖卸責，致使失印半年之久始敗露。命嚴行查詢，將八十六歲之兵部尚書明亮降五級，其他各有關官員俱或降或革。

六月 禁宗室王公等納民女為妾，違者一經查出，即行革爵。

七月 嘉慶帝木蘭秋獮，自圓明園起行。二十五日，嘉慶帝死於避暑山莊，享年六十一，在位二十五年，諡睿皇帝，廟號仁宗，次年三月葬於昌陵。

八月 旻寧即皇帝位，是為宣宗成皇帝，以明年為道光元年。

九月 豫親王福興強姦婢女，致其自縊身死，革去王爵，圈禁三年。

十月 命定《六部律令》，以整飭部務。

是歲 《嘉慶重修一統志》成書。

清宣宗道光帝旻寧（西元一八二一～一八五〇年）

一八二一年 辛巳 清道光元年

正月 越南國王阮福皎，朝鮮國王李玜，暹羅國王，廓爾喀王，因接到清仁宗睿皇帝遺詔，遣使進香叩哀，奉表慰賀。

十月 道光帝乾清御門聽政，自此以為常。

一八二二年 壬午 清道光二年

二月 禁銀兩出洋，並通飭各省關隘，一體查禁鴉片。

三月 英吉利人在廣東肆意行凶，諭洋人應恪遵中國法度。

十二月 鴉片煙入境，尤以廣東為最，命逐一認真查拿，如有私運夾帶鴉片者，立即從嚴懲辦。

一八二三年 癸未 清道光三年

八月 時地方官員失察，鴉片流毒甚熾。定官員失察問罪條例，一百斤以上者罰俸一年，一千斤以上者降一級留任，五千斤以上者降一級調用。

一八二四年 甲申 清道光四年

正月 諭停止木蘭秋獮。

四月 《清仁宗睿皇帝實錄》告成。

六月 申諭各省督撫，遇有赴京控告事件，務須親為聽斷，冤抑者立予伸理，刁誣者從嚴懲治，勿延宕不結。

八月 派江蘇按察使林則徐綜辦江浙水利。續纂《清通禮》書成。

一八二五年 乙酉 清道光五年

正月 興修陝西水利。

二月 江浙再籌海運。

七月 嚴定宗室犯罪律令，嗣後宗室凡犯笞、杖、軍、流、徒等罪，由問刑衙門分別定罪實施，凡釀成人命案者，先革去宗室，照平民一律問斬絞。

十月 武英殿庫貯書籍被竊售，管事者瑞親王綿忻、尚書穆彰阿交部議處。

十一月 封暹羅國世子鄭福承襲暹羅國王。

一八二六年 丙戌 清道光六年

六月 訂《逃走太監治罪例》。

七月 遣將調兵赴新疆，征討張格爾部叛亂。

是歲 《皇朝經世文編》成書，一百二十卷，包括學術、治體、吏政、戶政、禮政、兵政、刑政和工政等八類，內容豐富。

一八二七年 丁亥 清道光七年

十月 惇親王綿愷以誘藏昇平署太監罪，降為郡王。

十二月 平定張格爾之亂軍需，撥銀一千一百一十六萬餘兩。俘獲張格爾，檻送京師。

一八二八年 戊子 清道光八年

五月 張格爾械至京師後，於午門前行獻俘禮。道光帝在圓明園延訊張格爾，遂將張格爾磔於市。

九月 遵化清東陵道光帝地宮出水，大學士英和下獄籍沒，遣戍黑龍江，大學士戴均元下獄籍家。後將此地宮廢棄，移至易縣清西陵重建。

一八二九年 己丑 清道光九年

正月 詔宗室覺羅恃勢藉端串結捏控者，先摘去頂戴，依例杖責發遣，銷除旗檔。

八月 道光帝巡盛京。

十二月 命防備英吉利船隻，諭曰：「各國洋船來粵貿易，惟英吉利洋商最為桀驁。……在洋

人以為奇貨可居，殊不知自天朝視之，實屬無關毫末。……倘仍以所求未送，故作刁難，著即不准開倉，嚴行驅逐。……至該國各船，現泊澳洋，情形叵測，不可不豫為之防。」另諭洋錢鴉片為害日甚，命究明弊源，嚴行查禁。

一八三〇年 庚寅 清道光十年

五月 《平定回疆方略》書成。

六月 定查禁鴉片內地行銷章程。以林則徐為湖北布政使。

十月 禁洋人私運槍砲至廣州。

是歲 美國第一個來華傳教士裨治文抵廣州，後到上海主編《中國日報》。

一八三一年 辛卯 清道光十一年

二月 禁全國種植販賣鴉片。

五月 飭各省督撫，查禁鴉片走私。

六月 皇四子奕詝生，母鈕祜祿氏，後為清文宗咸豐帝。

是歲 會計民數穀數，除湖南、福建二省暨臺灣府未報呈外，共男婦三億九千五百八十二萬八千零九十二人，存倉米穀三千三百六十八萬餘石。

一八三二年 壬辰 清道光十二年

二月 諭嗣後廣東不許洋人將鴉片夾帶貨艙，倘經查出，不准該商開倉賣貨，立即驅逐。命直隸、福建、浙江等省督撫，嚴查海口。

四月 命兩廣總督李鴻賓，妥慎預防越南生事。

六月 驅逐英吉利不法商船。

一八三三年 癸巳 清道光十三年

五月 禁紋銀出洋，違者嚴懲。

十月 蒙古台吉廣果爾偽編聖旨，詐取銀兩，斬監候。

一八三四年 甲午 清道光十四年

二月 禁坊肆刊刻售賣淫書小說。

五月 驅逐英販鴉片躉船。

九月 英吉利艦船闖入廣州黃埔，守臺弁兵開砲轟擊，英艦放砲回拒，旋退回澳門。

一八三五年 乙未 清道光十五年

四月 命廣州增添砲臺砲位。

閏六月 禁八旗兵丁穿用綢緞。

八月 英船駛入山東威海劉公島海面，要求通

商，散佈洋書。命沿海各省嚴加巡防堵截，不准洋船駛進隘口。

一八三六年 丙申 清道光十六年

正月 刑部堂印被竊，管事大學士王鼎、刑部尚書成格、侍郎史致儼各降三級。

四月 太常寺少卿許乃濟奏：「鴉片煙例禁愈嚴，流弊愈大。近年以來，洋商不敢公然易貨，皆用銀私售。每歲計耗內地銀一千餘萬兩之多。」

九月 圓明園中奉三無私、九州清晏等三殿失火。

一八三七年 丁酉 清道光十七年

正月 以林則徐為湖廣總督。

六月 御史朱成烈奏，廣東每歲流出白銀三千餘萬兩，福建、浙江、江蘇各海口，出銀不下千萬，天津海口，出銀亦二千餘萬。諭各沿海督撫嚴行稽查。

一八三八年 戊戌 清道光十八年

六月 鴻臚寺卿黃爵滋奏禁鴉片，要求道光帝嚴降諭旨，限煙民一年戒絕，過期犯禁，平民處死，官吏加等治罪。道光帝令各省督撫大員商議，贊成者林則徐等八人，反對者琦善、伊里布等二十人。

十二月 欽差林則徐赴廣東查辦鴉片。

一八三九年 己亥 清道光十九年

六月 林則徐在廣州虎門銷毀英商鴉片。

十月 英吉利決定出兵侵華。

一八四〇年 庚子 清道光二十年

正月 林則徐在廣州奉旨封港，斷絕中英貿易。

八月 定海失陷，英艦抵天津海口。琦善向道光帝進讒，言「夷兵之來，係由禁煙而起」。道光帝派琦善為欽差大臣，赴廣東查辦此事，並諭沿海督撫，英船經過不可開砲。

十一月 道光帝頒佈開放煙禁上諭。

一八四一年 辛丑 清道光二十一年

正月 琦善未經請旨，擅自與英方簽訂《穿鼻草約》。道光帝大怒，將其革職鎖拿解京。

五月繼虎門砲臺失陷，靖逆將軍奕山在廣州豎白旗乞降，與英方私簽《廣州和約》，議定繳廣州

贖城費六百萬元，賠償英商損失三十萬元。奕山諱敗為勝，謂英人「只求照前通商」，稱賠款為清還「商欠」。道光帝受其矇騙，批准《廣州和約》。

六月 清廷革去林則徐四品卿銜，將其與主張抗英的鄧廷楨，均從重發往新疆伊犁充軍。

一八四二年 壬寅 清道光二十二年

是歲 英軍繼續入犯，陳兵南京城下，清廷完全屈服。八月二十九日，道光帝派欽差大臣耆英、伊里布，與英方簽訂結束鴉片戰爭的《江寧條約》，共十三款。主要內容為：一、開放廣州、福州、廈門、寧波、上海五處通商口岸，英國可派駐領事等官；二、割讓香港；三、向英國賠款二千一百萬元；四、協定海關稅則。九月六日，道光帝批准該條約。清廷後將抗英不力的兩江總督牛鑑處死，將奕山、奕經、文蔚等斬監候。

一八四三年 癸卯 清道光二十三年

正月 因上年失陷鎮海，浙江提督余步雲斬決。《大清一統志》重修告成。

四月 耆英任欽差大臣，赴廣東辦理通商事宜。

七月 中英《五口通商章程》公佈，該章程係《江寧條約》補充條款，承認英國有領事裁判權。

十月 《虎門條約》簽訂，英國取得片面最惠國待遇，中國給予其他國家任何權利，英國可以「一體均沾」。

一八四四年 甲辰 清道光二十四年

七月 美國專使強迫耆英，在澳門附近望廈村簽訂中美《五口貿易章程》，又稱《望廈條約》，進一步破壞中國的獨立和主權。

十月 法國也趁火打劫，逼迫耆英簽訂《黃埔條約》，使法國獲得英美在中國奪取到的全部權利。

十一月 清廷批准天主教弛禁。

一八四五年 乙巳 清道光二十五年

七月 清廷批准比利時通商。

十一月 《上海租地章程》公佈，所涉地塊後稱英租界，是外國在中國強佔的第一個租界。

一八四六年 丙午 清道光二十六年

是歲 美國經濟侵華機構旗昌洋行，在上海設分行。中國人與洋人衝突不斷。

一八四七年 丁未 清道光二十七年

四月 起用林則徐為雲貴總督。

是歲 洋人在中國大修教堂。

一八四八年 戊申 清道光二十八年

是歲 洋人在中國橫行霸道，洪秀全、楊秀清密謀舉事，英租界擴大。

一八四九年 己酉 清道光二十九年

四月 葡萄牙霸佔澳門。

一八五〇年 庚戌 清道光三十年

二月 道光帝死。

三月 皇四子奕詝即位，是為文宗顯皇帝，以明年為咸豐元年。

七月 清廷命徐廣縉、葉名琛、鄭祖琛率兵分路緝拿兩廣會黨。洪秀全在廣西金田村發佈團營令，招集徒眾兩萬餘人，開始與清軍進行武裝抗爭。

十二月 清廷以穆彰阿妨賢病國，革職永不敍用，耆英畏葸無能，降為五品頂戴。

道光帝遺詔

清文宗咸豐帝奕詝（西元一八五一～一八六一年）

一八五一年 辛亥 清咸豐元年

正月 洪秀全在廣西桂平金田村正式起事，建號「太平天國」，佈告遠近，討伐清廷。

六月 清廷罷周天爵總督銜，向榮拔去花翎，二人皆交部議處，以儆剿匪不力者。

一八五二年 壬子 清咸豐二年

是歲 太平軍攻州奪縣，勢不可擋。捻黨張樂行，亦率眾起義於安徽亳州。

一八五三年 癸丑 清咸豐三年

三月 太平軍攻佔南京，在此建都稱天京，並繼續舉兵北伐。

五月 北京戒嚴，咸豐帝準備逃往熱河，北京官紳亦紛紛逃跑。

十一月 咸豐帝命恭親王奕訢，在軍機大臣上行走。

一八五四年 甲寅 清咸豐四年

是歲 太平軍攻勢猛烈，清軍節節敗退。英、美、法駐華公使要求換約，逼迫清廷開放中國全境，清廷予以拒絕。

一八五五年 乙卯 清咸豐五年

是歲 國內戰事依舊膠著。皇帝無大事可敘。

一八五六年 丙辰 清咸豐六年

二月 英法兩國以保護教會為名，聯合發動第二次鴉片戰爭。

七月 美國駐華公使揚言《望廈條約》屆滿十二年，要求換約，英法表示支持。

九月 太平天國發生天京變亂。清軍重建江南、江北大營，形勢有所逆轉。

一八五七年 丁巳 清咸豐七年

九月 俄國致清廷咨文，以助平太平天國為餌，企圖將中國黑龍江以北及西部大片領土劃歸俄國，遭到清廷拒絕。俄國遂聯合英法侵華。

十二月 英法聯軍攻陷廣州。兩廣總督葉名琛被俘，解送印度加爾各答，一年後死於囚禁。

一八五八年 戊午 清咸豐八年

五月 大沽砲臺失陷，英法艦隊溯白河西上，進犯天津。中俄《璦琿條約》簽訂，俄國割去黑龍江以北、外興安嶺以南中國領土六十多萬平方公里。

六月 中俄《天津條約》簽訂，共十二款，進一步侵蝕中國主權。中美《天津條約》簽訂，美國所得幾與英法相等。中英、中法《天津條約》簽訂，西方人慾壑難填。

十一月 中英、中法《通商章程善後條約》簽訂，中國在經濟上進一步半殖民地化。

一八五九年 己未 清咸豐九年

六月 英法派公使赴京換約，清廷通知在北塘登

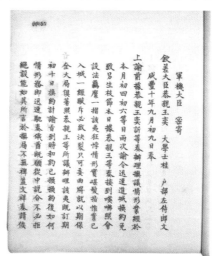

咸豐帝《只可委屈將就換約以期保全大局》上諭，對列強徹底泯滅了抗拒之心。

咸豐帝定陵

豐帝從圓明園逃往熱河。

十月 英法聯軍侵入北京，劫掠焚毀圓明園，損失無法統計。中英《北京條約》、中法《北京條約》簽訂。

十一月 中俄《北京條約》簽訂。

一八六一年 辛酉 清咸豐十一年

正月 總理各國事務衙門設立，任命英國人李泰國為中國海關總稅務司。

三月 外國公使始駐節北京。

八月 咸豐帝死在熱河避暑山莊，詔立皇子載淳即位，命怡親王載垣、鄭親王端華、協辦大學士兼戶部尚書肅順、御前大臣景壽及軍機大臣穆蔭、匡源、杜翰、焦佑瀛等八人，為贊襄政務王大臣，定明年為祺祥元年。

十一月 辛酉政變發生。載淳生母慈禧太后，與在京的恭親王奕訢祕密聯繫，策動東宮慈安太后，與肅順等顧命八大臣爭權。以「不能盡心和議」、「擅改諭旨」「種種跋扈不臣之罪」，斬肅順，賜載垣、端華自盡，其餘五位，或革職，或充軍，授奕訢為議政王，改年號「祺祥」為「同治」，定垂簾章程。

十二月 慈安慈禧兩宮皇太后，開始於養心殿垂簾聽政。

陸，由陸路去北京，隨行人員不超過二十人，不要攜帶武器。英法公使硬要經大沽從白河去天津，武裝護送去北京。遭到拒絕後，英法軍艦砲轟大沽砲臺，清軍被迫還擊，擊沉擊傷敵艦十餘艘，打死打傷侵略者四百餘人。英法殘部在美艦援助下，狼狽逃走。

一八六〇年 庚申 清咸豐十年

八月 北塘、大沽相繼失陷。清廷與英法代表，舉行天津談判。英方代表巴夏禮驕悍異常，大學士桂良惟命是從，接受其全部條款。咸豐帝擔心外兵進京，會推翻其統治，堅持先退兵，後定約，天津談判無果。

九月 英法聯軍進抵京東八里橋，清軍大敗，咸

咸豐帝死於熱河避暑山莊煙波致爽殿

清穆宗同治帝載淳（西元一八六二～一八七四年）

一八六二年 壬戌 清同治元年

正月 中外會防局在上海成立，其任務為組織英軍協同清軍，共同鎮壓太平天國革命。

八月 奕訢等具摺，在北京設立同文館，附屬於總理各國事務衙門。該館為培養翻譯人員的洋務學堂，先後開設英文、法文、俄文、德文、日文、天文、算學等班。初僅挑選十三四歲以下八旗子弟入學，後兼收年齡較長之滿漢科舉出身人員，教師多為外國人。

一八六三年 癸亥 清同治二年

五月 清廷以左宗棠為閩浙總督，曾國荃為浙江巡撫。

九月 上海虹口英租界與美租界，合併為公共租界。

十一月 英國人赫德繼任總稅務司，從此把持這一職務近半個世紀。

一八六四年 甲子 清同治三年

七月 太平天國首都天京失陷，清軍大開殺戒。

十月 中俄《勘分西北界約記》簽訂，沙俄割佔中國西部巴爾喀什湖以東以南四十四萬平方公里領土。

一八六五年 乙丑 清同治四年

四月 慈禧太后親筆懿旨，責奕訢驕盈溺職，召對不檢，命仍在軍機大臣上行走，不復議政。

一八六六年 丙寅 清同治五年

九月 清廷因陝甘回變，調左宗棠為陝甘總督。

十二月 命曾國藩回兩江總督任，授李鴻章欽差大臣，專辦剿捻事宜。

一八六七年 丁卯 清同治六年

是歲 繼續全力剿捻。美艦企圖侵佔臺灣，被原住民擊退。清廷怕事態擴大，查辦屬下，討好侵略者。

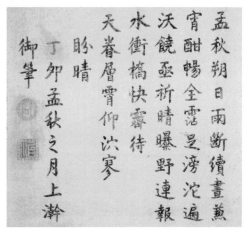

同治帝御筆

同治帝寫字像，頗似個好學生模樣。而負責教授他的老師翁同龢，在同治十年（1871年）的日記中，卻有這樣的記載：「讀甚散，敷衍而已」；「講折尤不著力，真無可如何也」。看來，這才是年已十六歲的同治帝的讀書實況。

同治帝大婚

印有同治帝頭像的銀幣

十一月 繼年初發生西陽教案後，安慶教案發生，清廷命各地官吏保護西方傳教士，申斥護教不力者。

一八七〇年 庚午 清同治九年

六月 天津人民不堪外國傳教士胡作非為，鳴鑼聚眾，焚毀法、英、美教堂、育嬰堂及法國領事館，打死洋教士、洋商等二十餘人。天津教案發生後，英、美、法、德、俄、比、西七國聯合抗議，各國兵艦集結天津海口及煙臺一帶示威。清廷對內鎮壓，對外妥協，將天津知府等官員革職充軍，殺愛國人士二十人，償銀五十萬兩，重建教堂，派欽差大臣赴法國致歉。

一八七一年 辛未 清同治十年

九月 日本派大藏卿伊達宗城來華，要求按照「西人成例，一體定約」，也要取得「一體均沾」之特權，未果。

一八七二年 壬申 清同治十一年

是歲 由奕訢領銜修撰之《剿平捻匪方略》、《剿平粵匪方略》書成。

一八七三年 癸酉 清同治十二年

二月 慈禧太后宣佈歸政，同治帝親政。

六月 日、俄、美、英、法、荷等國使臣，於紫光閣覲見同治帝，並呈遞國書。

一八七四年 甲戌 清同治十三年

三月 法國迫使越南訂立《越法媾和同盟條約》，法國成為越南保護國，否定中國對越南宗主權。

十月 日軍武力侵臺失利，派特使大久保利通抵京，對清廷恐嚇威脅，要求賠償軍費。清廷開始據理辯駁，後在英國調停下，與日本簽訂《臺事專約三款》，允向日本償銀五十萬兩，並給日本日後兼併琉球以口實。

一八六八年 戊辰 清同治七年

七月 中美《續增條約》簽訂，以適應美國掠賣華工及加強文化、宗教方面侵略的需要。

一八六九年 己巳 清同治八年

九月 山東巡撫丁寶楨，將出京招搖的慈禧寵監安德海拿獲正法。清廷命嗣後務將所管太監，嚴加管束。

十月 中英《新定條約》、《新修條約善後章程》簽訂，從經濟上加緊勒索中國。

清德宗光緒帝載湉（西元一八七五～一九〇八年）

一八七五年 乙亥 清光緒元年

正月 同治帝死，立醇親王奕譞之子載湉承繼，慈禧太后再度垂簾聽政，宣告中外。

二月 光緒帝載湉即位。

五月 清廷命欽差大臣左宗棠督辦新疆軍務，命李鴻章、沈葆楨督辦北洋、南洋海防。

八月 以候補侍郎郭嵩燾為出使英國欽差大臣，是為正式向國外派遣駐使之始。

十二月 派陳蘭彬、容閎出使美國、秘魯。

一八七六年 丙子 清光緒二年

二月 日本脅迫朝鮮締結《江華條約》，破壞朝鮮主權，及與中國的藩屬關係。

七月 左宗棠收復被分裂勢力白彥虎、阿古柏控制的烏魯木齊。

九月 李鴻章與英使威妥瑪簽訂《煙臺條約》，使英國取得更多通商特權和侵入中國雲南、西藏的便利條件。

一八七七年 丁丑 清光緒三年

八月 左宗棠奏請在新疆設立行省，允之。

一八七八年 戊寅 清光緒四年

六月 慈禧命吏部左侍郎崇厚為全權大臣便宜行事，赴俄索還伊犁。

十月 清廷命左宗棠統籌新疆方略。

一八七九年 己卯 清光緒五年

三月 日本侵佔琉球，李鴻章建議用延宕之法對待，以致從此不了了之。

十月 崇厚在沙俄脅迫下，與之簽訂《里瓦基亞條約》，然後自行回國。國內輿論譁然，譴責崇厚喪權辱國。清廷拒絕批准該條約，將崇厚下獄，定斬監候。次年開釋。

一八八〇年 庚辰 清光緒六年

二月 清廷命駐英公使曾紀澤任出使沙俄欽差大臣，取代崇厚繼續對俄談判，宣佈不承認《里瓦基亞條約》。

十二月 清廷派許景澄為駐日公使。

一八八一年 辛巳 清光緒七年

二月 中俄《伊犁條約》簽訂，沙俄脅迫五萬餘名中國邊民遷入俄境的企圖，得以實現，又割佔中國西部七萬多平方公里領土。

四月 慈安太后猝死。

一八八二年 壬午 清光緒八年

十月 中俄訂立《伊犁界約》。

十二月 中俄訂立《喀什噶爾界約》。

一八六三年 癸未 清光緒九年

三月 中越軍隊與法軍在河內開戰。

六月 法國特使脫利古到上海與李鴻章談判，威脅「目下情形，只論力，不論理」，要清廷承認越南歸法國保護，否則「即與中國失和，亦所不恤」。談判未能達成協議。

十月 清廷發銀十萬兩，資助劉永福在越抗法。

一八八四年 甲申 清光緒十年

四月 清廷命貝勒奕劻，主持總理各國事務衙門。

五月 慈禧諭李鴻章與法國議和：「須承認越為我屬，不互市，不賠費，維護劉永福，倘傷國

一八八〇年，進宮五年的光緒帝。

體，必嚴懲。」

八月　詔御前大臣等，商議與法和戰。左宗棠憤然曰：中國不能永遠屈服於洋人，與其賠款，不若拿賠款作戰費。清廷遂對法宣戰。

一八八五年 乙酉 清光緒十一年

四月　在取得中法戰爭勝利的形勢下，英國人赫德從中斡旋，李鴻章主張議和，清廷與法國簽立停戰協定，法國在戰場上沒有取得的東西，在談判桌上得到了，可謂不勝而勝。中日《天津條約》簽訂，日本取得進一步侵略朝鮮的便利。

十月　設總理海軍事務衙門，以醇親王奕譞為總理，慶郡王奕劻、北洋大臣李鴻章為會辦。奕譞希望慈禧歸政光緒帝，贊成將海軍經費挪用，給慈禧修頤和園。

一八八六年 丙戌 清光緒十二年

九月　慈禧太后下懿旨，允奕譞所奏，但當光緒帝親政後，仍行訓政數年。

一八八七年 丁亥 清光緒十三年

二月　光緒帝載湉親政，頒詔天下。

十一月　臺灣建省

十二月　中葡《北京條約》簽訂，清廷為徵收鴉片稅，竟在條約中出賣澳門。

一八八八年 戊子 清光緒十四年

二月　英軍侵略西藏，清廷一意妥協，慈禧命駐藏清軍勿與交鋒。

十月　康有為在北京參加順天鄉試，寫《上清帝第一書》，極言時危，曰「強鄰四逼於外，奸民蓄亂於內，一旦有變，其何以支」，請光緒帝「變成法，通下情，慎左右」，以挽救國家危亡，認為若變法維新，十年之內「富強可致」，三十年即能「雪恥」。此書未達光緒帝御前。

十一月　慈禧立胞弟副都統桂祥女葉赫那拉氏為光緒皇后，原侍郎長敘女他他拉氏姊妹封瑾嬪、珍嬪。

十二月　北洋水師成軍。

一八八九年 己丑 清光緒十五年

二月　光緒帝大婚。

三月　慈禧正式歸政。

一八九〇年 庚寅 清光緒十六年

是歲　洋務運動興起，國內教案頻出，各地不斷鬧事。

一八九一年 辛卯 清光緒十七年

正月　光緒帝生父醇親王奕譞卒。

三月　李鴻章第一次校閱北洋水師。

七月　北洋水師訪日。

是歲　教案愈發增多，洋務運動紅火。

一八九二年 壬辰 清光緒十八年

五月　清廷禁止出版發行排外刊物。

是歲　沙俄侵入帕米爾東部一帶，強佔薩雷闊勒嶺以西中國領土兩萬多平方公里。

一八九三年 癸巳 清光緒十九年

十二月　中英《藏印續約》簽訂，西藏門戶被英國侵略勢力打開。

一八九四年 甲午 清光緒二十年

六月　日軍侵入朝鮮，李鴻章既不敢抵抗，也不敢增援，落入日本預設的戰爭陷阱。

七月清廷請求各國干涉，強迫日本從朝鮮撤軍。日軍在牙山口外豐島海面，偷襲北洋水師運兵船。

八月　中日同時宣戰。

九月　清軍在平壤潰敗。黃海海戰發生，雙方均損失慘重。李鴻章為保存實力，故意自認大敗，命北洋水師回威海港口避戰，拱手讓出制海權。

十一月　大連失陷，日軍未死一人，佔領大連灣。慈禧六旬壽辰，在皇極閣大事慶祝，宮中連

日演戲，光緒帝及諸臣陪坐聽戲三日，諸事延擱不辦。旅順失陷，日軍屠城四天，僅留三十六人掩埋屍體，方得倖存。孫中山在美國檀香山建立興中會，以「驅逐韃虜，恢復中華，創立合眾政府」為奮鬥綱領。

一八九五年 乙未 清光緒二十一年

正月 日本政府非法將臺灣附屬島嶼釣魚島等，劃歸沖繩縣管轄。

二月 北洋水師奉李鴻章之命，在威海衛避戰保船，結果全部資敵，北洋水師覆滅。

四月 李鴻章與日本首相伊藤博文在日本下關簽訂《馬關條約》，賠償日本軍費白銀二億兩，割讓臺灣、澎湖、遼東半島給日本。德俄法出面干涉，日本放棄對遼東半島的永久佔有，追索償金三千萬兩。

五月 康有為、梁啟超等聯合十八省舉人一千三百餘人簽名上書，請拒和、遷都、變法，史稱「公車上書」。光緒帝召見康有為。康有為上變法萬言書，光緒帝嘉許。

八月 康有為在北京成立強學會，指守舊必遭亡國滅種之慘禍，號召變法救國。

一八九六年 丙申 清光緒二十二年

十月 孫中山在倫敦被清駐英使館誘捕，經英國友人營救，恢復自由。

一八九七年 丁酉 清光緒二十三年

二月 中英簽訂《西江通商專約》及《滇緬重定界約專條》，中國割讓野人山一部，猛卯三角地帶，永租與英國管轄。

是歲 其他列強對中國無理索取益亟，國內變法呼聲高漲。

一八九八年 戊戌 清光緒二十四年

正月 康有為上統籌全局疏，指「變則能全，不變則亡，全變則強，小變仍亡」，建議光緒帝以日本明治維新為榜樣，實行全面維新。

四月 保國會成立，以「保國，保種，保教」為宗旨，全國各地設立分會。

五月 中俄簽訂《旅大租地條約》，使東北全境成為俄國勢力範圍。

六月 中英《展拓香港界址專條》簽訂，將新界租借給英國九十九年。光緒帝頒詔「明定國是」，宣佈變法。

九月 光緒帝召見出使中國的日本前首相伊藤博文，請其獻策改革中國。伊藤博文剛走，宦官奉慈禧命，召光緒帝到頤和園，將其囚禁。康有為得英國保護逃香港，梁啟超得日本保護逃橫濱，維新派骨幹譚嗣同、林旭、劉光第、楊銳、楊深秀、康廣仁被處死，除京師大學堂外，新政全部廢除，戊戌變法失敗。

一八九九年 己亥 清光緒二十五年

七月 康有為在加拿大成立保皇會，以保救光緒帝、反對慈禧和抵制革命為宗旨。

一九〇〇年 庚子 清光緒二十六年

正月 戊戌變法失敗後，后黨起初欲謀害光緒帝，稱「帝病重」，因遭駐京各國公使警告，未遂。繼又說「帝久病不能君天下」，密電各省督撫，商議廢立，也遭到反對。兩江總督劉坤一覆電中，有「君臣之分已定，中外之口宜防」二句，發生頗大效力。康有為在海外鼓動保皇黨，紛紛發電「恭請皇上聖安」，要求歸政。梁啟超在日本辦《清議報》，歌頌光緒帝聖德，揭發后黨醜惡。凡此等等，使慈禧廢黜光緒帝之企圖未能得逞。直隸總督榮祿獻計，請立端郡王之子溥俊為大阿哥，「徐篡大統」。慈禧遂召王公大臣集議於儀鸞殿，詔立溥俊為大阿哥，準備讓光緒

光緒帝與珍妃，據宮女何榮兒回憶，光緒帝的承幸簿上，幾乎全是去珍妃那裡睡覺的記錄。

帝行讓位禮，改元「保慶」。不料，由於各國公使拒絕入賀，迫使清廷擱置建儲計畫。

二月 慈禧命閩、浙、粵各省懸賞銀十萬兩，嚴緝康有為、梁啓超，並毀其所著書籍，購閱其報章者罪之。

四月 英、美、德、法四國公使照會清廷，要求兩月內剿滅義和團，否則將出兵代剿。

袁世凱在山東鎮壓義和團。

五月 各國使團再次督促清廷嚴禁義和團，清廷允即剿辦。列強同時聯合調兵四百餘人，進駐東交民巷各使館，構築工事，槍擊義和團民。俄、英、德、日、美、法、意兵船二十四艘，駐泊大沽口外示威。

六月 慈禧懼列強用兵力扶助光緒帝，欲對「扶清滅洋」的義和團因勢利導，「撫而用之」。

七月 慈禧以「離間」罪，殺死支持光緒帝的吏部侍郎許景澄、太常寺卿袁昶、兵部尚書徐用儀、內閣學士聯元、戶部尚書立山等五大臣。

八月 八國聯軍兩萬人進攻北京，清軍十萬人抵擋不住。聯軍攻入北京，屠殺搶掠，無惡不作，並劃分勢力範圍，對北京予以佔領。慈禧攜光緒帝，經懷來、大同逃往太原。

十月 沙俄乘機自旅順出發，佔領營口、遼陽、盛京，東三省全境淪陷。慈禧逃至西安，命奕劻、李鴻章照會各國使臣，請求和議。

十二月 《議和大綱》成，在已另外得盡好處的沙俄堅持下，聯軍同意用苛刻條件換取對慈禧的諒解。慈禧發出上諭，稱「敬念宗廟社稷關係至重，不得不委曲求全」，所有喪權辱國的十二條大綱，一概照允。

一九〇一年 辛丑 清光緒二十七年

二月 清廷應外國使團關於「懲凶」的要求，命莊親王載勳自盡，端親王載漪、輔國公載瀾發往新疆監禁，毓賢正法，董福祥革職，英年、趙舒翹賜自盡，啓秀、徐承煜正法，徐桐、李秉衡革職……慈禧命光緒帝發罪己詔，保證「量中華之物力，結與國之歡心」。

六月 派醇親王載灃為頭等專使大臣赴德，為其駐華公使克林德被殺謝罪。命那桐充專使大臣赴日，為其駐華使館書記生杉山彬被殺表示惋惜。

七月 設外務部，班列六部之前，派奕劻總理事務。

八月 清廷再次發佈上諭，懲治保護傳教士不力之地方官一百餘人，滿足了列強「懲凶」的要求。

九月 《辛丑條約》簽訂，中國賠償列強白銀九億八千多萬兩，分三十九年還清，以海關等作抵押，是為「庚子賠款」。其餘十幾款內容，更將中國徹底送入半殖民地境遇。

十一月 慈禧撤去溥俊大阿哥（帝位繼承人）名號。

一九〇二年 壬寅 清光緒二十八年

正月 慈禧攜光緒帝回京。十八日，慈禧接見各國駐華使節，這是她首次在外國人面前公開露面，給各國代表以空前未有的禮遇。她還親切接見曾受義和團驚嚇的外交使團夫人，表示慰問。

二月 選派八旗子弟出洋遊學，准滿漢通婚。

一九〇三年 癸卯 清光緒二十九年

是歲 以推翻滿清為宗旨的革命黨人，活動積極。

一九〇四年 甲辰 清光緒三十年

二月 日俄戰爭在東北爆發，清廷嚴守中立，並將遼河以東劃為「交戰區」。反清革命組織華興會成立，推舉黃興為會長。

十一月 光復會成立，蔡元培任會長。

一九〇五年 乙巳 清光緒三十一年

七月 派鎮國公載澤、戶部侍郎戴鴻慈、兵部侍郎徐世昌、湖南巡撫端方、商部右丞紹英五大臣出洋考察各國政治，準備立憲。在北京正陽門火車站出發時，載澤、紹英被革命黨人吳樾施放炸彈炸傷。

八月 同盟會在日本東京成立，選舉孫中山為總理，以誓詞「驅逐韃虜，恢復中華，創立民國，平均地權」為會綱。

九月 廢科舉，設學堂。

十月 改派順天府丞李盛鐸、山西布政使尚其亨，會同載澤、戴鴻、紹英出洋考察各國政治。按德國駐華公使代擬的方案，戴鴻慈、端方前往

美、德、意、奧等國，載澤、李盛鐸、尚其亨前往日、英、法、比等國。五人於次年七八月，先後回國，得書四百餘種。端方、戴鴻慈面奏，憲法請仿日本，兵農工商請仿日德。載澤奏陳立憲，請先除滿漢界限。在北京法華寺輯成《列國政要》一百三十三卷，《歐美政治要義》十八卷，呈請君主立憲

一九〇六年 丙午 清光緒三十二年

二月 劉靜庵等在湖北武昌成立日知會，後偕全體會員加入同盟會，在湖北新軍、學生與會黨中，進行革命宣傳活動。

九月 頒詔仿行憲政，諭旨：「大權統於朝廷，庶政公諸輿論」，「目前規制未備，民智未開，俟數年後規模粗具，查看情形」，「立憲實行期限，視進步之遲速，定期限之遠近」，等等。

十一月 釐定中央官制，內閣、軍機處、外務部、吏部、學部均仍舊，巡警部改民政部，戶部改度支部，太常寺、光祿寺、鴻臚寺併入禮部，兵部改陸軍部，刑部改法部，大理寺改大理院，工部併入商部改為農工商部，增設郵傳部，理藩院改理藩部。新制官員不分滿漢，擇賢簡用。但十一部十三個大臣尚書裡，滿族貴族七人，蒙古貴族一人，漢族官僚僅五人，滿漢畛域反而擴大。

十二月 同盟會策動萍瀏醴起義，為清軍所敗。

是歲 孫中山與黃興、章炳麟等制訂同盟會《革命方略》，包括《軍政府宣言》、《軍政府與各國民軍之條件》、《招軍章程》、《招降清朝兵勇條件》、《略地規則》、《對外宣言》、《招降滿洲將士佈告》、《掃除滿洲租稅厘捐佈告》等八個文件，以備革命黨人起義使用。

一九〇七年 丁未 清光緒三十三年

正月 日知會被湖廣總督張之洞發覺，湖北革命黨人化整為零，繼續凝聚力量。

二月 康有為將保皇會改組為國民憲政會。

五月 同盟會在廣東惠岡起義失敗。

六月 廣東惠州起義失敗。

七月 安慶起義失敗。浙江紹興，秋瑾被殺。

九月 同盟會防城起義失敗。清廷設資政院，為預備君主立憲的中央諮議機構。

十二月 孫中山親自率領的鎮南關起義失敗。

是歲 全國其他地方大大小小的起義，也均告失敗。

一九〇八年 戊申 清光緒三十四年

三月 黃興在廣西馬篤山舉事失敗。

四月 同盟會雲南河口起義失敗。

七月 日知會舊人，發起成立湖北軍隊同盟會，入會者四百餘人。

九月 清廷頒佈憲法大綱及議院選舉各綱要。

十一月 醇親王載灃授為攝政王，其子溥儀送入宮內讀書。次日，光緒帝載湉死於中南海瀛臺，以溥儀為嗣皇帝，載灃以攝政王監國。又次日，慈禧亦死。

十二月 溥儀即皇帝位，定明年為宣統元年，宣佈立憲準備，仍以宣統八年（一九一六年）為限。

一九〇八年，光緒帝出殯場面。

清遜帝宣統帝溥儀（西元一九〇九～一九一一年）

一九〇九年 己酉 清宣統元年

正月 諭軍機大臣、外務部尚書袁世凱因患足疾，步履維艱，難勝職任，命其「回籍養疴」，由皇室掌握兵權。

三月 清廷詔諭，實行「預備立憲，維新圖治」。

七月 清廷詔諭，皇帝自為海陸軍大元帥，親政前由攝政王暫行代理。

一九一〇年 庚戌 清宣統二年

二月 廣州新軍起義失敗。

三月 黃復生、喻培倫、汪兆銘（精衛）等謀炸攝政王載灃，事洩被捕。

七月 全國人口調查數據發佈，共三億二千零六十一萬人。

一九一一年辛 亥清 宣統三年

正月 四川革命黨人舉事，旋敗。

四月 清廷頒佈諭旨，要求兵勇盡忠節、守禮節、尚武勇、崇信義、敦樸素、重廉恥。廣州黃花崗舉事失敗，這次起義震動了全國。

十月 武昌起義爆發，成立湖北軍政府，廢宣統年號，用黃帝紀年，改國號為「中華民國」。湖南、陝西、江西、山西、雲南、貴州、江蘇、浙江、廣西、安徽、福建、廣東、四川等省紛紛響應，形成全國規模的辛亥革命。

十一月 內閣總理大臣奕劻辭職，取消皇族內閣，以袁世凱為內閣總理大臣。全國十七省宣佈光復，並召開各省都督代表會議，推舉從海外回國的孫中山為臨時大總統。

十二月 在俄國策動下，外蒙古宣告獨立。載灃引咎辭職。清廷派代表與南方革命軍議和，議和條件不為袁世凱認可，未果。

一九一二年 壬子 中華民國元年

正月 孫中山在南京就任中華民國臨時大總統，宣告中華民國成立。孫中山派員與袁世凱祕密交換清帝自行退位條件，孫中山許諾由袁世凱任中華民國大總統。

二月 宣統帝下詔退位，退位詔書中「即由袁世凱以全權組織臨時共和政府」一語，係袁世凱蓄意加入。13日，袁世凱通電聲明贊成共和，孫中山向參議院辭中華民國臨時大總統職，薦袁世凱繼任臨時大總統。15日，參議院選舉袁世凱為臨時大總統。

溥儀三歲入宮時照（左）

國家圖書館出版品預行編目(CIP)資料

走進大內 / 張曉生主編. -- 臺北市 : 風格司藝術創
作坊, 2014.03
　面 ； 公分
ISBN 978-986-6330-57-5(平裝)

1.中國史 2.紫禁城

610.4　　　　　　　　　　　103004203

歷史群像709　走進大內──透析紫禁城

作　　者：張曉生

發 行 人／謝俊龍

編　　輯／苗龍

出　　版／風格司藝術創作坊

　　　　　Tel：（02）2364-0872 Fax：（02）2364-0873

　　　　　臺北市大安區安居街118巷17號

發　　行／紅螞蟻圖書有限公司

　　　　　Tel：（02）2795-3656 Fax：（02）2795-4100

　　　　　臺北市內湖區舊宗路二段121巷19號

出版日期／2014年06月　初版第一刷

定　　價／320元(平裝)

　　　　　480元(精裝)